KB074027

미얀마 국기

가로줄의 위로부터 노란색은 결속 또는 단결, 초록색은 평화, 빨간색은 용기를 의미하며, 가운데에 위치한 흰 별은 연방의 단결과 단일성을 상징한다.

미얀마 문장

중앙 상단부의 별은 연방의 통일을 의미하며, 좌우의 동물은 사자로서 불탑 입구에서 수호신 역할을 한다. 가운데 연방 지도를 중심으로 아랫 쪽으로 미얀마연방공화국이라는 미얀마어가 쓰여 있다.

양공 밍글라동 국제공항을 빠져 나오면 "황금에 나라에 오신 것을 환영합니다."
라는 간판이 여행자를 맞는다. 이 간판은 1993년 설치되었다.

헌법 작성을 위해 소집된 '국민회의'의 선전 문구.
좌측 하단에 군부를 상징하는 표식과 연방 구성원들의 통합을 지향하는 의도
가 보인다. 국민들은 '어묘당 닐라강' 즉 '국민회의'가 아니라 항상 회의만 하고
끝나는 '어메당 닐라강'이라며 정부를 비꼬기도 했다. 현재 이 입간판은 거리에
서 사라졌다.

NLD 중앙당사.
쉐다공 불탑에 인근한 쉐공다잉대로변에 위치하고 있다. 외국 언론이 자유롭게
취재할 정도로 더 이상 미얀마의 야당탄압은 없는 것처럼 보인다. 중앙당사라
고 하기에는 무척이나 초라하다.

2010년 총선 캠페인.
태국 메솟에 소재한 NGO 들이 "진정한 총선을 원한다"
며 캠페인을 벌였다. 이 총선에서 군부 후원의 연방단결
발전당이 압승을 거두었다.

국회.
네삐도의 대표적인 건물로써 총 31개 동으로 구성된다. 총 31개 행성이 존재한
다는 불교세계관을 따랐다고 하니 여전히 정치에서도 불교는 중요한 도구임을
증명한다.

양공공항.
1962년 신축된 양공국제공항의 간판. 현재에는 국내선으로 사용되며, 바로 오른쪽에 일본이 인도적 지원으로 신축한 국제선 청사가 위치한다.

더웨. 더웨심해항구의 시작점.
0km는 태국 방콕으로 향하는 도로의 기점을 의미한다. 남부지역은 여름에 엄청난 우기로 인해 연중 공사기간이 반년도 되지 않는다.

USDP활동.
집권 여당은 도로 건설, 우물 파기 등 국민들의 기초 생활 향상을 도모하여 지지를 얻고
자 한다. 본 도로는 USDP와 굴지의 민간기업에 의해 건설된다는 내용이다.

백상(白象).
세상에서 유일하게 미얀마에만 있는 동물이다. 유전적으로 돌연변이이지만 미얀마사람
들은 백상을 왕의 전유물로 인식한다. 발견된 당시 군부는 이 사실을 대대적으로 홍보하
며 그들이 집권하는데 하늘도 동의하고 있다는 믿을 수 없는 기사를 쏟아내기도 했다.

건설현장.
고급 빌라를 짓는 현장으로 불과 2-3년 전까지만 하더라도 상상조차 하지 못한 풍경이다.

코카콜라, 펩시콜라간판.
역시 1년 전까지만 하더라도 상상도 할 수 없는 장면이다. 미얀마의 시장 개방을 단적으로 표현한 광고판이 아닐 수 없다. "맛이 있다. 청량감을 느끼게 해 준다"는 코카콜라의 카피가 눈에 띤다.

미얀마의 한류.
더 이상 이질적인 미얀마 문화가 아니다. 신문은 물론이고,
최근에는 한국 연예계 동향만 소개하는 텔레비전 프로그램
도 생겨났다.

한국의 봉제업체.
외관상으로 여느 국가의 봉제공장도 다르지 않으나 미얀마인들의 성실함과 기술능력은
여기서 검증된다.

토속품.
미얀마에는 10가지
공예기술이 정립되
어 있을 정도로 전
통예술에 대한 애착
이 강하고, 기술적
으로도 뛰어나다.

고서점.
양공 빤소당 거리에
위치한 중고 서점.
한가로운 마부도 시
간이 나면 책을 읽
을 정도로 미얀마인
들의 독서량은 엄청
나다.

빨라웅족.
여성들이 목, 팔, 다리 등에 링을
하는 종족들이다. 최근 들어 이를
거부하는 여아들이 늘어나고 있다.

정복왕 버잉나웅.
미얀마 최남단에 위치한 미얀마 최고의 전사왕
버잉나웅왕. 태국 쪽을 바라보며 칼을 뽑고 있
다. 태국 서북단 메싸이와 미얀마 따치렉에도
버잉나웅왕 동상이 태국을 바라보고 있다. 태
국은 이를 역사의 치욕으로 간주한다.

네삐도 소재 우빠다땅띠불탑.
이 불탑의 명칭에서도 알 수 있듯이 이 불
탑은 어떠한 외부의 침입도 막아 준다고
구 군부들은 믿었다. 미얀마의 자존심이
라고 할 수 있는 쉐다공 불탑보다 1피트
낮으며 모든 형태를 그대로 본떴지만, 기
단부는 플라스틱으로 제조되었고 불탑의
내부로 들어갈 수 있는 특징이 있다.

미얀마의

ပြည်ထောင်စုသမ္မတမြန်မာနိုင်ငံတော်

정치경제와
개혁개방

성과와 과제 ★

장준영

지식과교양

 감사의 글

　이 책은 필자가 참여한 대외경제정책연구원(KIEP)의 2010년과 2011년 용역과제 결과물을 대폭 수정 및 보완하고 추가한 것이다. 각 결과물은 『2010년 총선이후 미얀마 체제변동 전망과 그에 따른 한국의 진출 전략』(경제·인문사회연구회 세계지역 종합연구 협동연구총서 10-04-20, 2010), 『미얀마 사회문화·정치와 발전잠재력』(전략지역심층연구 11-11, 2011)이다.

　전자는 대외경제정책연구원 동남아팀에서 근무 중인 김유미 연구원의 도움으로 필자 단독으로 작성한 것이며, 후자는 대외경제정책연구원 동남아팀 오윤아 박사님을 대표 필진으로, 부산외대 최재현 교수님과 우 꼬레(U Ko Lay) 교수님, 대외경제정책연구원 동남아팀 강대창 박사님과 김유미 연구원, 박나리 연구원 등 필자를 포함하여 총 7명이 필진으로 참여했다. 후자에서는 본 책에 수록된 내용 중 본 필자가 참여한 부분만 발췌하여 본 책의 취지에 맞게 재가공 및 보완 작업을 거쳤다. 출판을 흔쾌히 허락해준 모든 집필진과 대외경제정책연구원에 심심한 감사의 말씀을 전한다.

졸고나 다름없는 두 결과물을 두고 격에 맞지 않게 주변으로부터 수차례 출판 권유를 받았다. 전반적으로 주제에 충실하고 내용이 매우 분석적이어서 읽는 재미가 쏠쏠하고 학술적으로도 가치 있다는 평가는 가당찮다. 단지 미얀마에 대한 증대된 관심에 비해 이를 부분적으로나마 해소시켜 줄 만한 변변한 서적이 없는 환경적 제약이 이 책의 출판 이유 중 하나이다. 그래도 미얀마를 연구해 온 몇 안 되는 학자 가운데 한 명으로서 소명의식이라면 적절할지 모르겠지만 미얀마를 우리 사회에 전파하고 잘못된 정보나 편견을 바로잡는 등 저변을 확대하는 일도 동남아연구자의 몫이라고 배워 왔다.

불행히도 필자는 아직 미얀마에 대한 지식이 설익고 많이 모자라다. 따라서 이 한 권의 책이 미얀마에 관심 있는 독자들의 호기심을 완전히 충족시키지는 못할 것이다. 그러나 미얀마에 대한 수요가 확대되는 시점에서, 특히 2011년부터 가속화되는 미얀마의 변화를 진단하고 평가하며 앞으로 어떻게 전개될 것인가에 대한 궁금증을 일부 해소해 줄 것이라고 기대한다. 필자의 무모한 용기를 독자들은 이해해주리라고 믿는다.

이 책은 필자 혼자서 완성한 것이 아니다.

미얀마를 지속적으로 연구할 수 있게끔 항상 독려해 주신 부산외대 박장식 교수님, 김성원 교수님, 그리고 2011년 공동연구에 참여해 주신 최재현 교수님께 특별한 감사의 말씀을 전한다. 양승윤 교수님께서 주신 지난 10년간의 배려와 관심은 항상 긴장하며 열중하라는 또 다른 가르침이었다. 낯선 곳에서 적응하고 공부할 수 있게끔 항상 독려해 주신 태국어통번역학과 이병도 교수님, 말레이인도네시아통번역학과 김장겸 교수님께 특별한 감사의 마음을 전한다. 그리고 이 책이 나오게끔 독려해 준 대외경제정책연구원의 정재완 전문연구원, 이재호 전문연구원, 그리고 수출입은행의 손승호 박사님, '불사조'는 든든한 지원군들이었다.

2010년 연구보고서 작성에서 각종 번역을 도맡아 주고, 문장을 다듬어 준 김유미 연구원에게 다시 한 번 감사의 말을 전한다. 이다영 조교와 박상훈 조교도 꼼꼼히 교정 작업을 도왔다.

부산외대 우 꼬레 교수님과 도 뒈뒈(Daw Thway Thway) 사모님은 필자가 현지조사를 무사히 그리고 효율적으로 수행할 수 있도록 적극 지원해 주셨다. 우 먀뗑(U Mya Thein) 선생님과 도 킨마주(Daw Khin Makyu) 사모님도 제2의 부모님과 같은 그림자 역할을 해 주셨다. 우 먀뗑 선생님을 다시 볼 수 없게 되었지만 더 좋은 새로운 삶을 영위하실 것으로 믿는다. 이 졸저를 교수님의 영전에 바친다.

일일이 거론할 수 없지만 현지조사에서 적극적으로 인터뷰에 응해 준 교수, 경제전문가, 전현직 군인, 정치인, 언론인 등 모든 분들에게 깊은 감사의 말씀을 드린다. 조국을 걱정하는 그들의 날카로운 비판과 분석력은 미얀마의 미래를 밝게 해 줄 것으로 믿어 의심치 않는다. 학문적 존재 이유를 일깨워 준 미얀마와 그 속에서 살아가는 사람들. 만약 전생이 있었다면 필자는 이들과 아주 깊은 인연을 맺었을 것이다.

상업성도 떨어지는 이 책을 흔쾌히 출판해 주신 도서출판 지식과교양 측에 감사드리며, 이 책에 잘못 표시된 부분, 통계, 자료가 있다면 그것은 전적으로 필자의 몫이다. 재판이 인쇄되면 바로잡도록 하겠다. 끝으로 미얀마에 관심이 늘어나는 점에 대해 매우 고무적으로 생각하며, 이 평범한 책이 한국사회에서 미얀마에 대한 저변 확대에 작은 기여를 할 수 있기를 기대한다.

2012년 12월

저자 장준영

차례

제1장 서론: 미얀마와 그 가치 • 21

제2장 현대 미얀마의 발전 과정과 특징 • 53

제4장 미얀마 경제개혁과 과제 • 195

일러두기

이 책은 2011년부터 급속한 변화의 과정을 겪고 있는 미얀마의 개혁개방을 정치와 경제로 양분하여 그 내용과 함의를 살펴보고, 이를 바탕으로 미얀마의 미래를 예상하는데 그 목적이 있다. 앞서 언급했지만 이 책은 저자가 참여한 연구보고서를 토대로 작성되었으나 하루가 멀다하고 변화의 과정을 걷는 미얀마의 진면목을 추출하기 위해 최근 상황을 중심으로 모든 통계와 자료 등을 업데이트했다. 또한 한국의 대 미얀마 외교 전략 수립, 기업인들의 성공적인 미얀마 진출을 돕는 차원에서 한국과 미얀마 관계를 수록하여 한국(인)의 관점에서 본 미얀마의 가치를 조명하려고 시도했다.

위와 같은 목적에 의거 이 책은 미얀마와 같은 비민주국가들의 역동적인 전환과정을 추적하고, 국가 간 상호 비교에 관심이 있는 비교정치학자들의 연구 소재로 활용될 수 있다. 실용 및 정책적 측면에서 미얀마 진출에 관심을 기울이는 기업이나 한국의 대 미얀마 및 아세안 외교전략 수립에도 이 책은 활용될 수 있다.

논지의 전개는 학술적 분석보다 사실에 기초하고 있으므로 미얀마에 대한 특별한 지식이나 선행학습이 필요치 않고, 최소한 미얀마의 기초 정보나 지식을 습득할 수 있다는 것이 이 책의 장점이다.

우리에게 잘 알려져 있지도 않고 지리적으로도 그리 가깝지 않으며, 경제 수준에 우선권을 부여하는 우리의 관행을 배경으로 했을 때 미얀마는 국제사회뿐만 아니라 우리에겐 별로 중요하지 않은 국가로 간주될 수 있다. 그러나 동남아와 서남아를 잇는 미얀마는 국제정치, 경제, 사회문화, 역사 등 어느 한 측면에서도 소홀하게 다뤄질 수 없는 국가이다. 인도의 동방정책, 중국의 남진, 미국의 아시아외교 복귀가 만나는 지점이 미얀마이고, 그러한 미얀마의 지정학적 가치는 이미 19세기 초부터 증명되었다.

강대국을 조율하는 미얀마의 외교정책은 위기가 상존하는 한반도 정세의 진단과 처방에 일정 수준 교훈을 줄 수 있고, 세계에서 가장 권위적인 국가라는 오명을 씻은 미얀마의 개혁개방이 북한의 변화를 유도하는 중요한 열쇠가 될 수도 있다.

풍부한 천연자원을 가지고도 국가 운영을 실패한 미얀마의 현대사는 국가 정책의 중요성을 경각(警覺)시킨다. 미얀마가 이룩한 불교문화의 우수성은 종교의 부흥뿐만 아니라 세계문화 유산을 보존해야 하는 공감대를 형성하고, 실패했지만 미얀마만의 독특한 발전경로의 토대가 된 이념은 대안과 정설의 사이를 가름하는 이례적 사례로 연구 가치가 있다. 그래서 필자는 미얀마를 가까이 하면 할수록 이 나라는 단순히 변방의 약소국이 아니라 세계적으로도 매우 중요하고, 우리와도 적지 않은 개연성을 가지며, 또 우리에게 교훈을 주는 국가라는 사실을 확신한다.

미얀마는 1인당 국민소득이 500 달러에도 미치지 않는 유엔이 정한 최빈국(LDC) 중 하나로 국민의 1/4 이상이 절대빈곤선 아래에서 생활한다. 물질문명과 황금만능주의가 세상을 지배하는 요즘, 경제적 수치로만 보면 미얀마 사람들은 매우 불행할 것이다. 그러나 미얀마 사람들은 금전보다 도덕성에 우선권을 부여하는 행복한 세계 속에 살고 있다.

그들은 자신이 번 돈을 '췌네자'(chwenayza), 즉 땀을 흘려서 번 돈이라고 정의하는데, 진정한 노동을 해서 번 돈은 자신이 아닌 남을 위해 쓴다. 아침마다 스님에게 탁발을 하고, 조석으로 불교사원을 찾아 공덕을 드리며, 마을의 대소사에는 너나할 것 없이 팔을 걷어 부친다.

그래서 미얀마 사람들은 모두가 마음이 부자다. 재산이 많다고 해서 남을 헐뜯지도 않고, 남의 재산을 탐하지도 않는다. 물질적 부보다 마음의 풍요로움을 추구하는 까닭에 미얀마 사람들은 돈을 많이 벌려고 노력하는 것보다 세상의 이치를 깨닫고 좀 더 인간답게 사는 방법을 연구한다. 그런 이유로 미얀마는 문맹률이 모두 낮다. 저잣거리의 아낙네들도 불교에서 제시하는 삶의 철학을 잘 이해하고 그렇게 생활하려고 노력한다.

필자는 미얀마 연구를 업으로 삼으며 가급적 미얀마 사람들의 눈으로 세상을 보려고 시도해 왔다. 황금으로 뒤덮인 쉐더공(Shwedagon) 불탑의 위용에 놀라 밤새 잠을 이루지 못했고, 버강의 불탑들에서 과거의 영화를 보았지만 관광객들을 따라다니며 물건을 파는 꼬맹이들을 보고 가슴이 아려 왔다. 전기가 보급되지 않아 애들만 많이 나왔다는 빨라웅족(Palaung) 아낙네도 만났고, 등을 밀어주며 짜익티요(Kyaikhtiyo) 황금바위를 함께 올라간 한국 군복을 입은 미얀마 친구는 항상 유쾌

했다. 눈을 감아도 여전히 귓전에 맴도는 안다만(Andaman) 해안의 파
도소리와 귀가 조금씩 뜨이자 들리기 시작한 사투리도 무척이나 정겨
웠다. 일부에 국한되지만 미얀마를 경험하면서 책에서는 접할 수 없
는 '진짜' 미얀마와 가까워지고 싶었고, 그들을 통해 보고, 또 들은 내
용들을 이 책에 적극적으로 반영하고자 했다. 그러나 여전히 풀리지
않는 여러 가지 난제들은 필자가 해결해야 할 과제이다.

이 책에 수록된 인명 및 지명과 관련하여 한 가지 일러둘 내용은 국
립국어원에서 제시한 외국어 표기법을 따르지 않았다. 국립국어원에
서는 외국어의 된소리는 표기하지 않는다고 제시되어 있으나 이 원칙
을 미얀마어에 그대로 적용하게 되면 원래의 뜻이 왜곡된다.

예를 들어 아웅산 수치에서 '치'는 '어떤 것을 두르다'의 의미로 원래
의미인 '승인, 기쁨'을 뜻하는 '찌'와 전혀 다른 의미가 된다. 또한 미얀
마어는 띄어쓰기 원칙이 없으므로 이 책에서는 아웅산 수치가 아니라
아웅산수찌로 표기한다. 단 이름 앞에서 존칭어 역할을 하는 '우'(U),
'도'(Daw), '꼬'(Ko), '마웅'(Maung), '마'(Ma) 등은 이름과 분리한다. 또
한 현 미얀마 대통령의 이름도 각 언론에서는 떼인세인, 테인세인, 세
인 등 특정한 기준없이 오용되고 있다. 대통령 이름을 풀이하자면 '다이
아몬드 십만개'로 그 음가를 한국어로 정확히 떼잉쎄인(잉)이 옳다. 미
얀마에 종성자음에는 이응(ㅇ)과 니은(ㄴ) 음가가 명확하지 않기 때문
에 전후의 발음에 따라 이응 또는 니은으로 굳어진다. 또한 미얀마 이
름에는 성이 없기 때문에 '세인 대통령'과 같은 표현은 적절치 못하다.

참고로 미얀마인들은 작명할 때 보석류를 선택하는 경우가 많다.
예를 들어 전 군사평의회 의장인 딴쉐의 사전적 의미는 '황금 백만 개'
이고 필자의 미얀마어 선생님의 성함은 먀떼잉(Mya Thein), 에머랄드

십만 개이다. 여성들의 경우 보석이라는 명사인 '야더나'(yadana)를 그대로 이름에 사용하는 경우가 있는데, 미얀마에서 유명한 모델 중 한 명의 이름은 야더나우이다.

미얀마어의 정확한 표기법이 마련되지 않는 이유도 미얀마에 대한 기본 정보가 축적되지 않은 환경적 요인 중 하나로 지적될 수 있다고 판단하며, 이 책부터라도 원어에 가까운 올바른 미얀마어 발음 쓰기와 읽기를 제안하고자 한다.

또한 국명과 관련하여 필자는 버마와 미얀마를 혼용할 것이다. 즉 1989년 국명을 변경한 이후 국명은 미얀마, 그 이전은 버마를 사용하고, 왕조시대에는 각각 왕조명을 쓸 것이다. 국명과 관련해서는 본 책의 제 1장에 집중적으로 다루고 있으며, 이에 대해 필자는 중립적 입장을 고수한다.

국명 변경과 함께 전국의 지명도 교체되었다. 일례로 이전 수도였던 양공(양곤)은 Rangoon에서 Yangon, 버고는 Pegu에서 Bago 등으로 바뀌었는데, 이전 영문 표기법은 식민지 시대에 제정된 것이다. 따라서 현지어 발음을 존중하는 차원에서 1989년 변경된 지명 표기법을 기초로 한다. 기타 교체된 지명 표기법은 다음과 같다.

옛날 표기법	새로운 표기법	한국어 표기법
Akyab	Sittwe	싯뜨웨
Arakan	Rakhine	여카잉
Chindwin	Chindwinn	친드윈
Irrawaddy	Ayeyarwaddy	에야워디
Karen	Kayin	꺼잉

옛날 표기법	새로운 표기법	한국어 표기법
Magwe	Magway	머끄웨
Maymyo	Pyin-U-Lwin	삥우르윙
Mergui	Myeik	베익
Moulmein	Mawlamyine	몰러먀잉
Pagan	Bagan	버강
Pegu	Bago	버고
Prome	Pyay	삐(에)
Rangoon	Yangon	양공
Salween	Thanlwin	땅르윈
Tenasserim	Tanintharyi	떠닝다이

약어 풀이

약어	원어	한글
AFPFL	Anti-Fascist People's Freedom League (1948-1958)	반파시스트 인민자유연맹
ASEAN	Association of Southeast Asian Nations	동남아국가연합 (아세안)
BCP	Burma Communist Party(백기(白旗)공산당; CPB는 적기(赤旗)공산당으로 사용)	버마공산당
BSPP	Burma Socialist Programme Party (1974-1988)	미얀마사회주의 계획당
DSA	Defence Service Academy	군사관학교
KMT	Kuomintang, 중국국민당정부	국민당
MEC	Myanmar Economic Corporation	미얀마경제기업
MIC	Myanmar Investment Commission	미얀마투자위원회
MI	Military Intelligence	군정보국
UMEHL	Union of Myanmar Economic Holdings Limited	미얀마 경제지주공사
NCGUB	National Coalition Government of the Union of Burma(1993-2012)	미얀마연방국민 연합정부
NDSC	National Defense Security Council	국방안보평의회
NLD	National League for Democracy(1988-)	국민민주주의연합
RC	Revolutionary Council(1962-1974)	혁명평의회
SLORC	State Law and Order Restoration Council (1988-1997)	국가법질서회복 평의회
SPDC	State Peace and Development Council(1997- 2011)	국가평화발전 평의회
SSC	State Supreme Council	국가최고평의회
USDA	Union Solidarity and Development Association(1993-2011)	연방단결 발전연합
USDP	Union Solidarity and Development Party(2011-)	연방단결발전당

제1장

서론: 미얀마와 그 가치

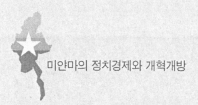

미얀마의 정치경제와 개혁개방

버마와 미얀마: 국명과 관련된 논쟁

우리에게 버마(Burma)로 더 익숙한 미얀마(Myanmar). 몇 개월 전 모 일간지 기자로부터 "이제 버마를 미얀마라고 불러도 됩니까?"라는 당혹스런 질문을 받았다. 그 기자에 따르면 어찌됐던 간에 신정부가 출범한 이후 정치범을 석방하고 민주화의 상징인 아웅산수찌(Aung San Suu Kyi)를 비롯한 민주인사들이 의회에 입성하는 등 자유화 조치가 추진되고 있으니 군사정부를 청산하는 차원에서 이제 미얀마로 불러도 된다는 것이었다.

기자의 지적대로 버마와 미얀마라는 국명은 철저히 정쟁의 전유물이었다. 즉 전자를 사용할 경우 집권 군부를 경멸하거나 그들이 행하는 모든 행위는 불법으로 치부하는 입장이고, 후자는 군부체제의 인정과 동의어이며 비난의 대상으로 간주되었다. 아이러니하게도 필자의 견해에 따르면, 미얀마 국내외 민주화운동가들이 지난 20년 이상 정권퇴진을 위해 전개한 활동 중 공히 '버마'라는 국명을 사용한 것이 유일한 업적이다. 그만큼 국내외 민주화운동가들은 '버마'라는 국명에만 그들의 운동 역량을 집중해 왔고, 혹시 미얀마라고 쓰면 씻을 수 없는 배신과 죄악행위를 한 것이다.

이에 지난 20년 이상 지리멸렬하게 이어져 온 국명에 대한 논쟁을 먼저 정리할 필요성을 느낀다. 1989년 당시 집권 군부가 국명을 버마연방(Union of Burma)에서 미얀마연방(Union of Myanmar)으로 교체하면서부터 정부와 반체제세력 간 공방이 시작되었다.

집권 군부는 '버마'라고 하면 다수종족인 버마족(Burman, 전체 인구의 69%)만 사는 나라로 오인할 수 있으니 국민통합차원에서 국명을 변경했으며, 그들의 역사에서 미얀마라는 용어는 이미 11세기경부터 사용됐다며 그 근거도 제시했다. 실제로 고대 미얀마인들은 자신들을 지칭할 때 '미르마'(Mranma)라 했고, 미얀마 또는 버마와 비슷한 단어로는 1102년 몽족(Mon)의 비문에 'Mirma'라는 표현이 최초로 언급되었다(Hall 1958, 123; 126). 한자 문화권에서는 미얀마를 예로부터 '미엔띠엔'(緬甸)이라고 표기해 왔는데, 중국 사료에 이 단어가 최초로 나타난 것이 1273년이다(Hall 1958, 123; 126).

군부정권을 반대하는 세력들은 군부의 논리를 정면으로 반박한다. 그들에 따르면 국부(國父) 아웅산(Aung San) 장군이 국민통합을 지향하며 식민시기 당시 결성한 독립기구의 명칭에서 '버마'를 찾을 수 있고, '미얀마'는 버마족이 건국한 왕조에 국한되므로 미얀마라는 국명은 버마족만을 위한 국명으로 국민통합과 무관하다고 주장한다.1 이와 함께 군부는 그들이 저지른 만행을 국제사회에서 덮기 위해 조속히 국명을 변경했다며, 그 동기마저도 순수하지 못했다고 비난한다. 군부정권을 인정하지 않는 미국, 영국은 이들의 논리를 적극 지지하며 국명을 버마로 고수한다.

위와 같은 역사적 사실에 바탕을 둔 공방이전 가장 큰 쟁점은 쿠데타에 의해 불법으로 집권한 군부가 국민의 동의를 구하지 않고 국명을 변경했다는 점일 것이다. 그런데 재미있는 사실은 미얀마 현지에서 두 국명은 현재에도 혼용되며, 우리의 예상과 다르게 국명을 혼용한다고 해서 정치적으로 큰 문제가 되지 않는다. 다시 말해 버마라는

---

1 16세기 이후 버마족의 영역이 현재의 하부 지역과 서부 및 동부로 확장될 때도 미얀마라는 명칭은 널리 사용됐다. 이에 대한 자세한 내용은 Michael Aung-Thwin (2008)을 참조하라.

국명을 살았던 국민들은 버마라는 말을 쓰는데 서슴지 않지만 20대 청년세대들은 자신들의 국가는 미얀마요, 버마족도 자신을 미얀마족이라고 한다.

다만 국명을 변경함에 따라 수반되는 각종 명사와 형용사 등을 영어로 표현할 경우 다양한 문제가 발생된다. 예를 들어 정부의 입장에서 미얀마어는 Burmese가 아니라 Myanmar Language, 국민으로서 미얀마인은 Burmese People이 아니라 Myanma People이지만, 다수종족인 버마족의 경우 Burman보다 Bama 또는 Myanma로 표현한다. 애국가에 포함된 Burma도 Myanmar로 교체하기도 했다. 국명 변경에 따른 불필요한 자원의 투입과 낭비는 군부정권이 유지되는 동안 줄곧 목격되어온 행태 중 하나였다.

이에 반해 미얀마정부는 국명을 버마라고 쓰는 행위에 대해 무척이나 자존심이 상해 보이는 눈치이다. 일례로 2012년 5월 유럽을 순방한 아웅산수찌가 미얀마가 아니라 버마로 국명을 쓰자, 정부는 강력한 경고 메시지를 전달했다. 이에 아웅산수찌는 "민주주의 국가에서 표현의 자유가 보장되지 않는 것은 이해할 수 없다."고 정부의 논리를 반박했다.

현 시점에서 국명과 관련된 논쟁은 아웅산수찌나 반체제세력이 집권할 경우 종식될 가능성이 있을 정도로 양자간 의견은 좁혀지지 않고 있다. 그러나 다음의 객관적 사실에 주목해 보자. 첫째, 1988년 쿠데타로 집권한 군사정부가 행한 일련의 명령, 고시 등 법적 절차에 준한 행태를 모두 불법으로 규정한다면, 군사정부가 임의로 결정한 국명 변경도 비합법성의 연장선상에 있다. 그렇다면 왜 아웅산수찌는 15년간의 가택연금에 처해졌고, 1990년 총선 결과는 왜 무효조치가 되었으며, 2010년 총선은 왜 그 법적 효력을 인정받았는가? 형평성의 논리로 볼 때 유독 국명 변경에 천착하는 반체제세력의 저의가 명확하지 않아 보인다. 아마 국명 변경에 대한 논쟁이 아웅산수찌로부터 시작되었기 때문일 것이다.

둘째, 구어체와 문어체로 양분된 미얀마어의 규칙이 존재하는데 '버마'는 구어체, '미얀마'는 문어체에 해당된다. 그래서 버마 또는 미얀마라는 국가를 구어체와 문어체로 표기할 경우 각각 버마삐(*Bama- Pyi*) 또는 미얀마나잉앙(*Myanma-Naingan*)으로 쓴다. 대신 버마나잉앙으로 쓸 경우 어색한 표현이 되고, 미얀마삐는 통용된다. 즉 삐와 나잉앙은 명사로 국가를 의미하지만 각각 구어체와 문어체에서만 사용된다. 버마로 불리던 1974년부터 1988년 사이, 또는 그 이전에 발행된 동전에는 분명히 미얀마중앙은행(*Myanma-Baho-Ban*)으로 미얀마라는 용어를 써왔었다. 국명 변경 이전부터 공식적인 문서에서는 '버마' 대신 '미얀마'를 써왔다는 것이다.

셋째, 버마라는 국명은 영국이 고안한 인위적 피조물이며, 아웅산이 창설한 '우리버마연맹'(*Doe-Bama-Asi-Ayon*)에는 까렌족(Karen), 까친족(Kachin), 친족(Chin) 등 영국 식민정부에 동조한 소수종족들은 가입하지 않아 국민통합이라는 애초의 목적은 다소 퇴색되었다. 2005년 수도 이전 사례에서 보듯이 집권 군부는 식민지라는 정신적 외상으로부터 자유롭지 않은 존재들이다. 그들에게 양공(Yangon)이라 쓰고 랭군(Rangoon)이라 부르던 이 도시는 정치 및 경제의 중심지이기도 하지만 영국 식민지의 마지막 유산이기도 하다.

버마 또는 미얀마라고 부르는 것은 개인의 판단에 따른 몫이지만 필자는 그 여론 몰이에 휘말려 객관적 사실이 실종되는 현실을 우려하여 중립적 입장에서 국명과 관련된 논쟁을 설명했다. 연구자 입장에서 같은 지역을 가리키는 이 나라에 대한 국명을 둔 대립보다 이 나라가 처한 다양한 사회문제를 우선적으로 해결하는 방안에 골몰하는 것이 더 중요하다고 판단된다. 분명한 사실은 국명 논쟁은 정치적 주도권을 장악하려는 자들의 정쟁의 부산물일 뿐 버마 또는 미얀마라고 불린다 하더라도 달라질 것은 없다. 그러니 버마라고 부르면 군부에 동조하지 않는 도덕성에 바탕을 둔 민주화 지지자이며, 미얀마라고 부르면 극악무도한 군부에 찬동하는 세력으로 양분하지 않았으면 한다. 버마 또는 미얀마는 국명에 대한 합의보다 해결해야 할 많은 과제를 안고 있다.

미얀마의 지정학적 가치: 패권 경쟁의 각축장

1962년 자발적으로 국제사회에서 고립을 선택한 이래 이 나라는 은둔의 땅으로 전락했고, 접근성의 문제는 이 나라를 연구하는 학자들을 하나 둘씩 떠나게 했다. 미얀마에 대한 관심은 사라졌고, 이제 그 존재마저도 퇴색되는 것 같았다. 예를 들어 2011년 본격적인 변화의 바람이 불기 이전 국내 언론에서 미얀마 관련 기사는 2007년 승려주도의 반정부 시위를 제외하고 거의 찾아보기 힘들다.

이처럼 미얀마는 국가 위기의 상황에서 세계 언론의 주목을 끌 정도로만 변방의 일원에 가까웠다. 미국의 정의에 따르면 '악의 축'까지는 아니지만 '폭정의 전초기지'로서 미얀마 땅에 태어나 살아가는 모든 국민들은 군부의 볼모가 되어 희망 없이 하루를 연명하고 있는 불행한 존재로 그려진다. 정권의 작동에 대한 비밀주의원칙과 함께 이 나라에 대한 객관화된 정보가 부족하다보니 일부는 미얀마를 북한과 동일한 국가로 오인하기도 한다.

　주권국가로 인정하지 않을 듯한 기세의 미국이 2011년 11월 30일, 클린턴(Hillary Clinton) 국무장관을 57년 만에 미얀마로 보냈다. 미얀마의 개혁개방을 지지하고 추가의 개혁조치를 유도하기 위한 오바마(Barak Obama) 대통령의 조치였다. 떼잉쎄인(Thein Sein) 대통령과의 회담에서 클린턴 장관은 공석인 미얀마 주재 미국 대사 임명, 국제통화기금(IMF)과 세계은행(WB)의 특사 파견 지원, 경제제재 해제 전단계로서 추가의 경제적 지원 고려 등을 약속하며 지금까지의 냉각된 양자관계를 단 번에 해빙무드로 바꿔 놓았다. 2012년 11월에는 오바마 대통령이 집권 2기 최초의 방문국으로 미얀마를 선택했다.

　우리가 주목해야 할 사실은 클린턴 장관의 미얀마 방문 시기와 미국의 감춰진 의도이다. 2011년 11월 아시아·태평양경제협력체(APEC)에 참석한 오바마 대통령은 "미국은 태평양 국가"라고 언급하고, 미국의 아시아외교 복귀(pivot to Asia)를 공식적으로 확인했다. 그리고 호주 북단 다윈(Darwin) 군사기지에 미 해병대를 주둔시키고 인근 로버트슨(Robertson) 해군기지를 제공받기로 약속받았다. 이 군사기지는 중국의 미사일 사거리에서 벗어나 있는 전략적 요충지로써 미국은 태평양 남부에서부터 북부로 군사적 영향력을 확대할 방침이다.

　이와 비슷한 시기에 클린턴 장관은 "미국의 태평양 세기"(America's Pacific Century)라는 글을 『포린 폴리시』(Foreign Policy)에 기고했다. 11월 10일, 호놀룰루 이스트 웨스트 센터에서 행한 연설문을 옮긴 이 글에서 클린턴 장관은 "미국은 지난 10년 간 이라크와 아프가니스탄에 많은 자원을 투입하면서 중요한 역할을 했지만 이제 미국의 새로운 투자지역으로 아시아가 떠올랐다… 미국은 그동안 유럽에 대해서 중요한 건설자 역할을 해왔으나, 앞으로 21세기는 미국의 태평양 세기가 될 것이며, 역동적이고 복잡하면서도 중요한 이 지역에서 이전에 없던 역할을 미국이 하게 될 것이다"라고 강조했다.[2]

미국 외교의 아시아 전향은 다분히 중국을 겨냥한 것이다. 냉전 종식 이후 중국은 기존의 이념 수출과 물리력에 의존하던 외교정책을 버리고 "화평굴기"(和平崛起), 즉 평화로운 부상(浮上)으로 동남아국가들에게 '중국기회론'을 제공했다. 국경을 접하고 있는 동남아국가들과 국경무역을 확대하고, 1997년 아시아 외환위기 당시 태국에 10억 달러의 차관 지원을 약속한데 이어 12월에는 위안화를 평가절하하지 않을 것이라고 약속하는 등 역내 고충을 분담하는 면모를 과시하기도 했다.

중국은 윈난(雲南)에서 시작하여 남쪽으로 미얀마, 서쪽으로 방글라데시, 나아가 인도와 유럽으로 향하는 바닷길을 통한 남서실크로드의 부활을 꿈꾸고 있지만 불행히도 서남부는 험준한 산지와 동남아국가, 특히 미얀마에 의해 가로막혀 있다. 따라서 중국은 해양안보 확보, 지속가능한 경제발전 환경 구축과 에너지 문제 해결, 밀무역이나 마약거래와 같은 국경문제 해결 등 다분야에 걸쳐 미얀마와 협력 관계를 구축해 왔고, 앞으로도 미얀마의 지원이 절실한 상황이다(Poon 2002, 35). 중국 대외무역의 85%가 바닷길에 의존하고 있다는 사실도 해양

---

2 원문은 다음의 사이트를 참조하라.
  http://www.foreignpolicy.com/articles/2011/10/11/americas_pacific_century ?page=0,0

전략의 중요성이 부각되는 대목이다.

중국은 1992년부터 미얀마의 앞마당인 안다만해 연안에 소재한 세 곳의 해군기지 근대화를 위해 장비, 기술, 자본을 지원했고, 이를 바탕으로 해군의 주둔 또는 해군기지의 사용을 실험하고 있다(Bert 2004, 270). 중국의 대 미얀마 군사적 지원은 인도양과 세계 최대의 전략적 천연수로인 말라카해협의 해상권 장악을 염두에 두고 있는 것이다. 안다만과 말라카해협의 해상권 장악은 중국의 영향력이 서쪽으로 중동, 남쪽으로 인도네시아까지 확대될 가능성으로 이어진다.

이와 같이 1989년 이래 20년 이상 공들인 미얀마에 클린턴 장관과 오바마 대통령이 방문함으로써 중국의 대 미얀마 및 동남아정책은 일정부분 수정이 요구된다. 사실 미얀마의 개혁개방의 배경에는 중국변수가 적지 않았다. 특히 중국인이 미얀마로 유입되면서 다양한 문제가 발생했다. 국경을 맞대고 있는 윈난성에 소재한 일부 중국 기업들이 정전협정에 합의한 일부 소수종족 단체들과 삼림 벌목, 광산 개발 등 자원 개발에 진출하면서 생태와 환경을 파괴하고, 각종 환경오염을 발생시킨다. 진출 기업들은 현지인보다 중국인을 고용하여 지역사회의 실업률을 증가시키고, 임시로 유입된 중국인들은 지역사회의 질서까지 파괴한다. 중국 정부는 지방정부의 독자적 행동을 금지하고 있으나 이에 대한 원천적인 차단은 불가능해 보인다(Li 2010, 127).

미얀마정부에 등록된 합법적 중국인은 약 30만 명이지만 비합법적 이주민을 포함한 비공식적 집계는 약 200만 명에 이른다. 만달레에는 20%의 윈난인, 만달레 북부지역 중 가장 중요도시인 라쇼(Lashio)에는 약 50%의 중국인이 거주하는 것으로 추정된다(Steinberg 2010, 121). 만달레를 중심으로 한 중북부지역에서 중국인의 수는 해마다 증가추세에 있기 때문에 이들에 대한 반감이 날로 증폭되고 있다. 양공 시내에서 행해지는 범죄의 80% 이상이 중국인이라는 사실로 미루어 보아(Li 2010, 127) 중국인들이 미얀마 사회를 혼란시키는 주요 외국인 이 될 것이다.

〈그림 1〉 미얀마를 둘러싼 국제환경

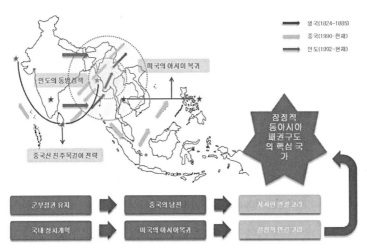

*필자 작성

  무엇보다도 미얀마 군부는 정치·경제적으로 중국에 종속되는 구도 로부터의 탈피하고자 한다. 체제유지를 정권의 최대 목표로 설정한 미얀마 신군부는 미국과 유럽연합의 봉쇄정책을 돌파하기 위해 중국 카드를 채택했으나 미얀마의 중국화(Sinonization)라는 역효과를 낳았 다. 바꿔 말하면 미얀마 군부입장에서 주권은 유지하겠지만 정치와 경제적으로 중국에 종속되는 구도나 미국의 경제제재에 굴복하는 상 황은 정권 붕괴라는 동일한 결과로 이어진다.

이에 반해 민주화조치와 인권개선 등 정치개혁을 추진하면 미얀마는 제재 완화 또는 해제라는 수혜를 기대할 수 있고, 이를 통해 신정부의 개혁개방은 가속화될 수 있다. 시장과 외교정책의 다양화를 통해 중국 종속구도를 탈피할 수 있다는 전략적 계산이 도출된 셈이다.

미국도 사면초가에 처한 미얀마의 입장을 충분히 인지한다. 아시아 외교 복귀를 천명한 입장에서 중국과 가장 친한 국가와 대화 관계로 발전함으로써 중국을 정면으로 견제하고자 한다. 이런 측면에서 일각의 반대에도 불구하고 오바마 대통령이 미얀마를 방문한 사실에 중국은 불편하지 않을 수 없었다. 〈그림 1〉에서 보는 바와 같이 필리핀-태국-인도를 잇는 안보벨트에서 미얀마만 동참하게 되면 미국의 대 중국 봉쇄전략은 완성된다. 즉 미국의 아시아외교 복귀의 방점은 미얀마이다. 향후 미국도 중국과 마찬가지로 미얀마 내 미군 주둔을 최고의 목적으로 삼을 것이다.[3]

흥미로운 사실은 미얀마도 자국의 지정학적 가치를 충분히 인지하고 있다는 점이다. 미얀마 대통령실 소속 저테(Zaw Htay 2011.11.16) 장관은 『워싱턴포스트』(Washington Post)에 기고한 글에서 중국이 급부상하는 지역 환경에서 미얀마의 지정학적 가치가 매우 중요하며,

---

3 2011년 11월, 데릭 미첼(Derek Mitchell) 당시 미국 특사(현 미얀마 주재 미국대사)는 미얀마 군총사령관과 군사협력에 관한 회동을 실시했고, 금년 10월에도 프란시스 워친스키(Francis Wiercinski) 태평양사령관을 필두로 22명의 군부를 포함한 30명의 대표단이 미얀마를 방문했다. 이 방문 이후 미얀마 군부는 코브라 골드(Cobra Gold) 군사훈련의 참관자격을 얻었다. 또한 지난 9월 미얀마 대통령과 아웅산수찌의 미국 방문 직전 미국 국제전략문제연구소(CSIS)는 한 편의 보고서를 통해 미얀마 신진 장교에 대한 군사훈련 및 교육지원, 소수종족 문제 해결을 위한 양국의 공동 군사훈련을 제안했고, 향후 샹그릴라회담과 아세안 국방장관 회담에 미국의 개입 필요성을 강조했다.

미국도 이러한 환경적 변화에 능동적으로 반응해야 한다고 주장했다. 이제 미얀마는 미국의 대 아시아 정책, 중국과 인도의 잠정적 패권 경쟁 사이에서 가장 허약한 지대(Hla Min 1998, 36-37)가 아니라 미국을 포함한 21세기 패권국들의 각축을 조절할 수 있는 결정적 연결고리가 될 수 있다.

사실 미얀마의 지정학적 가치는 21세기에 들어 부각된 것이 아니라 서구열강의 식민화가 팽창되던 19세기부터 시작되었다. 〈그림 1〉에서 보듯이 중국대륙을 차지하기 위한 영국의 지름길은 미얀마 대륙 횡단이었고, 실제로 제 3차 영국-버마 전쟁(1885)의 원인이 윈난성 진출을 둔 영국과 프랑스의 대결구도에서 비롯되었다. 즉 그 주체와 방향이 달라지긴 했으나 미얀마를 교두보로 삼고 해양으로 또는 대륙으로 진출하려는 강대국의 외교 전략은 미얀마에서 중첩되는 동일한 현상이 나타난다.

2012년 아세안 정상회담 전 클린턴 국무장관은 일본·몽골·베트남·라오스 등 중국 주변국들을 방문하여 미국의 아시아외교 복귀 전략에 공을 들였다. 아세안 정상회담 당시에는 떼잉쎄인 대통령과 단독으로 만나 미얀마 개혁에 대한 폭넓은 의견을 나누었다. 만약 미얀마가 종전대로 중국에 의지하는 외교를 고수할 경우 미국의 아시아 패권 전략은 시간이 다소 소요될 것으로 보이지만 미얀마는 국익에 반하는 어떠한 외교적 행위나 발언도 자제할 것으로 보인다.

힐러리 장관의 미얀마 방문 직전인 11월 27일, 미얀마 민아웅흘라잉(Min Aung Hlaing) 군총사령관이 중국인민군 사령관 천빙더(陳炳德, Chen Bingde)의 초청을 받아 중국을 방문했다. 민아웅흘라잉은 당시 차세대 중국 지도자가 유력한 시진핑(習近平, Xi Jinping) 공산당 중앙

군사위원회 부주석을 예방했고, 천빙더 사령관과 "국제상황의 변화와 관련 없이 양자 간의 우호관계를 유지한다."는 내용을 골자로 하는 국방협력에 관한 양해각서를 체결했다(Ba Kaung 2011.11.30; *Xinhua* 2011. 11.28-29).

중국의 남진을 억제하려는 미국의 의도가 클린턴 장관의 미얀마 방문 목적 중 하나였다면, 중국은 미얀마와의 관계가 순탄하게 유지되고 있다는 사실을 간접적으로 전시한 것이다. 그러나 미얀마는 이러한 양 국의 견제와 갈등관계를 자국의 국익으로 전환시키고 있으며, 잠정적인 미국과 중국의 패권 각축 구도에서 양자 중 한 국가를 동맹국으로 삼는 외교적 선택은 하지 않을 것이다.

미얀마의 경제적 가치: 자원의 보고인 신흥시장

사실 한국입장에서 미얀마에 주목하는 가장 큰 이유는 바로 미얀마가 가진 경제적 가치일 것이다. 이런 평가는 비단 한국기업들에게만 국한되지 않고 새로운 시장 개척과 산업기지 건설을 희망하는 세계의 다국적 기업들의 공통된 관심사일 것이다. 뒤에서 자세히 논하겠지만 미얀마의 경제적 가치는 풍부한 인적 및 천연자원, 지정학적 가치의 경제적 전환 등으로 요약된다.

첫째, 미얀마는 저임 양질의 풍부한 노동력을 보유한 시장이다. 정확한 통계자료는 없지만 미얀마의 정부에 따르면 2009-10년 기준 인구는 5천913만 명(남: 2천940만, 여: 2천973만)이고, 1995-96년 기준 유소년 인구(0-14세)가 전체 인구의 33.57%를 차지하며, 15-59세 노동

생산 가능 인구는 58.87%인 2천624만 명으로 '젊은 국가'로 분류된다
(CSO 2012, 14-15). 또한 종교사회화의 영향으로 교육에 대한 가치를
높이 평가하는 이유로 문맹률이 3-4%에 불과하다.

  둘째, 미얀마는 천연자원의 보고이다. 앞서 잠깐 언급했듯이 1962
년부터 미얀마가 국제사회에서 고립을 선택하게 된 이유를 돌아보면
자립경제를 달성할 수 있다는 자신감, 즉 자족할 수 있는 풍부한 자원
이 존재했기 때문일 것이다. 1950년대 복지국가를 기치로 실시된 경
제정책의 실패에도 불구하고 1960년대 버마는 아시아 쌀 수출 1위 국
가였고, 중동에서 원유가 발견되기 50년 전인 1853년부터 영국이 설
립한 버마오일공사(Burma Oil Company)에 의해 원유시추사업이 실시
되었다. 양공 밍글라동(Mingladon) 국제공항은 외국인의 입국을 24시
간으로 제한한 1965년 전까지 아시아 허브공항이었고, 양공항은 국제
무역항이었다. 태국의 관광산업이 성장하고, 싱가포르가 국제무역항
으로 발돋움한 그 시기와 미얀마가 쇄국을 선택한 시기가 일치하는
것은 우연이라기보다는 필연에 가깝다.

  셋째, 미얀마의 지정학적 가치는 경제적 가치로 전환되고 있으며,
이로 인해 미얀마를 중심으로 한 새로운 거점시장의 탄생 가능성이
열려 있다. 이미 노동집약적 산업에 집중한 미얀마 주변국은 노동 임
금의 상승으로 인해 경쟁력이 약화되고 있는데, 일례로 미얀마 노동자
의 평균 임금은 태국의 1/6, 중국의 1/5 수준이다. 또한 중국에서 미얀
마로 수입되는 물품은 전량 미얀마에서 소비되는 것이 아니라 20-30%
는 만달레와 여카잉주 싯뜨웨를 경유하여 인도로 향하고 있다는 점에
주목해야 한다. 만달레를 중심으로 원을 그리면 반경 1,100km 안에
서벵갈, 비하르, 윈난성, 쓰촨성 등 6억 명 이상의 잠정적 거대도시가

포함된다(Thant Myint U 2011, 4-6). 중국, 인도, 아세안 등 미얀마를 둘러싼 인구는 약 30억 명이라는 점도 무시할 수 없다.

미얀마의 사회문화적 가치: 불교와 한류문화

미얀마의 사회문화적 가치는 크게 그들이 이룩한 불교문화와 2000 년대부터 미얀마인들의 생활방식으로 자리 잡은 한류문화로 양분될 수 있다. 한국인에게 불교국가라면 단연 태국을 떠올릴 가능성이 높다. 국가의 문화유산을 잘 홍보하고, 이를 관광자원으로 전환한 태국인의 지혜가 엿보이는 대목이다. 태국과 미얀마는 공히 상좌(부)불교(上座, Theravada Buddhism) 국가로써, 우리에겐 소승불교 또는 남방불교로 더 잘 알려져 있다.

상좌불교는 싯다르타의 가르침인 경(經, sutta), 율(律, vinaya), 논(論, abhidhamma)의 삼장(三藏, tipitaka)을 경전으로 하고 이를 암송 및 전승해 온 가장 오래된 보수적 종교로서, 대승불교와 달리 개인의 해탈 또는 열반에 이르는 것을 궁극적 목표로 삼는다.

왕조시대에는 불교를 보호하고 계율의 잘못된 해석을 막기 위해 정기적으로 결집(結集, synod)을 개최했는데, 불멸 2,500년 동안 여섯 차례의 결집 가운데 미얀마는 1856년과 1956년 등 두 차례에 걸쳐 본 행사를 개최하였다. 만달레 소재 꾸도더(Kudodaw) 불탑과 양공 소재 세계평화의 불탑(Kabaaye Pagoda)이 이를 기념하기 위해 건축된 것이다. 전자는 세계에서 가장 큰 책으로 무려 729개의 대리석에 삼장을 빠짐없이 새겨 넣었는데, 불교도 결집 당시 2,400명의 승려들이 무려

여섯 달에 걸쳐 삼장을 빠짐없이 읽었다고 한다. 후자는 근대국가 시대에도 왕조의 왕과 같은 존재가 되고자 했던 우 누의 종교적 신념이 적극적으로 반영된 건축물이다.

또한 미얀마 불교에서 특이할 점은 화신과 법신불은 존재하지 않고 오직 부처만이 존재하며, 부처와 승려를 동일한 존재로 간주한다. 즉 승려에게 공양을 하는 행위는 부처에게 공양을 하는 행위와 동일하다. '땅가다나'(*tanga-dana*), 즉 승려에게 보시하는 행위는 불교도 미얀마인들에게 가장 일상적이면서 승려와 재가(在家)불교도를 교감하는 의식이다. 이런 의미에서 승려가 되는 것은 현세에서 가장 많은 공덕을 쌓는다고 믿는다.

불탑을 건설하거나 불교행사와 관련하여 거금을 보시하는 행위도 공덕을 쌓는데 매우 긍정적이다. 군사평의회부터 현재까지 군 수뇌부와 정치인들이 승려 앞에서 보시 하는 장면을 국영신문에 보도해 온 사실도 이러한 맥락이다. 심지어 2007년 승려주도의 반정부 시위 당시 군부는 시위 승려들이 가짜라는 선전과 함께 군 수뇌부가 고승에게 거금을 보시하는 장면을 국영신문에 보도하는 대조적인 행보도 보였다. 종교의 애초 존재와 목적과 달리 근대에 들어서도 정치에 종교를 접목하려는 정치권의 시도가 끊임없이 목격된다.

미얀마에 불교가 전래된 시기는 403년 인도 승려 부다고사가 남부지역 떠통(Thaton)에 빨리(Pali)어 경전을 전해주면서부터이지만 실제로 대중화의 단계는 약 6세기가 지난 11세기 초부터이다. 19개 부족민을 통합한 버강(Bagan)왕조 아노여타(Anawartha)왕이 자신의 정통성 확립과 국가통합의 기재로써 떠통지역의 불교를 적극 수용한 것이다. 그래서 현재 버강지역에는 단일 규모로 세계 최대의 불탑이 조성되어 있다. 버강왕조 당시에는 약 400만 기가 있었다고 하지만 이는 다소 과장된 것 같고, 현재에는 2,227기의 불탑이 잔존한다. 정부는 이 지역의 불탑을 복원해 오고 있다.

미얀마의 모든 왕조는 불교를 중심으로 발전했다. 불교는 단순히 종교적 영역을 넘어 왕실에서는 왕의 정통성을, 백성들에게는 동일한 정체성을 마련해 주는 절대적인 매개체였다. 불교가 제시한 다양한 교리는 어렸을 때부터 배우고 습득해야할 대상이고, 불교철학은 곧 삶의 지침이자 가치이다. 버강왕조 시기에는 6살짜리 유아도 승려와 불교에 관해 토론했다고 하니 대중의 불교 수준을 짐작할 만하다.

불교는 민족적 정체성을 일깨우는데 핵심적 역할을 했고, 근대국가에 들어서도 승려들은 국민을 대신하여 사회문제를 국가에 제기하는 등 국민의 대리자였다. 영국 군인이 사원 경내에 신발을 신고 입장한 두 차례의 사건과 신년 휴가를 대폭 축소하려했던 영국의 의도는 미얀마 전통 문화이자 민족적 영혼을 송두리째 짓밟는 행위로 인식되었다. 1988년 민주화 시위 당시에도 승려들은 독재정권에 항거했고, 2007년에는 10만 명이 넘는 승려들이 반정부 시위를 주도했다.

그런데 정부의 잘못된 통치로 인해 고통 받는 국민들을 대신하여 승려가 사회문제에 참여하는 것을 좋지 않게 평가하는 국민이 있다. 이미 대다수의 국민은 자기 검열이 생활화되었을 정도로 군부에 대한 두려움을 지니고 있으니 그들을 대신할 대리자를 지지하는 것은 당연해 보인다. 그러나 미얀마에서는 꼭 그렇지 않다. 승려들은 세속과 관련된 일에는 개입하지 말아야 한다는 종교적 의무가 지배적이기 때문이다. 미얀마 불교 사상에 의하면 전생에 쌓은 업이 최고에 달했기 때문에 현세에서 지도자가 될 수 있고, 이런 종교적 기준에 따르면 독재도 정당화된다. 그러나 불법(佛法) 또는 정법(正法)에 준하지 않는 정의롭지 못한 통치자는 사망한 뒤 지옥에 떨어지거나 하등 동물로 환생한다고 믿기 때문에 굳이 이들에 대한 도전이 필요치 않다고 보는 견해이다. 세상의 모든 원칙을 인과응보로 보는 시각이 영속될 가능성은 낮아 보인다.

불교를 빼놓고 미얀마를 얘기할 수 없듯이 불교도 미얀마인으로써 생애 꼭 한 번씩은 들러야하는 3대 유적지가 있다. 양공에 위치한 쉐더공불탑, 만달레의 마하무니(Mahamuni) 좌상, 그리고 짜익티요(Kyaikhtiyo) 소재 황금바위불탑 등이 그것이다. 이외에도 국가 전체가 거대한 불교 박물관처럼 어디를 가나 불교 유적지, 승려, 불교 관련 설화와 민담을 쉽게 접할 수 있다.

어쩌면 오랜 기간 외부와 단절로 인해 그들의 고유문화가 외래 문명에 의해 파괴되거나 접합되어 새로운 형태의 문화로 변질되지 않았다고 평가할 수도 있다. 그러나 이는 별로 합리적이지 않은 판단인 것 같다. 문화재 보존 상태는 심각한 상황이고, 도굴로 인해 그 가치는 크게 훼손되었다. 집권 연장만을 노린 군부 실세는 임의대로 불탑을 조성하거나 고유의 미를 반감시키는 인위적 조성 사업을 실시했다. 관광객을 유치한다는 명분으로 발굴이 필요한 유적지를 매장시키거나 그 자리에 대형 호텔을 신축하는 이해할 수 없는 행위도 일삼는다.

한편, 2001년 중국음식점 배달부와 사장 여식의 사랑을 그린 한국 드라마가 미얀마에 방영된 이후 현재 하루에 최소 7시간 한국 드라마가 안방에 방영되는 새로운 문화가 생겨났다. 다소 폐쇄적인 사회적 분위기로 인해 한류는 주로 드라마 부분에 국한되고 있지만 드라마 속 배우들의 옷차림새, 한국 음식, 한국 명소 등은 미얀마인들의 동경의 대상이 되었다.

최근 들어 한국 아이돌 가수를 모방하여 랩과 격렬한 춤동작으로 무장한 아이돌 가수도 탄생했다. 간단한 인사말은 산골 속 소수종족도 구사할 수 있으며, 대도시 20대 여성들은 한국 배우들과 유사한 옷 입기를 선호한다. 상대적으로 비싼 가격에 가기 힘든 한국 음식점도 미얀마 사람들로 넘쳐나고, 김치와 라면은 미얀마인들이 가장 선호하는 음식으로 자리매김을 했다. 제주도를 가장 가고 싶은 곳으로 손꼽고, 한국의 유교문화와 유사점을 찾는 중장년층의 미얀마인들도 적지 않다. 양공과 만달레 소재 대학에 개설된 한국어과의 입학 성적은 영어과와 일본어과 수준까지 상승했다.

이렇게 보면 대부분의 미얀마인들은 친한파라고 할 수 있으나 아직까지 지한파를 육성할 수 있는 학문적, 사회적 분위기는 조성되어 있지 않다. 한국 역사에서 군인이나 장수가 주인공인 드라마를 방영함으로써 군부들이 집권한 사실에 대한 우회적 정당화 작업을 실시했는데, 일례로 이순신의 업적을 기린 드라마는 상부의 지시로 모든 공무원이 시청했다는 후문도 있다.

한국의 비극적 현대사를 아는 자들은 매우 드문 대신 경제적으로 발전한 민주주의국가라는 선택된 정보만 공유된다. 한국어과를 선호하는 이유도 일자리가 없고, 보수마저도 넉넉지 않은 현실을 도피하여 엘도라도와 같은 '코리안 드림'을 추종하기 때문이다. 한국의 긍정적 측면만 소개되는 한류는 미얀마 대중문화의 새로운 코드로 자리를 잡은 것은 명확하지만, 한국과의 관계 개선과 발전을 위해서는 과거와 현실의 여과없는 이해가 필요한 것 같다.

그런데, 일부가 판단하는 것처럼 이들의 문화가 후진적이어서 선진화된 한국의 대중문화를 수용한 것은 아니다. 미얀마인들은 자신들이 이룩한 불교문화에 대한 자긍심이 매우 강한 사람들이다. 다시 말해 한국문화가 중심인 한류가 미얀마 문화를 대체하는 것이 아니라 그들의 문화 외에서 공존하는 형태이다. 외래문화로서 한류는 미얀마에는 없던 새로운 문화이지만 이를 두고 자신들의 문화를 대체할 대상이 아니라는 것이다.

그러니 문화절대주의나 한국 문화의 우월성이니 하는 제국주의적 시각은 별 의미가 없어 보인다. 대신 미얀마인들은 중국인과 인도인에 대해 혐오감을 표출하고 일본에 대한 불편한 역사의식을 갖는 대신 한국은 매우 좋은 이웃국가로 간주한다. 소위 연성권력이라고 불릴 수 있는 한국 문화는 미얀마에서 한국에 대한 좋은 이미지를 재고하는데 크나큰 첨병역할을 하고 있다.

자연환경

미얀마는 지리적으로 남아시아와 동남아를 잇는 관문으로서 북쪽으로 중국, 동쪽으로 라오스와 태국, 서쪽으로 방글라데시, 인도 등 총 5개국과 국경을 접하고 있다. 위도 북위 10-28도, 경도 92-101도 사이에 위치하며, 총 면적은 한반도의 약 3.5배인 676,577㎢로 동남아에서 인도네시아 다음으로 크고, 대륙부 동남아에서 가장 크며 세계에서 40번째로 큰 국가이다.

북쪽 히말라야산맥에서 남쪽의 안다만해까지 총 연장은 2,909㎞, 동서연장은 925㎞이며, 해안선은 1,930㎞에 달한다. 서쪽에는 여카잉(Arakan, Rakhine)산맥, 중앙부에는 버고(Bago)산맥, 동쪽에는 샨 (Shan) 고원지대 등 세 개의 산맥이 있으며, 에야워디(Ayewarwaddy, Irrawaddy)강이 흐르는 중부저지대는 전통적으로 버마족(Burman)의 주요 거점이다. 산맥들을 중심으로 에야워디강, 싯따웅(Sittaung)강, 땅르윈(Thanlwin, Salween)강이 흐른다.

중국에서 발원한 총 연장 2,170km의 에야워디강은 중부 저지대를 관통하여 서남부의 하류에서 델타(Delta)를 형성하는 미얀마의 젖줄과 같은 역할을 한다. 에야워디강이 끝나는 지점에는 약 210-240㎞에 달하는 델타지역이 형성되는데, 이 곳에서 국내 미곡의 65%, 가금(家禽)류의 50%가 생산된다. 에야워디강의 지류인 친드윈(Chindwinn)강의 총 연장은 960㎞이다.

중부 평야지대는 전통적으로 다수종족인 버마족의 중심지로 영국 식민시기(1885-1947) 당시 행정버마(Ministerial Burma) 또는 버마 프로퍼(Burma Proper)로 불렸으며, 그 외 험준한 산악지역으로 구성된 소수종족 지역은 변방지역(Frontier Areas)으로 별도 분리 통치되었다. 이를 분할통치(divide and rule)라고 부르는데, 궁극적으로 국민들의 통합을 저해하기 위한 영국의 의도에 의한 인위적 획정이었다. 역대 정권 지도자들은 영국의 불순한 의도에 의해 연방 구성원들이 분열되었다고 항변해 왔다.

미얀마는 뚜렷한 3계절이 있는 열대기후에 속한다. 우기는 5월 중순부터 10월 중순까지이며 남서풍이 부는 전형적인 몬순기후이다. 이 시기에는 벵골만 연안으로 고온다습한 공기가 몰려와 스콜성 강우가 하루에 2-3회 이어지나 최근 들어서는 하루 종일 비가 오기도 한다.

여름(hot season)은 우기가 시작하기 전 2월 중순부터 5월까지인데,

이 시기에는 기온이 35도 이상 올라가며 강우량도 5,000mm에 달한다. 건기는 10월 중순부터 2월 중순까지이며, 이 시기에 남부지역을 제외한 중북부는 우리나라의 초가을과 비슷한 날씨이다. 해안지대와 델타에서는 평균기온이 32도, 북부 고산지대는 21도에 달한다. 해안지대의 연평균 강우량은 5,000mm, 중부 건조지역은 750mm 수준이다.

매년 몬순기(5월부터 9월까지)에는 남아시아 남부에서 시작되어 벵골만을 초토화시키고, 인도와 방글라데시 벵골지역을 침수시키는 사이클론이 통상적이다. 이 사이클론은 주로 여카잉 해안까지 영향을 미치지만 2008년 5월에 발생한 나르기스(Nargis)는 항로를 바꾸어 에야워디 델타지역을 직접 강타했다. 나르기스의 파괴력에 대한 경고가 수차례 있었지만 정부는 이에 대해 특별한 대책을 마련하지 않았다.

숫자는 부정확하지만 약 13만8천 명이 사망했고, 250만 명이 피해를 입었다. 사이클론의 보호막이 되어주던 맹그로브 늪지대는 심각하게 훼손되었다. 사이클론으로 인한 물적 피해는 암시장 환율로 24억 달러로 2007년 GDP의 27%에 해당된다. 이로 인해 2007년 세계기후위험지수(Global Climate Risk Index) 89위였던 미얀마는 2008년 최대 피해국 1위로 지정되었다.

인문환경

2008년 신헌법에 따라 국명은 대통령을 권력의 정점으로 하는 미얀마 연방공화국(Republic of the Union of Myanmar)으로 개칭되었는데, 1974년 군사평의회에서 버마사회주의계획당(Burma Socialist Programme

Party: BSPP)으로 정권을 이양하며 버마사회주의연방공화국(Socialist Republic of the Union of Burma)으로 개칭한 전례와 유사하다. 이와 함께 식민시기 군부를 상징하던 깃발을 회상시키는 국기와 사회주의 의 흔적인 톱니바퀴를 삭제한 문장(文章)도 새롭게 도입되었다. 국명, 문장 등 국가의 상징은 2011년 3월 30일 신정부 출범과 함께 사용된 것이 아니라 2010년 10월 21일, 당시 군부정권이 예고없이 채택하고 개칭했다. 점성술사의 점괘에 의한 것이다.

행정구역은 7개의 자치주(state)와 7개의 행정주(region)로 나뉜다. 독립 당시 연방에 가입한 소수종족은 10년 후 국민투표를 통해 연방 탈퇴 또는 자치권을 향유할 수 있는 권한을 보장받았으나 1962년 네 윈이 집권한 이후 이 계획은 무효화되었다. 대신 1974년 사회주의헌 법을 통해 현재와 같은 행정체계가 도입되었다.

자치주는 다양한 소수종족 가운데 7개의 다수 소수종족을 중심으로 한 지역이고, 행정주는 중부 저지대 버마족이 주로 거주하는 지역을 일컫는다. 2008년 신헌법에는 행정주는 기존 '따잉'(*tain*)에서 큰 지역 이라는 의미로 '데따지'(*dethagyi*)로 변경되었다. 또한 제한적이지만 일부 소수종족에 한해 자치권을 부여하는 자치행정지역/구도 신설되 었다.

미얀마의 공식적인 인구조사는 식민시기가 개시되기 전인 1872년에 시작되었는데, 당시 조사지역은 국가 전역이 아니라 영국이 장악한 하 부버마지역(양공이남 지역)에만 국한되었고 인구는 약 270만 명이었다 (Nyi Nyi 2011, 2). 식민화가 완성된 이후인 1891년 상부 및 하부버마 지역에 대한 인구 통계에 따르면 각각 331만3,587명, 440만8,466명 등 772만2,053명이었다(Nyi Nyi 2011, 3). 또한 불교도는 전체인구의

89.2%에 해당하는 688만8,075명이었다(Maung Maung 1963, 46). 식민시기가 종료된 1947년까지 10년 단위로 인구조사가 실시되었고, 전체적으로 인구성장률은 10% 수준이었다.

독립 후 전국적 규모의 인구조사는 1973년, 1983년 두 차례만 실시되었고, 1953년, 1954년, 1991년, 1997년, 1999년, 2001년, 2004년, 2007년 등 총 여덟 차례는 일부 지역에서만 실시되었다. 후자의 경우 노동인구를 추산하기 위한 출산율, 사망률 등 기초적인 통계에 의존했기 때문에 종족과 종교 등 인구구성의 현황과 변화 등을 확인할 수 없다. 즉 1983년 통계가 현재 미얀마를 구성하고 있는 종족과 이들이 사용하는 언어를 가늠할 수 있는 기초적인 자료인 셈이다.

그러나 이 통계 또한 인구, 종교, 결혼 유무, 문맹률, 종족 등 거시적 지표와 함께 퍼센트 수치만을 제공하고, 현실성이 떨어진다. 예를 들어 1983년 통계에는 문맹률이 전체 인구의 20.3%라고 조사되었으나 2006년 기준 미국 CIA 자료에 따르면 문맹률은 10.1%였다. 국가계획 및 경제발전부(Ministry of National Planning and Economic Development: MNPED) 산하 중앙통계국(Central Statistical Organization: CSO)이 각종 통계자료를 취합하여 책자로 편찬하고 있으나 발행 시기가 동시대적이지 않고 수록된 자료들도 신빙성이 떨어진다.

1983년 인구조사에 따르면 버마족이 69%로 인구의 다수를 차지하며 뒤이어 샨족(Shan) 8.5%, 까렌족(Karen, Kayin) 6.2%, 여카잉족(Arakan) 4.5%, 몽족(Mon) 2.4%, 친족(Chin) 2.2% 등이며 135개의 종족집단이 거주하는 것으로 확인된다. 그러나 종족집단의 수는 식민시기 통계에 의존하고 있을 뿐 나가족(Naga), 와족(Wa), 뻴라웅족(Palaung) 등 정체성이 확인되는 종족들은 이 범주에서 제외되기 때문

에 적어도 이보다 더 많은 종족집단이 거주하는 것으로 추정된다. 즉
본 조사는 자치주의 다수를 구성하는 7개 종족만 대상으로 실시되었
고, 그 기준도 영국 식민당국의 자료에 근거하고 있다. 이와 같은 이
유로 미얀마의 정확한 인문환경의 변화 추이를 관찰하고, 이를 토대
로 향후 국가발전을 위한 인적자원 구성 및 활용방안을 수립하기에는
한계가 따른다.

〈표 1〉 연령대 및 성별 노동률(1973-2007)

연령	노동률(%)											
	1973			1983			2001			2007		
	계	남	여	계	남	여	계	남	여	계	남	여
15-19	41.8	51.8	32.3	42.0	48.3	35.8	50.8	58.3	43.5	54.0	60.1	48.3
20-24	55.1	77.0	34.8	57.2	75.0	40.1	68.3	83.3	54.3	75.3	85.4	66.2
25-29	59.9	86.2	35.2	61.6	83.2	40.6	75.6	94.2	59.0	81.8	94.5	70.9
30-34	61.1	87.9	35.5	63.0	85.6	40.9	77.9	97.5	60.5	83.0	97.3	71.2
35-39	61.7	87.6	36.4	63.6	85.5	41.6	78.0	97.6	60.6	83.7	97.5	72.0
40-44	62.3	87.0	38.3	62.9	84.9	42.2	77.3	97.5	59.7	83.6	97.6	71.9
45-49	62.4	86.2	39.0	62.7	83.8	42.3	76.3	96.1	58.2	82.2	96.1	70.3
50-54	61.2	84.4	38.8	61.5	81.9	42.1	70.5	92.4	52.5	77.5	93.4	64.6
55-59	57.8	80.5	36.0	60.1	79.9	40.8	64.0	87.3	45.5	70.7	87.2	57.2
60-64	51.8	73.4	31.6	53.0	70.8	36.7	51.1	71.6	34.5	54.4	72.1	40.0
65+	36.2	54.7	20.3	38.4	54.4	24.6	28.9	46.8	15.2	29.8	43.8	19.5
합계	54.9	76.4	34.5	56.0	73.8	38.9	66.0	83.3	50.6	71.4	84.1	60.5

※ 자료: Nyi Nyi (2011), p.14.

중앙통계국(CSO)에 의하면 2009/10년 기준, 총 인구는 5,913만 명
이고, 1995/96년 기준으로 15-59세 노동 인구는 2,634만 명(남: 1,299
만 명, 여: 1,335만 명)으로 전체인구의 58.87%를 차지하고, 14세 이하

인구도 1,502만 명에 이른다. 2008년 신헌법 비준을 위한 국민투표 과정에서 조사된 공식 인구수는 57,504,368명이었으나 이는 다소 비약적으로 보인다.

국민 대다수는 불교(89%)를 신봉하는데, 원시불교의 전통과 함께 토착 정령신인 낫(nat)과 융합된 불교형태가 독특하다. 내세를 관장하는 불교의 종교적 특성상 현실에서 행운을 기원하고 액운을 막기 위해 각종 주술행위, 이를테면 점성술과 수사학 등도 광활하게 수용된다. 이외에 기독교(4%), 이슬람교(1%), 기타 정령신 등 다양한 종교가 분포한다.

정부는 공식적으로 종교의 자유를 인정하고 있으나 불교에 대한 특별한 지위를 보장해 두고 있는데, 이는 종교부 산하에 불교만을 위한 불교포교 및 발전국의 독자적인 설치로 증명된다. 반면 이슬람교도들에 대한 박해를 오랫동안 실시해 오고 있으며, 기독교 선교사의 선교활동을 공식적으로 금지하고 있다. 특히 2001년 '9·11 테러' 이후 미얀마 내 무슬림이 과격 테러단체들과 연대하고 있다는 의혹을 제기하며 이슬람교도들에 대한 강경한 입장을 강화하고 있는데, 최근 다시 불거진 로힝자족(Rohingya)에 대한 탄압이 그 대표적 사례이다.

미얀마 국민들은 불교에서 기인한 전통문화를 매우 중시 여기며 불교의 가르침을 생활 속에서 실천하려는 기질이 강한 편이다. 예를 들어 불교에서 말하는 삼보(三寶)의 개념이 생활 속에서 철저히 지켜지는 것과 별도로 미얀마인들은 부모와 스승을 부처, 상가, 정법(正法)과 같은 수준으로 격상시켜 야더나웅아바(*yadana-nga-ba*, 五寶)로 경외심을 표출한다. 그렇기 때문에 인간의 세속적 삶에서 금전적인 부(富)보다 지식을 쌓고 학문세계에 전념하는 것을 더욱 가치 있다고 간

주한다.4

    불교에서 말하는 학문과 세계는 종교, 즉 불교와 관련된 학문인 로꼬욱떠야(*lawkouktaya*)와 현실세계 학문인 로끼예(*lawkiye*)로 분류되며, 전자와 후자를 동시에 섭렵해야지만 진정한 학식을 겸비한 인간으로서 가치를 인정받는다. 불교의 수행 방식도 사원에 기거하면서 삼장(三藏)을 공부하는 쁘리얏띠(*pariyatti*)와 일정기간 숲 속이나 인적이 드문 곳에서 계율수행(Vinaya), 또는 명상수행을 의미하는 뻐디빳띠(*padipatti*)로 구분된다. 즉 미얀마인들은 종교뿐만 아니라 모든 학문의 영역은 이론과 실제가 합치되어야 하고, 그러한 목표를 습득할 때 비로소 참된 인생을 살고 있다고 간주한다.

    미얀마 국민들은 스스로를 태양의 자식이라는 신성함을 부여하고 있을 정도로 자민족에 대한 우월성을 강조한다. 또한 왕조시기 화려한 불교문화를 꽃피웠고 현재까지 이어지고 있는 사실에 자긍심을 가지며, 대륙부 동남아를 평정했다는 역사적 사실도 잊지 않고 있다. 불교적 가치관이 정신세계를 지배하기 때문에 현실세계의 불편함을 인내하려는 모습도 자주 드러나지만 자존심이 상하는 일이 발생했을 때는 공격적인 면모도 보인다.

    또한 미얀마인들은 현실에서 난관이 닥칠 경우 그것을 해결하려는 의지대신 외면하거나 초월하려는 습관이 있다. 필자기 보기에 두 가지 이유로 설명할 수 있다. 첫째는 현실의 문제는 얼마든지 종교적 수행을 통해 극복될 수 있다는 불교의 가르침을 미얀마인들이 받들기 때문이다. 이를 테면 육체적 고통에 처할 때 수행과 명상을 통해 고통을 잊어

---

4 "수도자는 야위었을 때, 동물은 살이 쪘을 때, 여자는 출산을 했을 때, 남자는 배움이 많아 학식이 찼을 때 비로소 아름답다."는 미얀마 속담도 있다.

버리는 것이 가장 현명한 방법이다. 국론분열의 문제를 종교수행으로 극복하려 했던 우 누의 정치행태, 가택연금 중 위빠사나(vippasna) 수행을 통해 정신혁명을 꿈꾸던 아웅산수찌의 행태가 여기에 해당된다.

개인적 수양을 중시하는 불교의 영향과 함께, 경직된 사회구조의 부작용을 들 수 있다. 군부권위주의가 오랫동안 지속되면서 국가 폭력의 희생양이 되지 않기 위해 대다수의 국민들은 어떤 일에 대해 책임을 지지 않기를 원하거나 책임을 전가시킨다. 이러한 행태는 반체제운동의 주동자에 참가하지만 생명과 안위를 보장받기 위해 비밀주의를 고수하거나, 직장에서의 직위를 보존받기 위한 관료들의 업무 태만 등 다양한 양상에서 드러난다.

여성의 높은 사회적 지위가 보장되나 여성은 전생에 쌓은 업이 남자보다 적기 때문에 여성으로 출생했다고 믿는 운명결정론적 사고가 지배적이다. 모든 남성들은 자신이 쌓은 업의 정도와 동등한 영험한 기운인 퐁(hpon)을 보유하게 되는데, 퐁이 높을수록 높은 사회적 명예와 부를 획득하게 된다고 믿는다. 일례로 승려는 미얀마어로 퐁지(hpongyi), 즉 '퐁이 가장 높은 사람'으로 분류된다. 현세에서 퐁이 가장 높은 사람은 정권의 성격과 관련 없이 국가 지도자가 되는데, 왕조시대 국왕의 퐁은 비도 떨게 할 정도였다고 하니 국왕의 존재는 가히 신과 동등했다.

부부 간의 관계를 예로 들면, 부인의 남편보다 높은 곳에 서거나 발로 남편을 가리키지 않아야 하고, 옷가지의 세탁과 건조도 남편 눈에 띠지 않는 곳에서 이뤄져야 한다. 남편의 퐁이 오른쪽으로 흐르는 까닭에 항상 취침은 남편의 왼쪽에서만 해야 한다. 가정의 중대사를 결정하는 일도 남편의 몫이지만 부득이하게 여성이 결정했을 경우 이

사실을 외부에 알리지 말아야 한다(Mi Mi Khaing 1984, 16).[5]

위와 같은 고정관념(stereotype)은 근대화가 심화되는 현재에도 변하지 않는 것처럼 보인다. 관료사회와 같이 엄격한 계급서열이 매겨지는 사회에서 여성들은 수장이 될 수 없다는 관념이 지배적이며, 실제로 여성들이 중간 관리직 이상 진출한 사례는 매우 드물다. 아웅산수찌가 미얀마의 지도자가 될 수 없다고 주장하는 자들의 논리도 이러한 전통적 개념에 근거한 것이다. 그러나 사회경제적 발전이 지속된다면 이러한 비과학적 전통이 얼마나 유지될런지 필자도 의문이다.

신분상승의 한계는 따르지만 미얀마 여성들의 사회진출은 매우 활발한 편이다. 왕조시대부터 남성들은 전쟁, 불탑 축조 등 국가의 부역에 봉역하는 동안 여성들이 농사일과 가사 등 사회의 중추적인 역할을 담당해 왔기 때문이다. 식민시기 초기 한 영국 관찰자는 수에즈 운하와 일본 사이에서 가장 식자화된 국가가 버마였다고 주장했고, 19세기 초 한 영국 여행자는 버마 여성들은 영국 여성들보다 식자율(識字率)이 더 높았다고 관찰했다(Steinberg 2010, 14). 세계에서 가장 문명화된 국가 중 하나인 영국 여성들보다 버마 여성들의 식자율이 높았다는 사실은 사회적 관념에 따라 여성보다 우위에 있는 미얀마 남성들의 교육열과 성취도가 상당한 수준에 도달하고 있었다는 간접적인 증거이기도 하다.

미얀마는 1962년부터 26년간 국가통제의 사회주의 경제체제를 경험했기 때문에 아직까지 그 잔재가 상존한다. 특히 일하지 않기(*Ma-lout*),

---

5 2007년 샤프란혁명이 발생했을 당시 태국 치앙마이 소재 미얀마 출신 여성 NGO Lanna Action for Burma는 미얀마 군부를 욕보이기 위해 여성 속옷을 재외 미얀마 공간에 보내는 "Panty Power for Party"운동을 전개했다.

복잡하게 만들지 않기(Ma-shout), 해고당하지 않기(Ma-pyouk) 등 3불 (不) 규칙(또는 3M 관습)이 생겨나면서 상하관계에 따른 인적 네트워크 가 사회 작동의 주요 동인이 되었다. 상명하달의 군사문화가 사회 말 단까지 침투한 사실만 보더라도 인적관계가 법과 제도보다 선행하고 있음을 확인할 수 있다.

그렇지만 사회주의 이전부터 미얀마는 식민시기를 통해 자본주의 를 경험했다. 그들의 시각에 따르면 비록 자원을 수탈당한 식민지에 불과했지만 국민들은 자본주의적 생산양식에 길들여졌으며, 그로 인 해 1960년대 이전까지 아시아의 부국 지위를 누릴 수 있었다. 각종 내 란과 정치 엘리트의 정책이 실패하지 않았더라면 제국주의의 반작용 으로서 사회주의와 같은 급진적인 정책이 실시되지 않았을 가능성도 배제할 수 없다.

또한 식민시기를 통해 미얀마는 종족적으로 내부 식민주의적 사관 이 생겨나게 되었다. 소수종족에 대한 버마족의 차별은 영국의 통치 방식 때문이었다고 장담할 수 없지만 분명 소수종족은 식민시기를 통 해 그들이 누리지 못했던 각종 이권을 향유할 수 있었다. 이로 인해 버마족은 소수종족을 식민정부에 아부하는 협잡꾼으로 절하했다. 소 수종족의 기독교 개종도 불교도 종족들의 반감을 사는데 일정 수준 영향을 미친 것으로 확인된다.

종교와 관련하여 정부 당국의 무슬림들에 대한 박해가 가장 심각하 다. 그 중 약 80만 명에 달하는 여카잉주 로힝자족은 1824년 이후 현 재 미얀마 영토로 이주해 왔고, 종족적으로 벵골인이라는 명목으로 정부로부터 시민권을 부여받지 못한 무국적 체류자이다. 로힝자족 일 부는 신변의 안전을 유지하기 위해 보트피플이 되어 자신들이 형제국이라고 생각하는 말레이시아로 향하고 있다.

국제 NGO를 비롯하여 서방세계는 미얀마정부가 이들을 국민으로 수용해 줄 것을 요구하지만 정부는 이들을 자국민으로 인정하지 않는 대신 제 3국으로 보내고 싶어 한다. 또한 로힝자족을 포함하여 모든 무슬림들을 본국에서 추방해야 한다는 취지로 승려들의 시위가 연일 지속되고 있다. 정부는 승려들의 요구대로 세계 최대의 무슬림 협력체인 이슬람협력기구(OIC)의 자국 내 연락사무실 설립에 대한 허가 결정을 철회하기도 했다. 문제는 아웅산수찌도 이에 대한 구체적인 대책에는 함구하고 있으며, NLD의 수뇌부도 정부와 같은 입장을 확인시키고 있다. 근대 미얀마에서 보이지 않았던 불교도와 무슬림 간의 갈등이 발화되고 있다.

제2장

현대 미얀마의 발전 과정과 특징

미얀마의 정치경제와 개혁개방

1. 불교문화와 정치경제의 발전 양상

사회주의의 태동: 제국주의의 청산을 위한 이념

1930년대부터 시작된 버마 독립운동의 주요 이념은 사회주의였다. 아웅산을 비롯한 동시대 민족주의자들은 영국식민주의는 곧 제국주의이며, 영국이 무장한 자본주의는 제국주의와 동일시되는 이념으로 보았다. 따라서 제국주의와 자본주의의 반동으로써 사회주의는 가장 이상적 체제였다. 또한 사회주의에서 추구하는 계급이 없는 평등한 사회와 불교에서 지향하는 열반의 세계는 일맥상통했다. 즉 버마 민족주의자들에게 사회주의는 식민지의 쓰라린 경험을 치유하고 동시에 국민들로부터 지지를 얻을 수 있는 가장 효율적인 체제였다.

불교도를 중심으로 한 민족주의운동과 무장 독립투쟁의 효시가 된 서야 상(Saya San) 반란(1929-1931)에서도 사회주의적 성향은 나타나지 않았다. 따라서 미얀마의 사회주의는 1930년대가 되어서 도입된 것으로 보인다. 네윈의 전기작가로 유명한 마웅마웅(Maung Maung 1969, 62-69)에 따르면 떼잉마웅(Thein Maung) 박사가 영국에 체류할 당시 12권의 레닌사상 서적을 구입하여 버마어로 옮기고 이를 버마로 가져와 보급했던 그 당시가 사회주의 도입기였다.

식민 시기였음에도 불구하고 버마에서 사회주의가 확산될 수 있었던 배경은 각 지역 언론들이 사회주의에 대해 자유롭게 기고할 수 있는 언론의 자유가 보장되었기 때문이다. 또한, 젊은 민족주의 운동가들은 그들이 동경했던 마르크스와 레닌사상에 대한 서적을 읽고 이를 비평하고, 나아가 그들의 지식을 바탕으로 서적을 출판할 수 있었던 각종 북클럽(Book Club)이 조직되어 있었기 때문이다(Kyaw Zaw Win 2008, 18-23). 대표적인 북클럽은 식민시기 동남아의 복합사회(Plural Society)를 주장한 퍼니벌(J.S. Furnivall)이 1931년 조직한 버마북클럽(the Burma Book Club), 1936년 누가 결성한 나가니북클럽(the Nagani Book Club: 붉은 용), 이듬해 바초(U Ba Cho)가 조직한 버마페이비언 사회(the Burma Fabian Society) 등이다(Steinberg 1982, 41).

이들 북클럽은 공통적으로 영국에서 발생한 혁명적인 변화보다는 점진적인 개혁을 통한 사회변혁을 주장했다. 동시대 사회주의자들은 마르크스와 레닌사상에 기초한 다양한 사회주의 서적과 논문을 버마어로 번역하여 농민과 노동자들에게 보급함으로써 자유와 독립에 대한 의지를 확산시켰다(Kyaw Zaw Win 2008, 24-25). 나가니북클럽의 경우 문맹자들을 위해 나가니 노래를 만들어 보급했는데, 불경을 외울 때 쓰는 운율과 리듬을 동원했다(Kyaw Zaw Win 2008, 27).

독립의지에 대한 표출은 사회주의의 강화로 이어졌다. 버마 독립의 중추인물이었던 아웅산과 누는 근본적으로 영국 식민주의로 인해 버마의 경제주권이 국민이 아닌 영국인, 인도인, 중국인에게 있다고 보았다. 즉 이들이 장악한 경제권을 버마 국민에게 원상 복구시키기 위한 방안이 경제적 사회주의였다.[1] 버마의 사회주의자들은 인간 상호

---

[1] 1930년대 양공 및 몰러먀잉과 같은 도시인구의 70% 이상이 외국인이었고, 1940년대 후반에도 그 수는 다소 줄어들었으나 40% 정도였다(Mya Maung 1971, 72). 이는 미얀마 국민이 아닌 외국인이 지역 상권을 장악하고 있는 것으로도 해석된다.

간의 차별과 착취를 폐지하고 소수의 권력자나 당파 또는 계급만의 편협하고 이기적 욕망이 아니라 전체 국민의 균등한 행복과 번영을 위해 노력해야한다는 목표를 설정했다.

한편, 아웅산은 정치적 다원주의보다 일당 독재체제를 선호했고, 후에 자신의 입장을 바꾸었지만 공산당의 창당 당원으로 활동할 정도로 상당히 급진적 성향의 정치관을 가졌다. 그에 반해 누는 무장투쟁운동을 펼치지 않았고 영국의 의회민주주의를 선호했지만, 아웅산과 달리 종교를 포용하는 정치행태를 선호했다. 1961년 불교가 국교화되던 그 시점이 그의 정치관을 확정하는 정점이었다.

1947년 5월, 아웅산이 주도한 소렌토 빌라 회의(Sorrento Villa Conference)에서 독립 후 사회주의 경제체제를 확립하고자하는 원칙이 채택됐다. 식민지시대의 수탈과 전쟁으로 피폐된 국내 경제를 소생시키기 위해서 국가 주도하 계획경제 체제를 도입하고 국가가 관리하는 것이 최상의 선택이라고 판단했다.

그러나 아웅산은 그의 급진적 정치관과 달리 경제적 사회주의에 있어서는 다소 온건한 성향을 보였다. 그는 하루아침에 모든 사유재산을 국유화하는 대신 사회주의국가 건설을 위한 로드맵을 설정하고, 단계별로 실행해야 한다는 입장이었다. 즉 그는 국가가 모든 국부를 소유한다는 조건에는 동의하지만 우선적으로 통신과 교통, 산림, 천연자원 등을 국유화하고, 국가사회주의가 준비됐을 때 개인의 사유재산은 인정하면서도 모든 생산의 통제는 국가가 해야 된다는 원칙을 세웠다.(Charney 2009, 81-82).

위와 같은 아웅산의 경제사회주의는 1948년 헌법에 보존되었는데, 헌법 제 30조 1항과 2항에는 국가가 모든 재산의 주인이며, 국가가 모

든 토지를 소유 및 점유하고 공동생산을 위해 토지 배분을 실시한다
고 명기했다(Maung Maung 1959, 262). 이로써 이념적으로 독립 운동
가들이 이상향으로 제시했던 경제적 사회주의는 독립과 함께 제도화
의 대상이 되었다.[2]

불교와 사회주의의 결합: 불교도경제

미얀마 불교와 근대화 간의 충돌은 식민지가 종료된 뒤 새롭게 구
성된 의회민주주의에서 구체화되었다. 식민시기 이전과 영국 식민시
기(1886-1947)를 통틀어 미얀마의 제도적 근대화는 달성되었지만 전
통적 권력 개념도 다시 부활했다(Steinberg 2010, 67). 이와 같이 근대
적 제도와 전통적 가치관의 공존과 결합에 따른 사회의 구조적 위기
는 한 인류학자에 의해 관찰된다.

> 신생독립국으로서 버마는 인구과밀, 토지 부족, 빈곤 등 아시아
> 와 아프리카가 겪는 문제로부터 자유롭다. 버마는 근대국가로 전
> 환하기 위한 물질적, 물리적 기반을 갖추고 있다. 버마의 미래는
> 경제적, 사회적 발전의 "악순환"에 휩싸이지 않을 것이다. 만약 버
> 마가 근대적 경제·정치·사회구조로 발전하지 못한다면 조직과
> 이념적 부적합, 사회적·문화적 변수, 인간 노력의 실패일 것이다
> (Nash 1965, 1).

---

2 그러나 헌법에서는 국가구조를 사회주의로 정의하지 않았다. 대신 헌법 제 2장, 3
장, 4장의 전체적인 내용은 경제적 사회주의를 지향하고 있음을 알 수 있다.

미얀마의 근대화는 정치·경제적 문제가 아니라 사회를 작동시키는 인간의 의식, 가치, 정향 등 의식적 측면에 초점이 맞춰졌다. 변화한 제도와 환경, 새로운 사회체제를 떠받치는 규범과 명령이 전통적 질서와 중층적으로 겹치게 될 경우 사회는 긴장과 갈등의 연장선에 서게 된다. 위의 지적처럼 근대화에 적응할 수 있는 인간 정신세계의 진보 정도는 정치·경제처럼 수치로 측정할 수 없는 한계가 있다(Lerner 1958, 438-439). 따라서 근대 미얀마의 사회발전을 가로막은 장애물은 정교분리의 근대식 정치제도와 이념을 견인할 수 없는 제도적 근대화와 의식적 전통주의의 충돌로 귀결된다.

정교분리의 입장을 취한 아웅산과 달리 우 누 초대총리는 정치와 불교의 접목을 꾀했고, 이를 토대로 국가발전의 초석을 마련하고자 시도했는데, 그 경제적 이념이 바로 불교도경제(Buddhist Economics)이다. 1955년 우 누 총리의 경제고문이었던 슈마허(Ernst Friedrich Schumacher)에 의해 주창된 불교도경제는 유물론적 사회에 길들여지는 세계의 위기 속에서 인간본성의 회복, 생활환경과 자원의 보존 등을 통해 인간 삶의 영속성에 주목했다. 그의 사상은 동시대 동서양의 사회발전을 동시에 참여 관찰함으로써 완성되었다.

불교도경제는 경제학에 도덕적·윤리적 가치관을 주입시키고, 모든 행위에는 결과가 따른다는 사필귀정의 원칙을 수용한다. 또한 결과를 위한 과정의 행위를 최소화하는데 노력해야 하고, 최종적으로 존재하는 모든 사물의 본성을 반영하는 전체론적 경제관을 필요로 한다(Rigg 1997, 52). 즉 불교도경제는 싯다르타가 설법한 불교의 가치관, 도덕 등을 서구의 경제관에 접목시킴으로써 발전에 대한 근본적인 시각을 재평가하려는 대안적 경제관으로, 자본주의로 대변되는 유물주의 경제관과 정면으로 대치된다.

<표 2> 유물주의 경제와 불교도경제간 비교

	유물주의 경제	불교도경제
기조	최소한의 비용 → 최대한의 소비 효과 ▶ 양적 측면의 성과	최소한의 비용 → 최대한의 만족 효과 ▶ 질적 측면의 성과
노동	고용주: 필요악 (비용 감소의 대상) 노동자: 비효용의 대상 ▶ 기계화되는 인간	인간능력 발휘와 향상을 위한 장소 자기중심적 태도의 제거 생계에 필요한 재화와 서비스 획득 ▶인간성의 배양
천연자원 활용	자원 수명에 관계없이 개발하고, 비용이 낮은 것을 선호	수요만큼 개발 및 활용
자원 우선도	상황과 산업에 따라 다름	인적자원 토지

※ 자료: Schumacher(1998), pp.54-64에서 정리.

먼저 각 경제관의 기조(基調)를 살펴보면, 유물주의 경제는 일정 기간 내에 생산되는 재화의 양을 예상 및 측정하고 이를 극대화시키는 방안을 연구한다. 이에 반해 불교도경제는 물질적 복지를 추구하는 간소(簡素)와 비폭력을 지향한다. 예를 들어 숙련공을 군인으로 이용하는 것은 전문성에 어긋나기 때문에 두 경제관에서는 공히 비효율적이다. 그런데, 숙련공인 어머니는 불교도경제의 관점에서도 비효율적이다. 유물주의 경제관에서 가족을 둔 어머니가 숙련공으로서의 기능도 보유하고 있다면 적극적으로 고용 기회를 보장하겠지만 불교도경제에서는 그 효용가치가 사라진다. 아무리 질적으로 우수한 숙련공이라고 하더라도 어머니는 가정을 보살필 고유 역할이 있기 때문이다. 즉 세상의 모든 인간과 사물은 본연의 임무와 가치가 부여되어 있는데, 이를 거부하여 원래의 기능과 역할을 망각하고 부에 집착할 경우 인간에게는 고통이 따를 수밖에 없다. 불교도경제에서는 최소한의 비용으로 최대한의 효과를 얻는 효용성의 가치가 추구되지 않는다.

숙련공의 사례를 보자. 유물주의에 따르면 노동자를 고용하는 것은 하나의 비용 지출에 포함되므로 가급적이면 기계화를 도입하여 노동비율을 최소화한다. 노동자는 여가와 즐거움을 희생시키며 노동을 하며 그 대가로 임금을 받는다. 바꾸어 말하면 고용주는 노동자를 고용하지 않고 생산력을 최대화하고, 피고용자는 노동을 하지 않으며 소득을 올리는 것이 이상적이다. 이와 같은 논리가 반복적으로 적용되면 인간이 노동의 노예가 될 가능성이 크며, 종국에는 인간소외현상이 발생할 수 있다.

그에 반해 불교도경제에서 노동은 인간성을 배양하며, 그것을 순화시키는 기능을 담당한다. 이 관점에 따르면 인간은 노동을 함으로써 자신에게 부여된 삶의 가치를 실현하고 인간 내부에 내재하는 나태와 태만을 억제시킨다. 반대로 노동자에게 무의미하고 권태로우며 혐오감을 주거나 또는 심신을 피로하게 만드는 노동은 범죄 행위나 다름없다. 그것은 인간보다 물질에 주의를 돌리는 일이자 동시에 자비심이 결여된 것이다. 또한 이 관점에서 기계화는 인간의 기능과 능력을 높이는 측면과 함께 인간이 기계의 노예가 될 수도 있는 양 날의 칼과 같다.

불교도경제관에 따르면 천연자원도 언젠가는 고갈될 것이며, 이는 인간의 생명과 동떨어진 개념이 아니다. 천연자원에 대해서는 수요만큼 개발하고 사용하는 태도가 필요한데, 물질적 욕망을 추구하기 위한 그 과정 자체가 고통이며 또한 그 고통을 해소하기 위해 더 많은 자원을 낭비해야하는 악순환이 이어진다.

이에 반해 시장가격에 의해 동질화되는 유물주의 경제관에서 자원과 재화는 생산을 위해서 동원되는 매개체에 불과하다. 특히 재생불능의 자원에 의존하는 생산양식은 곧 자본을 그 대가로 하는 기생적 생활양식일 뿐이다. 그렇기 때문에 불교도경제관의 관점에서 유물주의적 생산양식은 영구불변한 것도 아니며 결국에는 자연에 대한 폭력이 인간들에 대한 폭력으로 비화될 것으로 본다.

우 누의 복지국가론: 버마식 불교도경제

국가사회주의를 실현하기 위해 우 누는 외국인 사업가가 장악한 경제권을 버마인들에게 돌려주면서 동시에 소수의 버마 사업가가 경제권을 장악하는 것도 지양했다. 이를 위해 정부는 보석 수출을 금지하고, 모든 파운드화권의 거래를 통제했으며, 일회 송금액도 100파운드를 넘지 못하도록 제한한 한편, 버마 사업가들에 대한 어떠한 특권도 부여하지 않았다(Charney 2009, 82).

우 누 내각에서 시행된 경제정책은 아웅산이 제안한 사회주의 프로그램의 연장선인 1948년 시행된 2개년 경제개발계획과 1952년부터 시작된 8년간의 발전프로그램인 이른바 삐도다계획(*Pyidawtha*, 복지국가론) 등으로 요약된다.

두 경제정책은 우 누의 정치사상을 결정짓는 핵심인 마르크시즘과 불교의 접합, 즉 불교도경제관을 기반으로 한다. 우 누는 불교에서 욕심, 증오, 망상은 고통의 근원이고 이는 경제적 불평등을 야기한다고 간주했다. 따라서 자본주의적 부의 집중은 업을 쌓지 못하게 하며, 결국 버마에서 자본주의의 충격은 국민들이 종교와 멀어진다고 보았다(Sarkisyanz 1965, 171-172). 자본주의로 인해 버마 국민들이 열반에 들 수 없게 된다는 논리이다.

1948년, 우 누는 영국 식민 당국과 지주들이 만들어 놓은 음모에 고통을 받는 농민들을 경감시키기 위한 조치라면서 토지 국유화정책을 발표했고, 이어서 부는 저장되거나 획득되지도 않고 안락함을 제공하는 것도 아니라고 주장했다(Trager 1966, 151). 오히려 동의를 구하지 않고 토지를 소유하는 것은 엄청난 죄악으로 불교의 가치와 충돌한다고 보았다(Trager 1958, 14). 그러나 그의 야심과 달리 2개년 경제개발계획은 정치 및 사회적 불안정으로 인해 1950년 말까지 개시되지도 못했다(Mya Maung 1971, 46).

2개년 경제개발계획에서 수립된 해외 다자원조를 통한 발전프로그램이 실패한 후 정부는 미국의 기술자와 경제학자들을 2년간 초청하여 국가 전 분야에 걸친 발전 계획을 수정·수립했다. 1952년 8월 4일-17일 간 개최된 복지국가회담(Pyidawtha Conference)에서는 각 정당, 관료, 시민단체 등으로 구성된 1,000명 이상의 대표단이 참석하는 등 광범위한 지지를 얻었다(Trager 1966, 154). 또한 1947년부터 시작된 반군활동이 위축되면서 새로운 8개년 경제개발에 대한 성공이 확신되는 분위기였다.[3]

8개년 경제개발계획은 2차 대전 이전의 생활수준을 복원함으로써

연방의 모든 국민이 보편적이고 안락한 생활을 향유하는 매년 9%대의
GDP 성장률을 목표로 설정했다. 주요 산업 분야는 세계시장에서 가격
경쟁력이 있는 원자재 적출을 중심으로 하는 산업화였다(Trager 1966,
154-155). 이러한 의미에서 복지국가론은 "전쟁과 폐허의 잔재를 없애
고 국민과 정부가 함께 새로운 국가를 건설하자는 것"이며 "정치적,
이념적 함축성을 지양하는 국가"로 여러 방면에서 뉴딜(New Deal)정
책과 비교되기도 했다(Cady 1958, 616, 647; Maung Maung 1959, 111).

〈표 3〉 8개년 경제계획 및 성과

	1938-39	1951-52		1959-60		달성율 (%)
		계획	성과	계획	성과	
총GDP(백만짯)	5,317	3,911	3,911	7,000	5,878	84
1인당 생산(짯)	323	209	208	340	281	83
1인당 소비(짯)	211	143	143	224	183	82

※ 1짯=21센트
※※ 자료: Trager(1966), p.156.

〈표 3〉에서 보는 바와 같이 8개년 계획은 당초 예상에 미치지 못한
성과를 거두었다. 주요 수출품인 국제 미곡가격은 1950년 한국전쟁
당시 상승했으나 1953년부터 하락하는 등 국제시장의 현실을 고려하
지 못했다. 외환 보유고는 하락했고,4 토지의 국유화에 따른 농민들을

---

3 복지국가론의 시행세칙인 8개년 경제개발계획과 달리 복지국가론은 1948년 헌법
　과 1953년 12월에 우 누가 행한 "우리의 목표와 당면계획"이라는 연설에서 제시한
　의회 민주주의를 기반으로 한 사회주의의 궁극적인 목표의 연장선상에서 1954년 9
　월 9일 공포되었다.
4 1953년 6월 3억6,500만 달러, 1954년 1월 2억400만 달러, 1955년 1월과 8월에는

위한 대출 이자율도 적시적기에 조절하지 못했다. 사회복지 분야에 대한 무리한 예산 배정도 국가 재정을 위축시켰다(Steinberg 2010, 96). 정부의 예산으로 고용한 미국을 비롯한 외국의 기술자와 경제학자들도 버마와 같은 신생독립국을 위한 현실적인 경제정책을 제시하지 못했다(Trager 1966, 155).

그러나 복지국가론 실패의 원인은 미시경제정책보다 그러한 정책을 입안한 우 누를 비롯한 동시대 행정부의 그릇된 상황판단과 현실적으로 시행될 수 없는 이데올로기에 대한 천착을 비판할 필요가 있다. 본 계획의 명칭에서도 나타나듯이 버마는 전쟁의 폐허를 극복하고자 선언했음에도 불구하고 성장이 아니라 분배 위주의 정책을 지향했고, 주요 개발 및 발전분야도 민간이 아닌 공공 부문에 집중됨에 따라 국민의 의욕을 고취시킬 동기부여가 발생하지 않았다. 사실 경제활동에 참가한 동시대 국민들은 정부가 제시하는 국민 모두가 열반에 들기 위한 전단계라는 구호보다 개인 소득 증대에 관심을 경주했을 것이다.

작고한 경제학자 먀마웅 박사(Mya Maung 1991, 67-83)는 복지국가론의 실패를 비꼬면서 삐도따가 아닌 국가의 후퇴를 의미하는 '삐도짜'(*Pyidawkya*)라고 명명했다. 그는 버마의 민간정치인들은 유년기부터 교육받은 불교적 가치를 정치에 접목시킴으로써 잘못된 정치행태를 유인했고, 영국제국주의를 청산하고자 시도했음에도 불구하고 독립 이후 달라진 정치 및 사회 환경을 고려하지 않고 영국 식민통치방식과 동일한 정치제도를 유지했다고 비판했다(Mya Maung 1991, 81).

지적했다시피 우 누의 복지국가론은 마르크스 사상과 불교도경제

1억1,200만 달러와 7,450만 달러로 급격히 하락했다(Butwell 1963, 115).

가 혼합된 페이비언적 사회주의이다. 우 누 스스로 밝혔지만 자신은 마르크스 사상을 공부할수록 불교에 대한 신념이 더욱 강해진다고 주장했다. 그러나 나가니북클럽에서의 활동과 달리 우 누는 사회주의 이론을 탐독하지 않은 대신 개인의 경험, 관찰, 타인과의 토론을 토대로 사회주의 이념을 완성했다(Butwell 1963, 73). 그는 마르크시즘이 불교에서 제시하는 열반과 정신적 자유에 대해서는 명확한 해답을 제시하지 못하지만, 양자는 밀접한 관련을 맺고 있다고 주장했다.

그러나 양자간 밀접한 관련의 개연성을 제시하지 못했다. 오히려 그는 자신이 사회주의, 이상에 젖은 사회주의에 정통하다기보다 독실한 불교도라고 스스로를 정의했다(Ba Swe 1952, 5-7). 사실 버마의 사회주의는 현세에서 열반에 이르는 로까네입반(*Lokka Nibban*)이란 의미로 통용되었고, 영어를 전혀 몰랐던 꼬도흐마잉(Thakin Kodaw Hmaing)의 저서에 이 용어가 최초로 등장했다. 그렇기 때문에 버마가 지향했던 사회주의와 마르크스주의 간 상호 개연성은 애초부터 없었다(Sarkisyanz 1961, 57). 우 누도 사회주의의 과정이 아닌 결과의 동질성만을 마냥 동경하는 이상주의자였다.

정치에서 종교를 접목함에 있어서 우 누는 왕조시대 왕의 역할과 기능을 자신과 합치시켰다. 예를 들어, 국부의 국유화와 공동생산, 공동분배는 사회주의적 이상세계의 구현이 아니라 땅과 물의 절대적 주인이 국왕이라는 전통적 개념에 근거한다. 동일 선상에서 선거라는 근대 정치의 산물로 선출된 본인은 불교에서 제시하는 선출된 지도자로서 마하삼마타(Maha Sammatha)이자 전지전능한 불교도 왕을 가리키는 셋짜밍(*Setkyamin*)으로 스스로를 인식했다(Taylor 1987, 289). 다시 말해 우 누는 그의 국민적 인기와 명성과 달리 근대 행정제도와 부합되는 근대적 이념의 접합을 달성하지 못했고, 오로지 동시대 버마에서 요구되는 국가적 과제의 해결을 불교와 전통적 권력개념에서만 찾았다.

1958년부터 18개월 간 군부가 이끈 과도정부기간이 끝난 뒤 총리로 복귀한 우 누는 소수종족과의 대화를 통한 국민국가 달성과 경제운영의 실패 등 국정 전반에 걸친 수행능력에서도 낙제점을 받았다. 뿐만 아니라 근본적으로 자기중심적이며 상황에 따라 임시변통한 민주주의의 개념과 정체불명의 불교도경제와 마르크시즘을 혼합하는 독특한 시도를 고수했다(Butwell 1962, 3-11).

그에게 있어서 불교는 정치의 근본적 도구이자 목적이었을 뿐 그가 탐닉하고 주장했던 마르크시즘과 불교의 상관성은 우연의 일치로서 그를 진정한 사회주의자로 만들지 못했다. 그에게 불교는 자신의 존재와 입지를 강화하고, 정통성을 획득하는 수단에 불과했다. 이로 인해 야심차게 시도된 불교도경제에 입각한 경제발전계획은 현실적 괴리를 가져왔고, 결국 경제운영은 실패로 끝났다.

네윈의 버마식사회주의: 수정된 급진적 사회주의

1962년 3월 2일 새벽 4시, 네윈은 쿠데타를 일으켜 자신을 의장으로 하는 17인의 혁명평의회(Revolutionary Council: RC)를 구성했다. 혁명평의회는 쿠데타의 배경을 정치적 분열, 민족적 분열, 자본주의적 의회주의의 부패, 외국자본의 침투, 문화적 타락, 교육수준의 저하, 노동자·농민계급의 경제적 피폐 등으로 꼽았다(Ardeth Maung Thawnghmung 2001, 2; Mya Maung 1971, 126).

 네윈에 따르면 우 누 체제의 근본적 실패 원인은 의회민주주의를 실시한 우 누를 비롯한 민간정치인들의 실정이었고, 이는 쿠데타 발생 약 두 달 뒤인 4월 30일 발표한 『버마식사회주의: 혁명평의회 노선 성명서』에 명백히 나타났다. 본 성명서 "국가 조직"에는 "'의회민주주의'는 사회주의 노선을 효과적으로 추진할 수 없을 뿐 아니라, 버마 의회민주주의의 결함과 그것의 악용, 언론의 미숙함이 사회주의의 목표를 상실했고, 결국 사회주의 노선으로부터 이탈하여 사회주의 경제제도와 상반되는 지점까지 도달했다."고 명시했다(아시아·아프리카·라틴아메리카 연구원 1989, 199).

 이제 '완전한 독립'을 표방한 네윈의 쿠데타는 버마식사회주의(Burmese Way to Socialism)라는 급진적인 이데올로기를 정치적 자원으로 선택했다. 네윈은 의회민주주의는 버마의 실정에 맞지 않고, 동시에 사회주의 개혁을 성사시키기에도 무기력하기 때문에 일당 독재체제가 확립되어야 한다고 주장했다. 그 일환으로 같은 해 7월 4일 사회주의 과도시기 헌법이 공포되었고, 군부가 중심이 되는 간부정당 성격의 버마사회주의계획당(Burma Socialist Programme Party: BSPP)이 창당되었다.

 경제적으로도 우 누 정권의 복지국가론은 제국주의적 생산양식에 기반을 둔 자본에 기생하는 외국인이 포함된 체제로 온건한 사회주의를 완성할 수 없는 태생적 한계를 지녔다고 평가되었다. 이를 돌파하기 위해 대규모 국유화조치 등 한 단계 더 급진적인 경제적 혁명이 모색되었다.

 그로 인해 1962년 8월 영국인 소유의 제국화학공업(Imperial Chemical Industries)이 최초로 국유화되었고, 1963년 기업국유화법과 사회주의경제건설보호법이 제정되었으며, 이듬해 6월에는 국유화된 모든 기업에

대해 운영과 보상 문제를 담당할 기관으로 사회주의경제건설위원회
(Socialist Economy Construction Committee: SECC)도 설치되었다(양길
현 2009, 32). 마지막으로 1965년 사회주의경제계획법을 공포함으로
써 사회주의를 향한 법적·제도적 장치를 완성했다.

1961년 공표된 불교의 국교화는 국민통합을 저해한다는 명분으로
무효화되었고, 이후 공식적으로 정치와 종교, 특히 불교는 정치에서
완전히 배제되었다. 그러나 구조적으로 급진적인 사회주의를 지향했
던 네윈 체제의 정치적 이념은 불교도경제관의 기조 위에 있었다. 네
윈을 비롯한 군부들은 아웅산과 함께 독립운동을 전개하면서 사회주
의를 지향했을 만큼 군부에게도 사회주의는 그리 먼 이념은 아니었다
(Butwell 1962, 8).

통상적으로 네윈 체제의 성격을 정의할 때 앞서 언급한『버마식사
회주의: 혁명평의회 노선 성명서』와 1963년 1월 17일 발표된『인간
과 환경의 상호체계: 버마사회주의당의 노선』을 바탕으로 하지만, 두
강령은 1920년대 좌파 승려였던 우 칫흘라잉(U Chit Hlaing)이 종교적
목적으로 빨리(Pali)어로 작성한 문건을 옮겨놓은 것에 불과하며, 근본
적으로 우 누가 지향한 사회주의와 흡사했다(Mya Maung 1991, 99).

다시 말해 네윈은 마르크스보다 부처에게서 배울 것이 더 많다고
언급하고, 또한 종교의 무용성보다 마르크스를 맹목적으로 추종하는
공산주의 세력을 배척한 우 누의 개인적 정치관을 전적으로 수용했
다. 그렇기 때문에 네윈이 주창한 급진적 사회주의로써 버마식사회주
의는 구호 또는 강령에 불과한 것이다.

한편, 과도정부(1958-1960) 기간 군부가 출판한 서적에서 이미 군부
들도 사회주의를 지향하고 있었고, 쿠데타 이후 그들이 추구한 이상

향은 현실화의 대상이 되었다. 그 서적의 서문에는 "의식주에서 해방
되고 만족스러운 정신적 생활을 즐기기 위해..."라고 쓰고 있는데(Nu
1959, 5), 물질적 욕구의 충족과 정신적 풍요와 안락까지 추구한다는
측면에서 불교에서 주장하는 현세의 해탈, 즉 딴뜨라(samsara,
thantara)와 일맥상통한다.

　군부의 불교사회주의적 성향은『인간과 환경의 상호체계: 버마사회
주의당의 노선』에서 노골적으로 드러나지만, 이 또한 불교 중심적 정
치관을 지향하던 동시대 사회주의자들의 공통적 성향을 대변하는 것
이었다.

　이 문건에서 사회주의는 물질(Matter)과 정신(Mind)의 상호관계, 변
증법적 이상주의에 바탕을 둔 인간의 철학이자 현실의 문제(mundane
view)와 동등한 인간사회의 일상적인 일과 관련된다(Houtman 1999,
32). 상호관계(Correlation)는 왕조체제를 부활시키는 의미에서 세속
적이거나 사회주의적이라기보다는 다소 정신적이고 불교적 중심적인
정치관을 대변한다.

　전체적 맥락에서 이 문건은 불교, 사회주의, 매우 이해하기 난해한
잡집(雜集)형태로서 다양한 억지해석들을 조합한 사상들의 절충적 혼
합이었고, "인간은 역사의 주인이자 지도자"로 언급하며 마르크스의
역사관을 부정하기도 했다(Steinberg 2010, 111).

　우 누 체제보다 급진적 사회주의를 실시한 네윈 체제는 이념적으로
더욱 혼란스럽다. 마르크스가 본 계급투쟁의 인류 발전사는 버마식
사회주의에서는 완전히 기각되었고, 국유화와 같은 생산양식에서만
두 사회주의 간 공통점이 발견된다. 계급없는 평등사회를 구현하고자
한 마르크스의 이상향과 달리 버마에서 사회주의는 종교, 특히 불교

와 직결되는 탈현실적 또는 초현실적 색채가 강했고, 경우에 따라 매우 이상주의적 발상에 젖었다.

이에 반해 생산양식의 집단화와 공유화는 계급없는 생산과 공평한 분배가 아닌 군부가 국부를 장악할 환경의 구축이 사회주의의 진짜 목적이었다. 다시 말해 군부가 배타적 이익단체로 어떠한 사회계층보다 우월한 지위를 향유할 수 있도록 구조화함으로써 계급사회의 소멸이라는 애초의 목적과 상반된 사회적인 분화와 계층화를 가져왔다.

군부권위주의를 위한 구조적 사회주의의 지속
: 개인적 정권의 강화

1962년부터 1988년까지 지속된 사회주의체제는 실제로는 군부권위주의를 강화하기 위한 일종의 도구였다. 즉 네윈이 주창한 사회주의는 우 누 정권의 실각을 만회하고 스스로의 정치사상을 현실화하며, 시대 정신에 부응하는 소명의식의 발로가 아니라 불법으로 단행된 정권 탈취를 정당화하고, 아웅산에 대한 국민의 추종을 사회주의로 부활시켜 통치의 정통성을 마련하고자 하는 의도된 이념이었다.

네윈 정권이 사회주의를 포장하여 군부정권을 항구화하려는 정황은 다양한 측면에서 포착되는데, 군부의 정치참여가 그 핵심이었다. 앞서 지적했듯이 네윈은 민간정권을 이끌었던 민간정치인들을 신뢰하지 않았는데, 쿠데타 직후 식민시기에 조직된 버마공무원국(Burma Civil Service) 소속의 모든 관료를 숙청하고 모든 기구에 군 장교들을 배치했다. 장교들은 업무수행능력이 검증되지 않았고 전문성도 없었으며, 단지 상명하복의 군사문화만이 관료사회를 침투했다. 일례로 현실적인 측면이 고려되지 않았지만 목표의식만큼은 뚜렷했던 복지국가론과 달리 네윈 정권기에는 국유화를 제외하고 특정한 경제발전 계획이 수립되지 않았다.[5]

국유화의 경우에도 경제발전을 위한 청사진이 없이 단순히 외국 소유 기업을 정부의 통제로 돌렸고, 이를 전문적으로 운용할 수 있는 구체적 계획이나 실무진도 꾸리지 않았다. 국가 전 생산력의 계획적이고 균형 있는 발전을 이룩한 사회주의경제 건설이 아니라 무계획 속에서 불균형하게 사회화가 진전된 경제를 낳았다(Mya Maung 1970, 550). 제국주의는 자본주의와 동일하다는 기본적인 이념과 군부가 추구하고자했던 사회주의의 이상향은 동질했지만, 목적을 달성할 방법론은 결여된 상태였다.

미시적 경제정책이 전무했던 이유로 버마식사회주의는 곧 위기를 맞았다. 1971년 BSPP 1차 전당대회에서 비효율성과 무기력한 정책 시행, 정책 주안점의 혼선이 경제구조를 파괴한다는 비판이 쏟아졌다. 도시에 기반을 둔 경제영역은 매우 적었고, 인구의 2/3은 농업에 종사했기 때문에 근본적으로 BSPP가 추구하고자 했던 사회주의 혁명은 구조적으로 불가능한 상태였다. 그러나 BSPP는 도시와 산업 프롤레타리아를 강조하는 다소 온건한 마르크시즘의 원칙을 포기하지 않았다(BSPPCCH 1973).

---

5 군부는 기존 반(半)자본주의 경제체제를 사회주의체제로 개혁, 정치·경제사회 등 모든 영역에서 외세의 영향력 일소, 혁명을 성공적으로 달성하기 위한 대중의 가치관과 생활태도 변화, 국민의 일체감 고양 등 4대 정책 목표를 설정했다(Silverstein 1966, 95).

1970년대 들어 국가경제의 위기를 간파한 지도층은 제한적 수준에서 시장 개방을 추진했다. 1977년 2월 개최된 BSPP 3차 전당대회에서 경제정책의 실패를 인정했고, 정책적 오류라기보다 정책담당자의 과오로 그 원인을 돌렸다(Trager and Scully 1978, 142). 경제정책 실패의 책임을 물어 내각과 국가평의회 구성원 일부가 교체되었으나 군부가 정책전반을 책임지는 원칙은 변하지 않았다. 정부의 이러한 지침은 1976년에 발생한 쿠데타 역모를 계기로 네윈의 1인 지배체제를 강화하는 도구가 되었다. 즉, 경제 정책과 상관없이 네윈의 잠재적 도전자가 될 수 있는 장교를 축출하는 명분으로 국가의 경제정책을 결정했다.

한편, 26년 간 군부가 정치에 개입하는 동안 경제는 위기에 봉착했지만 군부의 상대적 이익은 사회 모든 분야에서 배타적으로 확대되었으며, 민간정권에서 배제되었던 군부의 사회·경제적 위상은 회복되었다. 군부의 기득권은 축적되었고, 우월한 지위를 유지하기 위해 정치권력을 포기하지 않는 국가 안의 국가가 되었다.

1958년, 1962년 쿠데타를 통해 정권을 장악한 군부는 분명 혁명군부, 집정관적 군부의 성격이 강했다. 그러나 1974년 민간이양과 1988년 신군부의 쿠데타 이후 군부는 배타적 이익단체로 거듭나며 애초의 창군 의도를 변질시켰다. 이런 측면에서 버마식사회주의를 주창하며 야심차게 시작된 사회주의 프로그램은 군부권위주의의 장기집권을 위한 토대로 전락했다.

1962년 이래 50년간 유지된 군부권위주의는 세계에서 유래를 찾을 수 없을 정도로 장기간 지속되었고, 그로 인한 사회의 왜곡은 심각한 상황이다. 세 차례에 걸친 지도자의 교체가 있었고, 정권의 성향은 시기별로 상이했으나 정권의 본질은 독재자 1인에게 모든 권력이 집중되는 개인적 정권의 성향을 보였다. 이러한 정권의 성격을 규정할 수 있는 원류는 바로 왕조시대 권력 이념과 이에 대한 이해를 바탕으로 한다.

"마오쩌둥이 골프를 배웠던 그 날에 네윈이 사회주의자였을 것" (Steinberg 2010, 96)이라는 한 퇴역 군부의 평가는 네윈이 주장한 사회주의의 허상을 상징적으로 고발하는 대목이자, 네윈 스스로도 사회주의에 대해서는 문외한이라는 사실을 증명한다. 세속적 군부의 삶을 살았지만 네윈도 우 누와 별반 다르지 않는 독실한 불교도이자 왕조시대 국왕의 이미지를 추종하는 전통지향적인 지도자였다.

불교 국교화법을 중지시킨 네윈은 불교평의회(Buddha Sasana Council)를 해체하고 종교의 자유를 인정했다. 1965년 3월에는 정부의 사주를 받는 승려연합회(Sangha Association)의 이름으로 전국의 모든 승려들에게 승려증을 배부함으로써 승려의 의무등록을 추진하는 등 1980년과 1985년 등 총 3회에 걸친 승려 정화 등 불교개혁도 단행하였다. 이 조치를 거부하는 승려들의 거센 항의가 계속되자 한 달 후 네 윈은 92명의 승려를 체포함과 동시에 사원을 폐쇄시키고, 계속 항의하는 승려들을 공산주의자 혹은 불법적인 정치인으로 간주하여 탄압하였다 (Taylor 1987, 357).

상가에 대한 탄압과는 대조적으로 네윈은 일부 고승들을 상대로 사원에 거금을 보시하거나 자동차, 텔레비전 등을 선물함으로써 이들이 친 정부적인 연설을 하도록 유도했다. 또한, 빨리어와 불교연구를 지원하고 불교유적을 보호하는 사업을 추진했다.

예를 들어 1965년 모비(Hmawbi)에서 첫 상가 모임을 주도하여 불자왕의 모습으로 불교의 전파자 역할을 강조했다. 이러한 정책은 정치에서 종교의 완전한 배제라는 목적보다는 전통왕조 왕의 상가 정화사업으로 이해되기도 한다(Matthews 1999, 36). 쉐더공 불탑 맞은편에 마하위자야(Maha Wizaya: 대승리) 불탑이 1983-84년까지 건립되었는데, 이는 부처 탄생 2,500주년을 기념하여 세계 불교도 결집을 개최한 우누의 행적과 일맥상통하며, 불자왕(佛子王)을 지향하던 왕조시대 국왕을 추종하는 행위였다.

네윈은 BSPP 내에 점성술사를 두어 의사결정 이전에 항상 자문을 구하는 비상식적인 행동을 일삼았다. 그가 점성술사의 결정을 따라 행한 몇몇 정책은 국가의 혼란을 야기했고, 궁극적으로 정권의 붕괴에 결정적인 역할을 했다. 예를 들어 1987년 9월 5일 암거래상에 타격을 준다는 명목으로 실시된 화폐 무효화조치는 네윈이 90세까지 살 수 있다는 점성술사의 처방에 따른 것으로 위기의 국가경제를 파탄으로 몰고 가고, 동시에 대학생들이 더 이상 네윈 체제를 지지하지 않는 결정적 사건이 되었다.

1988년 쿠데타로 집권한 신군부정권(1988-2011)에서도 개인적 정권의 성향이 강력하게 드러난다. 신군부정권은 네윈 정권과 차별화를 기하기 위해 사회주의를 폐기하고 시장경제체제를 선택했으나 소수의 선택된 군 장교가 국정을 운영하는 네윈 체제와 동일한 정치구조를 유지했다. 또한, 그들이 주장하는 근대화된 발전국가와 별개로 정치행태의 기본적 이념도 불교와 초자연적 신앙에 대한 맹목적 믿음 등 네윈 정권의 유산을 추종했다.

1992년 4월까지 SLORC 의장직을 수행했던 쏘마웅(Saw Maung) 장군은 자신이 버강왕조 3대 왕인 짠싯따(Kyanzittha)의 화현(化現)이라고 주장했다. 몇 차례의 중혼(重婚)을 통해 그가 꽁바웅(Konbaung)왕조 왕족 혈통이라는 정설을 퍼트린 네윈의 의도와 같은 맥락이다. 딴쉐 전 의장도 네윈과 같이 자신의 권력을 연장하는데 주력했으며, 그 매개체는 점성술과 산자술 같은 비술(秘術)이었다.

딴쉐가 집권하고 있을 당시 그의 국가관은 전통왕조의 부활이었고, 이는 전적으로 그의 결정에 의한 것이었다. 네윈이 집권할 당시 이미 군부는 국가 수호라는 직업군의 자세를 잃었고, 26년 간 권력의 핵심층에 있으면서 배타적 이익의 포식자였으며, 신군부정권이 출범한 이후 이러한 성향은 더욱 강화되었다.

권력의 최상층에 있는 엘리트는 국가의 발전보다 자신의 항구적인 정치권력 향유에 우선권을 부여할 수밖에 없었으며, 그 과정에서 민주적 제도와 절차는 무시되었다. 대신 인간의 능력으로 설명할 수 없는 초자연적 신앙에 대한 맹신은 독재자의 신성성을 강조하는 전근대적인 정치행태의 답습이었다. 왕조시대의 부활과 딴쉐 개인적으로 자신의 생명을 연장할 의도로 단행된 수도 이전이 이런 주장을 뒷받침한다.

2008년 제정된 신헌법 조항 중 제36조 (e) 항에는 화폐를 더 이상 무효화하지 않는다고 명기되어 있는데, 이는 과거 독재자 1인이 행한 과오를 더 이상 반복하지 않겠다는 신정부의 결연한 의지를 드러낸 것으로 보인다. 현재까지 신정부에서는 지금까지 목격한 비밀주의원칙에 입각한 군부정권의 독특한 권력 유지와 작동방식이 목격되지 않는다. 이는 과거와 달리 그들이 구조화한 정치제도와 의사결정 방식에 따라 국가의 정책이 결정된다는 점을 의미하기도 한다.

근대적 인간은 신성화된 왕권과 같은 정교일치의 관습에서 인간이 사회를 통제할 수 있을 것이라는 보편적 가치에 기준을 두며, 문자 해독률의 증대, 대중 매체와 교육의 보급 등 사회전반에 걸쳐 인간 지식이 확대됨으로써 의식적 근대화도 달성 가능하다. 전(前)근대적이거나 국지적인 성향의 미얀마 정치문화는 전술한 독재자 1인의 정치사상과 일맥상통하는바 신정부의 정치행태와 이념이 얼마만큼 발전될지는 두고 볼 일이다. 만약 전통지향적인 정치행태가 사라지게 되면 미얀마 정치의 제도적 발전은 그들만이 향유해 온 문화적 요소로부터 탈피하게 될 것이다.

2. 국민통합에 대한 두 가지 시각

불교도와 비불교도: 갈등의 기원과 전개

1948년 독립 이래, 60년 이상 지난 현재까지 미얀마의 국민통합은 요원하다. 신군부는 국가와 국민통합을 달성한다는 명분으로 1989년 6월 18일 국명까지 바꾸었다. 나아가 현재 미얀마가 안고 있는 종족 문제는 영국의 분할통치때문이라고 영국 식민시기를 개탄해 왔다.

실제 영국은 버마족이 다수 거주하는 저지대 지역을 버마 프로퍼 (Burma Proper) 또는 행정버마(Ministerial Burma)로, 소수종족이 거주하는 지역을 변방지역(Frontier Area)으로 양분하여 소수종족에 대한 사회적 지위를 버마족보다 높게 보장했다. 영국의 차별적인 지위보장은 일정 수준 종족 간 대립과 분열을 조장했지만, 이미 왕조시대부터 버마족과 비버마족 간의 관계는 내부 식민지적 관계로 유지되어 왔고, 이런 관행은 독립 후 부활되었다. 이는 불교라는 종교성, 지배와 피지배 관계로 양분되는 버마족과 비버마족 간의 갈등과 대립이었다.

독립을 향한 여정에서 국민국가 출범을 위한 국민통합은 왕조시대에 목도되지 않았던 근대사회의 산물이자 장래 버마연방의 새로운 도전이었다. 1947년 2월 12일 삥롱협정(Panlong Accord)이 체결되었는데, 협정내용이 포함된 1947년 헌법에서 연방은 버마족 지역, 샨주, 까친주, 꺼야주, 미래의 까렌주와 친 특별주 등 6개의 주로 구성되며,

샨주와 꺼야주는 10년 후 국민투표로 연방에서 분리할 수 있다는 조항을 채택했다.

〈그림 2〉 반군 점령지역(1949)

※ 자료: Ba Than(1962), p.64.

　그러나 까렌족은 영국 식민정부에 협조한 대가로 영국으로부터 비공식적으로 독립국가 지위를 보장받았기 때문에 연방 가입을 완강히 거부했다. 그들은 삥롱회담에서도 유일한 참관자였다. 다수의 까렌족은 영국 선교사들에 의해 기독교로 개종했는데, 선교사들이 창조한 까렌족 신화가 한 몫을 했다.[6] 이러한 종교 및 역사적 배경에서 까렌족은 연방 탈퇴와 독립국가 건설을 위해 분리 독립을 주창한 최초의 종족이 되었다. 이와 함께 우 누 정권을 지지하지 않은 공산당 세력, 정규군에 편입되지 못한 인민의용군(PVO), 1949년 중국 공산화로 인해 중국국민당(KMT) 잔당세력이 동북부지역으로 유입되면서 전국은 혼란에 휩싸이게 되었다. 연방이 탄생한 지 갓 1년이 경과했으나 이 시기 버마연방은 양공정부로 불릴 정도로 전국은 무장투쟁 반군들에 의해 접수되었다(〈그림 2〉 참조).

우 누는 군부 출신이 아니기 때문에 독립 이후 군부가 비대화되는 형국과 국민적 지지에 대해 항상 부담감을 느꼈다. 이로 인해 정부 출범 이후 군부에 대한 민간 우위 원칙을 유지했으며, 이런 정책은 간헐적으로 군부의 박탈감을 조성케 했다. 특히 군부는 독립 이후 조직 개혁과 개편을 우 누 내각에 끊임없이 요구했으나 수용되지 않았고, 식민시기 당시 군 지휘체계가 그대로 유지되어 군총사령관은 버마족이 아닌 까렌족이 맡았다. 그런 연유로 까렌족 등 비버마족이 무장투쟁을 감행했을 때 국방부는 적절한 대책을 내놓지 못했다(Callahan

---

6 까렌족은 몽고 고비사막에서 4,500년 간 거주하다가 현재의 미얀마 지역으로 이주한 것으로 알려진다. 그들의 전설에 의하면 고비사막이 모래의 강이라 일컫는데, 기독교 선교사들을 위해 기름진 땅으로 유지해야할 의미가 있었다. 그리고 이들은 성서(聖書)를 소유하고 있었는데, 이주과정에서 분실했다고 한다. 유와(Y'wa)의 뜻에 따라 언젠가는 이 성서를 되찾을 것으로 믿었고, 흰 피부와 갈색 수염을 기른 형제들이 성서의 재발견을 도울 것으로 전해졌다. 영국 선교사들이 까렌족에 대한 선교활동을 시작하려고 할 때 까렌족들에게서 구전되는 민요가 성경 속 내용과 유사하다는 점을 발견하고, 이들이 역사 속으로 사라진 이스라엘 민족 중의 한 무리라고 보았다. 까렌족의 이주에 대한 역사적 근거가 없고 선교활동을 위해 까렌족의 역사가 선교사들에 의해 날조되었을 가능성도 배제할 수 없지만 미얀마 내 타 종족에 비해 까렌족들은 상대적으로 기독교로 개종하는 비율이 높았다. 까렌족의 신화에 대한 내용은 이상국(2010), pp. 217-262를 참조하라.

2003, 116-149).

〈그림 3〉과 〈그림 4〉에서 보는 바와 같이 시간이 경과함에 따라 반군세력의 영역은 축소되었는데, 정부의 위기대처가 성공한 것이라기보다 1952년의 경우에는 정부군의 재편에 따른 일시적 진정 국면이 있었고, 무장 반군도 자발적으로 와해되었다. 1950년 중국은 미얀마 동북부에서 활동하는 국민당 세력을 축출하기 위해 두 차례에 걸쳐 파병을 실시함으로써 외부의 지원에 의거 반군의 강도와 활동영역이 축소된 것도 사실이다.

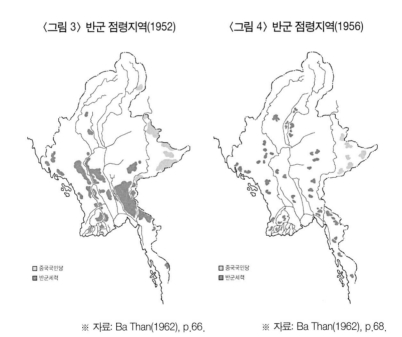

〈그림 3〉 반군 점령지역(1952)　　　〈그림 4〉 반군 점령지역(1956)

　□ 중국국민당　　　　　　　　　　□ 중국국민당
　■ 반군세력　　　　　　　　　　　■ 반군세력

※ 자료: Ba Than(1962), p.66.　　　※ 자료: Ba Than(1962), p.68.

소수종족의 분리운동에 대해 우 누는 현실과 동떨어진 해결책을 모색했다. 1948년 7월부터 무장반군의 위협이 시작되자 우 누는 이들을 진정시키기 위해 향후 여생을 수도승처럼 고결하고 고행하는 자세로 살겠다고 부처 앞에서 다짐을 했다(Smith 1965, 142). 자신의 인생에서 총 7회 승려가 되었고, 그 중 1960년 이전까지 6회에 걸쳐 수도승 생활을 했던 것처럼 우 누는 불교가 국가의 근본적 문제를 해결해 줄 것이라는 막연한 기대감을 포기하지 않았다.[7]

우 누와 당시 정치엘리트들의 관심사였던 불교국교화를 두고 군부는 버마족 지역인 버마 프로퍼에만 적용되어야 한다고 주장했고, 불교국교화를 논의하던 그 시기에 무슬림 폭동이 발생하여 일단 불교 국교화 안건은 기각되었다(Butwell 1962, 4). 우 누 내각의 실정과 집권 여당인 반파시스트인민자유연맹(Anti Fascist Peoples Freedom League: AFPFL)의 분당(分黨) 등 정치적 격변이 1958년 군부의 과도정부 구성 원인이었음에도 불구하고, 1960년 총선을 앞둔 상황에서 우 누는 불교국교화를 선거 공략으로 내세워 불교도로서의 확고한 의지를 재확인시켰다.

총리로 복귀한 우 누는 1961년 제 3차 헌법 개정을 통해 결국 불교

---

7 그러나 한편으로 우 누 내각이 평화적인 방법으로 소수종족 문제를 해결하려는 의지도 보였다. 정부는 1949년 까렌민족연합(Karen Nation Union: KNU)의 대표인 쏘 바우지(Saw Ba U Kyi)에게 서한을 보내 정부군으로 편입할 것을 요구했다. 그러나 KNU의 자군대인 까렌민족방위기구(Karen National Defence Organization: KNDO)는 그들의 요구가 독립국가 건설이라는 명분으로 정부의 제안을 거절했다. 1958년에는 정부가 소수종족 무장단체들이 정당을 조직하고 1960년 총선에 참가할 것을 요구했지만 공산당과 KNU는 이 제안을 거절했다. 마지막으로 과도정부기간 동안 정부와 KNU 간의 비밀 회담이 개최되었는데, 역시 KNU는 정부의 국민통합을 위한 상징적 행태에 반감을 표시하는 등 세 차례에 걸친 국민통합 과정은 실패로 끝났다(Zaw Oo and Win Min 2007, 7-9).

를 국교화했는데, 이는 국론분열의 결정적 원인이 되었다. 까렌족은 그들의 무장투쟁을 이어갔고, 비불교도 까친족들은 국가 비상사태를, 반군세력과 관련 없는 샨족들도 연방(federal)형태의 정부 구성을 요구하는 등 각 소수종족의 불만은 최고조에 달했다(Butwell 1962, 6). 비불교도들의 불만이 팽배하자 우 누는 제4차 헌법 개정에 다시 종교의 자유를 보장하겠다는 선심성 발언을 함으로써 승려들의 반대에 부딪혔다. 그러면서도 그는 6만 기의 모래불탑을 세우면 국가가 처한 위기가 해결된다고 믿었다(Smith 1965, 171).

버마족화?: 내부식민지의 형성과 전개

과도정부기간 동안 군부는 연방의 분열은 절대 불가피하다는 입장을 확인함으로써 잠재적으로 1947년 헌법과 충돌할 가능성을 보였고, 쿠데타 후 이러한 가능성은 현실이 되었다. 정부는 근본적으로 모든 무장 세력의 무장활동을 중지하고 교전지역을 이탈해야하며, 네윈이 주창한 사회주의국가 이념에 대해서는 어떠한 이견도 허용하지 않는 입장을 고수했다. 반정부 소수종족들[8]은 네윈이 쿠데타를 일으켜 정권을 탈취했기 때문에 정통성이 없다는 입장이었다.

---

8 1950년대 말이 되면서 자생력이 없는 소수종족 반군단체들은 대부분 와해되었고 버마적기공산당(Communist Party of Burma), 까렌민족연합(KNU)-신몽주당(New Mon State Party)-까렌니민족진보당(Karenni National Progressive Party) 등 3개 소수종족 정당들은 반정부 입장을 고수했다. 이외 샨주군(Shan State Army), 까친독립기구(Kachin Independence Organization), 여카잉공산당(Communist Party of Arakan) 등도 같은 입장이었다(Zaw Oo and Win Min 2007, 9).

1974년 혁명평의회에서 버마사회주의계획당(BSPP)으로 정권이 이양되면서 선포된 사회주의헌법에는 우 누의 공략을 무효화시킨 새로운 행정제도가 도입되었다. 네윈은 종족 단위의 전통적 통치구조를 폐지시켜 모든 권력이 중앙에 집중되도록 하고, 종족 개념을 없애는 것이 진정한 국민통합을 이룰 수 있는 최선의 방법이라고 생각했다.

1974년 헌법을 논의할 당시 네윈은 1947년 헌법의 다양한 종족집단의 인정은 근본적으로 버마의 역사를 통하여 볼 때 잘못된 발상이라고 하면서, 버마는 여러 종족이 존재하지만 종족, 언어, 문화의 차이에 관계없이 동질적인 성격을 지니고 있다고 주장했다(양승윤 외 2005, 167). 이러한 주장의 연장선에서 정부는 버마족 중심의 7개 행정주(division)와 7개 소수종족 중심의 자치주(state)를 획정했다.[9]

네윈의 발상은 종족 간 평등과 자유를 보장하는 연방제(federalism)가 아니라 버마족 중심으로 국가가 통합되어야 하는 연방제(union)였으며, 1988년 집권한 신군부도 네윈의 철학을 계승했다. 흥미로운 사실은 미얀마정부가 인정하는 국민은 1948년 국민국가 출범 이후가 아닌

---

[9] 1975년 정부군의 대대적인 공세가 있은 후 반정부 조직은 크게 위축되었다. 이를 돌파하기 위해 1976년 5월 1일, 까렌민족연합(KNU)이 주축이 되어 총 9개 종족기구를 회원으로 하는 민족민주전선(National Democratic Front)을 창설하고, 정부의 공세에 공동으로 대처한다는 목적의식을 분명히 했다. 그러나 와해 수순으로 치닫는 반정부운동 상황에서 조직의 탄생은 이들의 위기의식을 보여주는 것으로 별다른 효과를 보지는 못했다. 당시 민족민주전선에 참가했던 단체로는 여카잉자유당(Arakan Liberation Party), 까친독립기구(Kachin Independence Organization), 까렌민족연합(KNU), 까렌니민족진보당(Karennni Nationl Progressive Party), 까양신영토당(Kayan New Land Party), 라후민족통일당(Lahu National Unity Party), 연방빠오민족기구(Union Pa-O National Organisation), 빨라웅국가자유기구(Palaung State Liberation Organization), 샨주진보당(Shan State Progress Party) 등 9개 단체이다. 이후 1982년 신몽주당(NMSP), 1983년 와민족기구(Wa National Organization), 1990년 친민족전선(Chin National Front) 등 3개 단체가 추가로 가입했다.

제 1차 영국-버마 전쟁 이전에 미얀마 영토에 거주한 자들이나 이들의 후손이라고 못 박고 있다는 점이다. 즉 정부는 국민국가 출범 이후 미얀마 영토에 이주한 자들에 대해서는 역사적·문화적 동질성이 없다는 이유로 일등시민권을 부여하지 않는다.

대신 미얀마역사편찬위원회를 내세워 시간을 거스르는 미얀마 내 종족의 유사성을 연구하는 모순적 행태도 보였다. 위원회와 쏘마웅 전 의장은 미얀마 국민은 몽골계 단일민족이며(Houtman 1999, 71-72), 까렌족의 경우도 몽골계 혈통이라고 주장했다(Pyan-kya-ye-wun-gyi-hta-na[정보부] 1990, 327).

신군부가 주장하는 국민화해와 국가통합은 계층과 종족별 이념의 극복이나 경제적 생활수준의 평준화가 아니라 미얀마라는 영토에 국한된 국민국가에서 이탈하려는 세력을 주요 대상으로 하는 강압적 통합이다. 궁극적으로 그것은 소수종족 고유의 자율성과 정체성을 무시하고 버마족 중심의 단일민족주의와 불교라는 단일종교로 통합하고 흡수하는 것이다.

신군부는 1994년 국경지역 발전 프로그램을 가동하면서 국경지역 범죄 근절, 국민의 3대 대의를 위한 발전적 행동, 마약 생산과 아편재배 근절 등 기존 3대 목표에 소수종족의 문화, 문학, 풍습을 소중히 여기고 보전하며, 종족 간 친목을 도모한다는 목표도 추가로 설정했다.

그러나 후자 사업의 핵심은 불교전파와 군부에 의해 선택된 종족에 한해서만 자율권을 보장하는 분할통치로 귀결된다. 또한 신군부의 비종교적 문화 활동은 고대 건축물의 재건, 전통 춤, 음악, 공연의 보호와 전파, 전통 축제의 부활, 종족의 문화적 측면을 형상화하는 박물관 건축과 종족 고유문화 보호 등 네 가지 영역에서 이뤄지고 있다(Nyunt

Han 1996, 157). 반대로 정부는 기독교와 무슬림 학교를 폐교시키고, 불교를 제외한 각종 종교 활동을 금지시키고 있으며, 2008년 헌법에는 어떠한 국내 단체라도 외국의 재정 지원을 받지 못하게 규정되어 있다.

신군부정권이 그들의 본보기라고 정한 세 명의 전사왕에는 짠싯따 왕이 포함되지 않는데, 짠싯따는 초대 왕이었던 아노여타(Anawratha) 보다 영토 확장 측면에서 더 큰 공을 세웠다. 그런데, 짠싯따는 무력보다 협상과 대화 등 동화정책을 우선적으로 채택하여 남부 몽족(Mon)을 평정했기 때문에 신군부정권의 이상형에서 배제된다. 일반적으로 버마족 왕은 특정 지역을 평정하게 되면 불탑을 세우고 불교를 전파했으며, 그 과정에서 동화보다 억압정책을 펼쳤기 때문에 짠싯따의 정책은 이례적으로 분류될 뿐이다.

미얀마에서 식민 경험은 국가의 정치 및 사회적 근대화를 타율적으로 이끈 것이기도 하지만 왕조시대 때 존재하지 않았던 종족 정체성을 확인시킨 새로운 도전이었다. 그러나 불행히도 독립 이후 버마족 중심의 정부는 소수종족의 역사 및 문화적 정체성을 무시한 채 왕조체제의 통치방식을 재현함에 따라 버마족과 비버마족 간의 갈등을 야기했다. 신군부정권 들어 불교적 정체성을 중심으로 한 버마족화는 네윈 정권 당시 국민통합정책의 철학을 계승한 것으로써 여전히 효력이 발생 중이며, 그러한 일련의 과정은 버마족과 비버마족 간 갈등과 불신의 원인이 되었다.

1989년 버마공산당이 내분을 겪게 되자 이들과 연대하던 무장반군 단체들도 와해수순으로 접어들었는데, 군사평의회는 호기를 놓치지 않고 반군과 적극적인 정전협상에 돌입했다. 킨늉 SLORC 제 1서기는 자신의 휘하에 있는 군정보국(Military Intelligence: MI)을 동원하여

1994년까지 다수의 분리주의 소수종족들과 정전협정을 마무리했다. 이들과 정전협상을 완성한 킨늉의 공과도 크겠지만 사실 분리주의를 주창하는 소수종족들도 오랜 투쟁사로 인해 지도력 공백, 조직 이탈, 군자금 고갈 등 단체 활동을 할 수 없을 정도로 피로감이 누적된 와해 단계였다.

2004년 킨늉 총리가 축출되기 전 까지 군사평의회는 총 4차례에 걸쳐 정전협상을 실시했는데, 초기에는 버마공산당과 연대한 소수종족 5개 집단과 협상을 완료했다. 1991년부터 시작된 2차 협상에는 민족민주전선(NDF)을 구성하고 있는 단체들이 주요 대상이었고, 마지막으로 1996-97년에는 약 1만여 명의 병력을 거느리고 있는 마약왕 쿤사(Khun Sa)가 이끄는 몽타이군(MTA: Mon Tai Army)과 협상 완료했다(Zaw Oo and Win Min 2007, 12-13).

합의된 협상 내용은 네윈 정권과 비교하여 상대적으로 파격적이었다. 신헌법이 완성되기 전까지 소수종족은 정부군 및 기타 종족과 충돌하지 않는 범위 내에서 무기를 소지할 수 있고, 경제활동으로 얻는 이익은 모두 해당 종족으로 귀속시킬 수 있었다.

1993년 까친독립기구(KIO)와 정전협정 내용이 성문화된 것을 제외하고 모든 협정은 구두로 실시되었다. 군정보국(MI)은 그들이 법적 정부가 아니라는 변명으로, 협정문의 채택을 요구하는 소수종족 지도자들의 요구를 묵살했다(Zaw Oo and Win Min 2007, 36-37).[10]

---

10 2004년 킨늉 총리가 축출된 이후 정부와 반군단체와 맺어진 정전협정 내용이 유포되었다. 그 내용으로는 반정부기구와 접촉하지 않기, 무장투쟁 영구 포기, 현재 군대를 제외하고 새로이 모병을 하지 않음, 군사훈련이나 이에 준하는 군사 활동 하지 않기, 병력 및 군수품에 대한 상세한 보고서 제출, 세금과 아편세 과세 금지와 주민에 대한 각종 폭력행위 금지, 정부의 허가없이 여행 금지, 정전지역을 제

<표 4> 정전협정에 합의하지 않은 집단

집단	주 활동지역
까렌민족진보당(KNPP)	꺼야주(1995년 정전협정, 3개월 후 파기)
까렌민족연합(KNU)	까렌주(1996/97, 2004년 협상 결렬)
샨주군-남부(SSA-S)	샨주(2007년 협상 결렬)
와민족군(WNA)	샨주(1997년 협상 결렬)
홍사와토이회복당(HRP)	몽주(2001년 신몽주당에서 분파)
베익-따보이연합전선(MTUF)	떠닝다이주
여카잉자유당(ALP)	꺼잉주
라후민족기구(LNO)	샨주
나가민족사회주의평의회(NSCN)	저가잉주
친민족전선(CNF)	친주
여카잉로힝자민족기구(ARNO)	여카잉주
여카잉민족통일당(NUPA)	여카잉주

※ 자료: ICG(2003), p.27에서 약간 수정.

〈표 4〉에서 보는 바와 같이 2003년 기준 정전협정에 합의하지 않은 반군단체는 총 12개인데, 2007년 기준 홍사와토이회복당(HRP)과 베익-따보이연합전선(MTUF)은 자발적으로 와해되어 더 이상 반정부활동을 할 수 없게 되었다. 그 중 KNPP, KNU, SSA-S는 정부와의 협상 테이블에 마주 않는 것도 거부감을 표시하는 강경노선을 걷고 있다.

외한 기타 지역으로 이행할 시 해당 군부대에 사실을 알리고 무기 휴대 금지, 정당과 연대 금지, 정부의 행정 및 사법권 침해 금지, 지리적 위치와 상관없이 지역 발전에 기여할 것, 정부가 이들에 대한 원조, 공공 및 지역 사회의 이익을 위해 정전군은 정부군으로 편입, 국가의 반마약캠페인에 협조 등 14개 항목이다(Zaw Oo and Win Min 2007, 37).

3. 신군부 정권기(1988-2010) 정치경제 및 외교관계

정치동향

네윈의 사주를 받은 신군부는 1988년 민주화운동을 무력으로 진압하고 19인으로 구성된 군사평의회인 국가법질서회복평의회(State Law and Order Restoration Council: SLORC)를 출범시켜 22년간 과도군사체제를 유지했다. 쿠데타 이후 신군부는 사회주의체제의 실패를 공식적으로 인정하고, 1965년 도입된 사회주의계획법 폐지, 국명에서 사회주의 삭제 등 구체제와 결별을 공식적으로 선언했다. 그리고 군부는 무기한 집권할 의도가 없다면서 그들의 역할과 기능을 내란이 극심했던 1958-60년 사이 정치에 개입한 군사과도정부로 맞췄으나 1990년 총선 패배 이후 정권 이양을 거부함으로써 집권에 대한 명확한 의도를 내비쳤다.

1997년 11월 15일 군부는 SLORC 고시(告示) 제 97/1호를 통해 "규율과 민주적 체계를 구현하고 평화롭고 근대적 국가를 건설하기 위해 SLORC은 해체되고 국가평화발전평의회(State Peace and Development Council: SPDC)가 조직되었다."고 발표했다. 이로서 군부는 국가의 수호라는 군부의 기본적인 기능과 함께 정치사회의 주역이 되고자하는 신직업주의관을 공식화했다. 이를 위해 군부는 정치·경제·사회 부문에 걸친 12대 과업[11]을 구체적으로 제시했다.

1993년부터 신헌법 작성을 위한 국민회의(National Convention)를 가동해 왔으나 개회 초기부터 국민민주주의연합(NLD) 소속의 헌법 작성단이 절차와 헌법 내용의 비민주성을 들어 회의를 보이콧했다. 결국 NLD를 비롯한 민주인사들의 체포, 해외 망명 등으로 인해 그 기능을 소화하지 못한 국민회의는 1996년 무기한 휴회에 들어갔다.

2003년 8월 30일, 당시 킨늉(Khin Nyunt) 총리는 민주화 7단계 로드맵[12]을 발표하여 더 이상 과도군사정부체제가 영속되지 않을 것임을 암시했다. 그러나 이 로드맵은 아웅산수찌와 NLD 당원을 노린 디베인(Depayin)학살로 인한 국제사회의 비난을 빗겨가기 위한 획책이라는 비난을 받았고, 로드맵의 완성을 위한 정확한 시간이 정해지지 않았다는 점에서 현실화 가능성에는 의문이 제기되었다.

국민회의 대표단이 군부의 구미에 맞는 인사들로 교체된 후 2007년 8월, 총 15개장으로 구성된 신헌법 초안이 최종 작성 완료되었다. 2008년 5월 두 번에 걸쳐 실시된 신헌법에 관한 국민투표에서 유권자의 92.48%가 압도적으로 찬성하여 신헌법은 통과되었다. 2010년 11월 7일 20년 만의 총선이 실시되었는데, 군부는 명목상 최대의 사회복지기구인 연방단결발전연합(USDA)을 발전적으로 해체하여 연방단결

---

11 4대 정치 과업은 "국가의 평화적 건설과 지역사회의 평화와 법과 질서 유지, 국민 재통합, 탄탄하고 조직적인 신헌법 마련, 신헌법에 따라 근대적이고 평화롭고 발전하는 국가 건설"이다. 4대 경제 과업은 "농업을 근간으로 다른 경제 분야로 발전 확장, 시장 경제체제 현실화, 국내외 고급 기술과 투자가를 유치하는 경제 발전, 창의적인 국가 경제를 조직하는 일이 국가와 국민의 손에 의해 달성되어야 할 것"이다. 4대 사회 과업은 "전 국민의 도덕과 도덕성 함양, 국가와 국민의 위신을 높이고, 문화유산을 보호하며 국민 분열이 되지 않도록 할 것, 애국심 함양, 전 국민의 건강과 교육 수준을 높이는 것"이다.
12 내용은 부록 1을 참조하라.

발전당(Union Solidarity and Development Party: USDP)으로 거듭났다. 참가여부에 귀추를 주목시켰던 NLD를 비롯하여 샨족민주주의연합(Shan National League for Democracy: SNLD) 등 1990년 총선에서 의석수를 획득한 야당들은 신헌법과 총선의 비민주성을 들어 총선에 참가하지 않았다. USDP는 중앙 및 지방의회 등 총 1,154석 중 883석을 차지하여 76.5%의 의석 점유율을 기록했다.

2011년 2월 4일, 대통령 선거인단에 의한 간접선거에서 정족수 659표 가운데 408표를 획득한 떼잉쎄인 전 총리가 대통령으로 당선되었고, 결선투표에 진출한 군부 지명의 띤아웅뮌우(Thiha Thura Tin Aung Myint Oo)와 민간 출신의 샨족 싸잉 마욱칸(Sai Mauk Kham)이 각각 부통령으로 당선되었다. 2011년 3월 30일, 떼잉쎄인 대통령을 새 정부의 수장으로 공식 정부가 출범됨에 따라 7단계 로드맵은 8년 만에 완성 및 종료되었다. 제도적 수준에서 모든 권력은 군사평의회에서 유사민간정부(quasi-civil government)로 완전히 이양되었고, 이로써 1962년 시작된 군사정부는 50년 만에 종식되었다.

경제동향

신군부는 사회주의 계획경제체제를 포기하고, 외국인투자법을 도입하는 등 시장경제체제의 정착을 위한 제도 구상에 들어갔다. 그들은 경제체제의 전환에 따른 성과와 상관없이 과거의 유산과 결별한 그들의 정책에 정당성을 부여하며, 경제는 정치발전을 위한 보조적인 수단이라고 주장했다(Aung Moe San 2003, 112-116). 즉 신군부는 실질적인 경제발전보다 과거와 차별화된 경제정책의 도입만으로 통치의 정통성을 획득했다고 스스로 의미를 부여했고, 정치권력이 안정적으로 유지될 때 경제발전을 추진할 수 있다고 믿어 왔다.

그러나 사실 신군부는 지난 26년간 지속된 국가 경제의 위기를 단번에 개혁할 능력도, 그러한 의지도 없어 보였다. 신군부 정권기동안 정치사회적 불안정 지속, 행정이나 경제개혁 프로그램의 지연, 열악한 인프라, 복잡한 이중 환율구조, 국영기업의 민영화 지연 등 구조상의 문제가 상존하여 경제발전은 진척이 없었다.

세계경제 의존도가 낮은 이유로 세계적인 경제위기에 즉각적인 영향을 받지 않지만 미얀마에 투자하고 있는 국가들이 경제위기 후유증을 겪게 되는 3-4년 후부터 미얀마도 영향권에 들었다. 2004년 은행 이자율 문제로 인해 발생한 국내 경제위기가 대표적인 사례이고, 2008년부터 시작된 글로벌 경제위기에 대한 뚜렷한 대비책도 없어 보였다.

〈표 5〉 주요 거시경제지표

구분	단위	2007	2008	2009	2010	2011	2012	2013
인구	백만명[1]	-	47.25	47.60	47.96	48.34	48.72	49.12
	백만명	49.1	49.6	50.0	50.5	50.9	51.4	51.9
실질GDP성장률	%	3.4	4.7	4.3	4.5	4.8	5.0	5.3
GDP	백만달러	16,741	23,925	28,406	34,625	45,209	45,825	49,996
1인당 GDP1)	달러	409	614	677	882	1,017	1,135	1,268
1인당GDP (PPP)	달러	2,735	2,902	3,032	3,174	3,367	3,569	3,795
수출	십억달러	6.3	7.2	6.7	7.8	8.1	8.7	10.8
수입	십억달러	3.0	3.9	4.0	4.4	6.0	7.1	8.8
경상수지	백만달러	1,851	1,548	1,086	1,527	-11	-746	-631
환율(짯/달러)		1,290	1,185	1,055	970	815	868	895
외환보유고	백만달러	2,312	3,412	3,561	3,763	3,931	4,107	4,280

※자료: EIU(2012b), [1]은 Global Insight(2012).

정부는 1990년대 이후 매년 두 자리 수의 GDP 성장 자료를 내 놓고 있지만 경제발전의 증거를 찾을 수 없을 만큼 신빙성이 떨어진다. 그러나 2010년 기준 EIU와 Global Insight가 향후 GDP 성장률을 1.0%까지 예상했던 수치에 비해 2012년 이후에는 5% 이상의 성장을 예측하고 있어 향후 지속적인 성장이 전망된다. 일례로 2015년 6.5%, 2016년에는 6.9%의 완만한 GDP 성장률이 예상된다(EIU 2012b, 8).

2011년부터 경상수지는 마이너스 성장을 함에 따라 외자 도입과 생산력 확충을 중심으로 한 수출 증대가 필요한 실정이다. 수출과 수입은 완만한 성장세를 보일 것이며, 2013년에는 수출이 100억 달러를 돌파할 것으로 예상된다. 주요 수출품인 천연가스의 국제가격 등락이 심한 편이지만 이로 인해 국가재정은 크게 증가했다. 1988년 쿠데타 당시 3천만 달러에 불과했던 외환보유고는 2012년 41억 달러를 돌파했다.

한편, 2001년 적자였던 무역수지는 2002년부터 흑자로 전환했으며, 매년 완만한 상승과 하락을 반복하고 있으나 조사기관에 따라 수출입의 편차가 심한 편이다. 특히 미얀마 중앙통계국(CSO)과 아시아개발은행(ADB) 자료의 수치는 비슷한 수준을 보였으나 EIU 자료의 경우 전자의 절반 수준에 그쳐 편차가 심한 편이다(〈표 6〉, 〈표 7〉, 〈표 8〉 참조). 공통적으로 수출대비 수입액이 증가하고 있어 무역수지는 적자로 전환할 것으로 보인다.

〈표 6〉 무역 추이(I)

(단위: 백만 달러)

회계연도	수출액	수입액	합계
2000-2001	1,960	2,319	4,279
2001-2002	2,544	2,735	5,279
2002-2003	3,063	2,299	5,362
2003-2004	2,357	2,240	4,567
2004-2005	2,928	1,973	4,901
2005-2006	3,557	1,984	5,542
2006-2007	5,232	2,937	8,169
2007-2008	6,401	3,353	9,755
2008-2009	6,778	4,543	11,322
2009-2010	7,587	4,181	11,768
2010-2011	8,861	6,413	15,273
2011-2012(12월까지)	6,800	6,600	13,400

※ 자료: 미얀마 상무부(2012).

〈표 7〉 **무역 추이(II)**

(단위: 백만 짯)

	2004	2005	2006	2007	2008	2009	2010	2011
수출	16,697	20,647	30,026	35,297	37,028	41,289	49,107	49,228
수입	11,339	11,514	16,835	18,419	24,874	22,837	35,508	48,764
수지	5,358	9,133	13,191	16,878	12,154	18,452	13,598	524

※ 자료: ADB(2012b), p.5.

〈표 8〉 **무역 추이(III)**

(단위: 백만 달러)

	2007	2008	2009	2010	2011	2012	2013
수출	6,303	7,198	6,700	7,831	8,082	8,673	10,752
수입	3,038	3,886	3,959	4,376	5,975	7,136	8,837
수지	3,265	3,312	2,741	3,456	2,107	1,537	1,915

※ 자료: EIU(2012b).

미얀마의 주요 수출품은 절반 이상이 천연가스에 의존하며, 뒤를 이어 콩과 티크 등 1차 산업이 주를 이룬다. 천연가스는 여카잉 해상에서 지속적으로 시추 및 개발될 전망이고, 추가의 가스전 발견과 이에 따른 시추 및 개발이 성공할 경우 외국기업의 진출이 활발해 질 것으로 예상되며, 수출량도 지속적으로 증가할 것이다. 특히 중국과 인도는 자국의 지속가능한 경제발전 환경 구축을 위해 미얀마의 천연 및 지하자원의 지속적인 수급을 원하고 있어 미얀마의 가치는 증대될 것이다.

〈그림 5〉 주요 수출품목

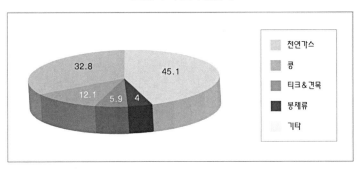

※ 자료: EIU(2009).

미얀마는 1960년대까지 아시아 쌀 수출 1위국이었으나 사회주의 정권기 당시 녹색혁명의 실패, 국제 미곡가격 하락 등 국내외적 농업 개혁정책의 실패로 쌀의 자급자족만 달성하고 있는 상황이다. 대신 정부는 콩의 생산 및 수출을 장려하고 있다.

노동집약적인 봉제류 수출은 4.0%에 그치고 있어 노동시장의 확대와 상품의 이동이 자유로워질 경우 시장 확대가 기대되며, 목재류도 중국과 태국 등 인접국의 수요 증가로 수출 판로가 보장될 수 있다.

한편, 수입품목은 주로 일정 수준 이상의 기술을 요하는 제품으로써 미얀마의 산업현실을 반영한다. 품목별로 비전기기계류, 정유, 금속 및 제조품, 전기기계류 등인데, 그 중 원유를 시추하지만 기술 부족으로 인해 태국 등에서 정제한 정유를 수입하고 있다. 그 외 개도국 수요와 유사하게 건설, 도로, 항만 등 사회간접시설 구축에 필요한 자재 중심의 수입이 주를 이룬다.

〈그림 6〉 주요 수입품목

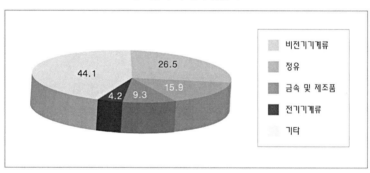

※ 자료: EIU(2009).

〈표 9〉에서 보는 바와 같이 미얀마의 최대 수출국은 태국, 중국, 인도 등 주변 아시아 국가로 국한되며, 이를 바탕으로 미얀마 무역의 형태는 국경무역이라는 사실을 알 수 있다. 특히 태국으로의 수출 금액은 1990년 이후 2010년까지 20년 만에 약 50배가량 증가하는 등 주요 수출국과의 무역 규모는 큰 폭으로 늘었다. 미국과 영국 등 경제제재의 당사국들은 미얀마로 수출을 금지함에 따라 2000년대 이후 교역량은 거의 없다. 한국으로의 수출 금액도 2011년 기준

1990년에 비해 수치상으로 크게 증가했지만 기타 국가에 비해 규모
는 크지 않다.

한편, 미얀마의 최대 수입국은 중국으로 2위인 태국보다 2배에 근
접한 수치이고, 싱가포르와 한국이 그 뒤를 잇고 있다. 이들 국가들의
경제발전 수준과 산업구조를 참고로 했을 때 미얀마의 수입 품목은
주로 소비재와 중간재일 가능성이 높다. 다만 중국과 태국산을 선호
한다는 사실에서 제품의 질은 보증되지 않아 보인다.

수출과 마찬가지로 수입도 국경무역을 비롯하여 아시아 국가로 편
중된다. 러시아, 북한과의 교역이 증가하고 있는데 군수물자 교역이
주를 이룬 것으로 보인다. 한국산 제품 수입은 매년 증가 추세에 있으
므로, 미얀마 내 중산층 이상의 소비시장이 증대될 전망이다.

〈표 9〉 연도별 미얀마의 주요 수출입국

(단위: 백만 달러)

	국가	1990	2000	2007	2008	2009	2010	2011
수출	태국	48.9	233.0	2,104.9	3,059.6	2,549.0	2,590.3	2,975.0
	인도	44.2	162.9	688.9	829.6	1,086.6	1019.1	988.3
	중국	33.3	113.5	336.9	585.9	586.9	873.6	1,524.9
	일본	28.4	108.4	269.2	288.6	309.5	353.4	538.5
	미국	9.4	442.7	-	-	-	-	-
	독일	8.7	77.8	110.2	90.5	73.0	71.0	75.7
	말레이시아	8.6	63.2	126.6	162.5	128.7	208.4	251.5
	영국	4.7	67.3	55.9	-	-	-	-
	싱가포르	46.2	99.8	55.6	80.0	106.6	74.8	78.0
	방글라데시	6.91)	20.0	27.0	75.7	62.3	90.6	141.5
	한국	9.0	20.6	73.4	105.7	71.2	145.5	271.5
	베트남	0.6	3.3	68.5	68.7	59.1	93.5	104.7
	합계	408.7	1,979.3	4,753.7	6,275.5	5,913.1	6,455.1	8,028.4

	중국	137.7	546.0	1,861.1	2,177.1	2,507.0	3,828.8	5,307.5
	태국	19.8	554.7	1,054.6	1,449.1	1,693.6	2,280.2	3,095.5
	싱가포르	119.2	479.7	855.8	1,415.0	978.8	1,271.9	1,333.6
	말레이시아	31.6	254.1	231.6	346.3	226.0	404.7	522.0
수입	한국	23.3	318.2	321.2	268.2	446.8	526.7	733.6
	인도네시아	3.2	71.2	288.6	275.8	192.2	312.6	395.4
	인도	1.4	52.9	186.9	259.6	230.8	300.6	484.6
	일본	110.8	25.6	194.0	207.2	222.1	290.5	560.0
	러시아	_[1]	4.1	23.2	35.5	50.0	68.9	250.9
	북한	6.9[1]	15.0	52.5	59.9	52.4	66.6	74.6
	합계	667.7	3,039.2	5,595.2	6,976.9	7,075.6	9,948.0	13,543.3

[1]은 1994년 기준임.
※ 자료: ADB(2012a).

대외관계

전통적으로 미얀마의 외교기조는 평화공존 5대 원칙에 입각한 중립주의와 독립 자주외교이며, 이 원칙은 1948년 독립 이래 변함없이 유지되어 왔다. 인도와 중국 등 강대국의 협곡지대에 위치한 지리적인 특성상 독립 이후 현재까지 중국을 외교정책 결정에 있어서 가장 중요한 국가로 채택해 왔으며, 100년 가까운 영국의 식민지를 역사의 치욕으로 간주한다. 독립 이후에는 영연방(Common wealth)에 가입하지 않았고, 자유진영과 공산진영 중 한 쪽에 가입하는 것을 곧 주권의 상실과 동일시 여겨 이념 논쟁에서 배제된 독자적 발전 노선을 걷게 되었다.

신군부 정권기 미얀마 외교정책의 목적은 국가 외부 환경을 적극적으로 이해하고, 이에 대응하면서 국내적으로 국민의 3대 대의, 즉 주권영속, 국가 결속, 연방 비분열을 유지하는 것이었다. 이를 위해 국가 안보 강화, 국가 경제발전 부흥, 평화롭고 평등한 국제질서 창조 등 3대 원칙을 외교정책의 기조로 채택했다(Haacke 2006, 20). 특히 자발적 고립을 자처했던 사회주의시기와 달리 최소한 지역 내에서, 민주정권이 아닌 국가들을 중심으로 발 빠른 외교관계를 성립하여 국제무대로 나오고 있다.

2012년 현재 미얀마는 총 92개국과 외교관계를 수립하고 있으며, 상주대사관은 32개국에 이르며 국내에는 29개국의 재외대사관이 설치되어 있다. UNDP, UNICEF 등 총 10개 국제기구 사무소도 개설해 두고 있으며, 유엔에 대한 애착이 매우 강하고 1960년대 유엔 주재 미얀마 대사인 우 땅(U Thant)이 유엔사무총장을 역임하기도 했다.

신군부 집권 이후 미얀마의 외교정책은 1971년 개정된 "독립적이고 활동적인" 방향을 계승했으나(SLORC Order No.3/88), 실제로는 집권에 방해가 되지 않는 요소들을 제거함으로써 군부 통치를 공고화하는 데 외교정책의 가치를 두었다.

국제사회에서 단일 국가는 절대로 독자 생존할 수 없다는 신군부의 논리는 구체제와의 차별성을 부각시키는 명분에 불과했다. 즉, 마약, 난민, 밀매 등 초국적 문제에 대한 공동 대응과 전례에 없던 서방세계의 제재로 인한 돌파구 마련을 위해 그들을 지지하고 후원할 국가가 절실히 필요했다. 엄격히 말해서 신군부 정권기 미얀마의 외교정책은 소련의 붕괴와 미국 패권주의의 확산, 이에 따른 국제관계 질서의 재편, 자유민주주의의 확대와 보편적 인권의 확산 등 세계화에 대한 능동적인 대응이 아니라 정권의 공고화를 위한 마지노선이었다.

미얀마는 1997년 동남아국가연합(Association of Southeast Asian

Nations: ASEAN)에 가입했다. 아세안은 '건설적 개입'(constructive engagement), '유연한 관여'(flexible engagement) 등을 내세워 미얀마의 자발적 변화를 유도했다. 그러나 2003년 아웅산수찌와 NLD에 대한 공격을 비롯하여 미얀마의 정치개혁은 지지부진했고, 미얀마의 대중국 의존도는 심화됨에 따라 아세안 내 미얀마의 지위는 계륵(鷄肋)에 가깝게 전락했다. 급기야 2006년 아세안의장국 수임을 두고 미국을 비롯하여 아세안 회원국도 부정적 입장을 견지함에 따라 미얀마의 아세안 내 입지는 더욱 약화되었다.

아세안은 미얀마의 정치적 개혁에 동일한 목소리를 내 왔지만 회원국 내정에 간섭하지 않는다는 고유의 '아세안방식'(ASEAN Way)을 유지함에 따라 미얀마를 비호하는 역효과를 초래했다. 한편, 아세안은 2010년 총선 결과를 적극 지지했고, 2011년 신정부 출범에 대해 민주화로 가고 있는 바람직한 노정으로 평가했으며, 미얀마의 2014년 아세안 의장국 수임을 만장일치로 합의했다.

중국은 인도양 진출 등 지정학적 고려, 미얀마 내 원유 및 가스 확보, 대아세안 관계강화, 중국계 보호, 중국 남서부 지방의 시장 확보 차원에서 미얀마와 긴밀한 관계를 유지해 왔고, 최고위급을 포함한 정부 요직 인사의 상호방문이 지속적으로 이어지고 있다. 특히 중국은 유엔 안보리 상임이사국이라는 지위를 이용하여 미얀마가 국제사회에서 문제화될 때마다 미얀마를 비호했고, 그 대가로 미얀마 서부 해상의 천연가스 수입권의 독점 매입, 벌목권 획득, 수력발전을 위한 댐 건설 등 상상을 초월하는 개발권을 보장받았다.

그러나 미얀마의 중국 의존도 심화는 군부의 우려를 확대시켰고, 이런 형국은 미얀마가 개혁개방을 실시하는데 어느 정도 영향을 미쳤

다. 특히 2011년 10월, 떼잉쎄인 대통령은 밋송(Myit Sone, 密松)댐 건
설을 전면 중단했고, 자신의 임기 내에 재개되는 일이 없을 것이라고
천명한 사건이 양자관계 변화의 신호탄이었다.[13] 미얀마 국민들은 군
부정권 개시 이래 처음으로 민의(民意)를 수용한 정부에 대해 크게 만
족감을 보였지만, 대통령의 결단은 더 이상 중국의 의지대로 미얀마
가 끌려가지 않겠다는 정부의 결연한 의지이기도 했다(Maw Than 인
터뷰 2011.10.19).

　중국의 심기를 불편하게 만들었다고 판단한 미얀마는 외교장관을
중국에 급파하여 중국 달래기를 시작했으나, 이미 미얀마는 중국 종
속구도를 탈피하려는 의지를 재확인했다. 미얀마와 중국은 평화공존
5대 원칙에 의거한 외교정책을 유지해 왔으나 동포라는 의미인 '빠욱
포'(*Paukhpaw*)라는 용어에서도 알 수 있듯이 미얀마는 중국을 혈맹관
계의 연장자로 인정해왔다.

---

13 본 밋송댐 건설 사업은 2001년 사업 타당성 조사 이후 2009년 6월 중국 주재 미얀
　마 대사 떼잉르윈(Thein Lwin)과 중국전력투자집단공사(China Power Investment
　Corporation) 간의 양해각서를 체결한 후속 조치로서 2010년 12월 21일 착공했
　다. 미얀마 전력부, 아시아월드(Asia World), 중국전력투자집단공사가 2017년
　완공을 목표로 사업에 참여했는데, 총 투자금은 36억 달러로 예상된다. 단일 규모
　로 세계에서 5번째로 큰 수력발전소가 될 전망이고, 이곳에서 생산되는 전력은 약
　3천-6천MW급이며, 90%는 중국으로 수출될 예정이었다. 싱가포르 면적보다 큰
　규모의 저수지(766㎢)가 생길 것으로 예상되는바 지역민의 강제 이주, 환경오염
　과 파괴 등의 문제가 예상되며, 이미 수천 명의 주민이 강제 이주했다. 또한 이 지
　역은 지진이 잦은 지역이고, 까친독립기구(KIO)의 자부대인 까친독립군(KIA)과
　정부군의 교전지역으로서 이미 중국정부에게 댐 건설을 포기하지 않을 경우 내전
　이 불가피하다고 경고한 바 있다(Thomas Maung Shwe 2011.5.20).

〈그림 7〉 뭿송댐 건설지역

뭿송댐 건설 중단과 별도로 현 정부도 중국을 외교정책의 우선 국가로 간주한다. 떼잉쎄인 대통령의 첫 번째 방문 국가가 중국이었기 때문이다. 2011년 5월 27일 대통령을 포함한 총 14명의 장관은 후진타오(胡錦濤) 주석과 원자바오 총리를 차례로 만나 양국 외교관계를 전략적 협력동반자 관계로 한 단계 격상시켰다(New Light of Myanmar 2011.5.29).14 이처럼 미얀마는 자신들의 지정학 가치와 지리적 위치를 고려하여 중국과 우호관계를 유지해 왔으며, 이런 관행은 정권의 유형과 상관없이 지속될 것이다.

---

14 당시 미얀마는 2014년 아세안의장국 수임이 유력한 상황이었는데, 원자바오 총리는 2013년 동남아시아게임 지원과 미얀마의 아세안의장국 선임을 지지한다며 미얀마의 대외정책에 무게를 실어 주기도 했다(New Light of Myanmar 2011.5.29).

인도는 1988년 이래 군부정권과 관계를 단절해왔으나, 1992년 '동 방정책'(Look East Policy)을 발표한 이후 외교정책의 무게중심을 동아 시아로 두었고, 그 교두보인 미얀마와의 관계를 재설정하기에 이른다. 2000년 11월 마웅에(Maung Aye) SPDC 부의장의 방문 접수를 계기로 인도는 미얀마에 대해 전략적, 경제적 중요성을 인정하고 정경분리원 칙에 입각한 실리 위주 정책으로 전환했고, 2010년에는 딴쉐 SPDC 의장을 초청하기도 했다.

인도는 동북부 5개 지역(Arunachal Pradesh, Assam, Nagaland, Manipur, Mizoram)에 산재한 반군 소탕 및 경제발전 도모, 미얀마의 천연가스 개발, 파이프라인 가설을 통한 천연가스 도입에 큰 관심을 보이며, 동 시에 중국을 견제할 수 있는 유일한 패권국가라는 전략을 현실화시키 기 위한 다양한 외교노선을 실험하고 있다. 그러나 중국과 비교했을 때 3년 늦은 관계 재설정은 그 이상의 격차로 벌어졌다. 예를 들어 중 국이 미얀마 만달레까지 이르는 육상 무역로를 완공했지만 아직 인도 는 공사 중에 있고, 중국이 천연가스 수급을 위한 육상 파이프라인도 2013년 완공을 앞두고 있으나 인도는 파이프라인이 시작되는 싯뜨웨 항구 보수 및 근대화를 위한 사업에 착수도 하지 못했다.

한편, 미얀마의 급진적 개혁에 따른 중국 의존도 탈피에 대해 인도 는 반색을 드러냈다. 2011년 10월 12일에는 인도 대통령의 초청으로 떼잉쎄인 대통령을 위시하여 장관급 인사 11명, 차관급 및 국방부 소 속 장성 1명 등 총 13명이 인도를 방문했다(*New Light of Myanmar* 2011.10.13). 이로써 미얀마 외교정책의 핵심국가는 중국, 인도 순으 로 정해졌다.

또한 1987년 라지브 간디(Rajiv Ghandi) 총리 이후 25년 만에 만모한 싱(Manmohan Singh) 인도 총리가 2012년 5월 미얀마를 방문했다. 총 12개 분야에 걸친 양해각서가 체결되었는데, 특히 양국은 외교현안에 대한 정보와 의사 교류 환경을 구축했다.

현재 인도의 외교역량으로서는 중국을 제치고 미얀마와 한 단계 높은 외교관계를 구축하기에는 역부족인 것처럼 보이지만, 최근 미얀마와 급속도로 관계 개선에 나선 미국의 지원으로 그 시간은 단축될 가능성이 커졌다.[15] 그러나 미얀마에 대한 인도의 이중적인 노선, 산악지대로 둘러싸인 지형적 장애와 양국 국경지역의 불안한 치안, 인도인들에 대한 미얀마정부의 역사적 앙금 등으로 인해 양자는 아직까지 '미덥지 못한 동반자' 관계를 탈피하지 못했다.

일본은 신군부정권 수립 이전 대 미얀마 최대 지원국으로서 30억 달러 상당의 차관을 제공했는데, 이는 네윈과 일본 정부와의 개인적 친분에 의한 것이다. 신군부정권이 들어선 이후 일본은 대 미얀마 공적개발원조(ODA)를 잠정 중단시켰으나 긴급한 인도적 지원, 민주화 및 경제구조 개혁을 위한 인간개발(HRD)지원, 아세안 사업 등 세 개 분야에 한정하여 동남아 국가 중 가장 적은 액수를 지원해 왔다. 이마저도 미얀마 국내적으로 정치적 격변기가 발생할 경우 일시적으로 중단하는 특징을 보였는데, 2007년 샤프란혁명 당시 나가이 겐지(Nagai Genji 長井健司) 기자의 사망이후 원조 중단을 선언한 것이 대표적인 사례이다.

---

15 벤 로즈(Ben Rhodes) 미국 국가안전보장회의 부보좌관은 2011년 11월 23일 "(오바마) 대통령은 인도의 동방정책을 환영하고, 태평양 국가(power)로서 동아시아 미래에 적극적으로 개입할 것처럼 인도도 인도양 국가이자 아시아 국가가 되어야 한다."고 인도의 정책을 지지했다(Lintner 2011.11.30).

일본은 미국 등 서방의 대 미얀마 제재에 대해 적절히 보조를 맞추면서도 경제발전이 민주화를 추동한다는 전제로 그들이 정의한 인도적 지원 기준에 따라 적극적인 제재에는 불참해 왔다(Nemoto 2007, 104).[16] 인도적 지원에 관한 서구적 개념을 수용하지 않고 자의적 해석에 따르고 있기 때문이다.

사실 신군부정권 출범 이후 중국이 대 미얀마 원조를 책임졌기 때문에 상대적으로 일본의 중요성은 부각되지 않았고, 일본도 자국의 원칙에 따라 미얀마 지원에 소극적이었다. 그러나 2012년 4월, 떼잉쎄인 대통령이 일본을 방문한 자리에서 일본은 채무 5,020억 엔 가운데 절반 이상인 3,000억 엔을 탕감해 주고, 나머지도 저금리로 상환하는 파격적인 조치를 단행했다. 일본은 미얀마 시장 재진출이라는 경제적 목적 이외에 중국을 견제하기 위한 카드로서 미얀마의 지지를 필요로 하며, 이에 따라 일본의 대 미얀마 지원 및 기업들의 진출은 활발해 질 것으로 기대된다.

미국은 미얀마의 민주화 지연과 인권탄압 등을 구실로 1990년대 이후 경제제재를 실시해 오고 있으며, 미얀마 군부에 의한 정치적 탄압이 가중될 때마다 압력의 수위를 높여 왔다(〈표 10〉 참조). 2005년 상원의원 청문회 인준 당시 미국은 미얀마를 '폭정의 전초기지'(outpost

---

16 일본이 정의하는 인도적 지원은 미국이 말하는 보건, 교육, 영양, 농업과 같은 분야의 "기본적 인간수요"와는 달리 채무 탕감, 인간 생활에 필요한 인프라 구축까지도 확장된다(Seekins 2000; 2007, 138; Steinberg 2007, 224-225). 따라서 일본은 예상되는 수익을 창출하는 측면에서 도로, 철도, 항만 신설사업을 지원하는 목적을 배제한다. 예를 들어 양공공항의 개보수는 미얀마인 국민들의 생활을 편리하게 하기보다 관광객들의 편의를 들어주기 때문에 일본의 정책에 대한 비판도 적지 않다.

of tyranny)로 지목하는 등 강경정책을 유지했으나 오바마 행정부 출범이후 제재와 대화를 병행하는 노선을 선택했다.

미얀마 신정부 출범이후 오바마 대통령은 정치범 석방을 비롯한 개혁조치를 두고 '변화의 빛'(flickers of progress)을 목격했다고 평가하고 2011년 11월 30일, 클린턴 장관을 미얀마로 보냈다. 이후 데릭 미첼(Derek Mitchell) 국방부 수석 부차관보가 미얀마 주재 미국대사에 임명되는 등 외교관계의 정상화가 목도되고 있다.

〈표 10〉 미국의 대 미얀마 제재 내용

일시	법령 및 근거	제재 내용 및 예외 조항	철회
90.8. 20	- 관세및무역령 P.L.101-382 - 마약통제무역령19 U.S.C. 2491-2495	(1) 일반특혜관세제도(GSP)와 카리브연안경제회복법[19 U.S.C. 2701 et. seq]) 또는 특혜관세조치에 해당되는 어떠한 법령에서도 미얀마의 관세조치 상품을 전면적으로 부정. (2) 50%의 종가세나 그 수준 이상을 초과하지 않는 추가적 관세를 부과한 미얀마산 모든 관세대상 품목에 적용. (3) 50%의 종가세를 초과하지 않는 미얀마산 비관세 품목에 적용. (4) 미국과 미얀마의 영공 및 교통 사용 금지, 미국과 미얀마 방문자에 의한 세관통과 철회.	
97.5. 20	국외지출령 P.L.104-208; 대통령령 13047	(1) 1997년 5월 21일 이후 미국 시민 및 기업의 미얀마 신규투자 금지. (2) 미얀마정부인사나 정부와 관련된 전현직 인사, USDA 회원에 대한 비자 발급과 입국 금지. (3) 1997년 5월 21일 미얀마에 투자	신규 투자 허용, 비자 발급 금지 해제

		한 기업이나 투자 협정을 맺은 기업이나 개인은 예외. (4) 천연가스 시추를 위해 진출한 UNOCAL은 예외.	
03.7.28	미얀마자유와 민주주의령 P.L.108-61에서 P.L.108-272, P.L.109-139로 확대; 대통령령 13310	(1) 법령제정 30일 이후부터 모든 미얀마 제품 수입 금지. 수입 금지는 1년 이내 갱신. (2) 미국 내 미얀마정부 인사나 정부와 관련된 인물의 자금 동결. (3) 국제 금융기구의 대 미얀마 재정원조에 이의제기. (4) 미얀마정부 인사나 정부와 관련된 전현직 인사, USDA 회원에 대한 비자 발급과 입국 금지. ※ 대통령과 의회 내에서 "국익에 도움이 되는 경우" 미얀마 제품의 수입 금지를 철회할 수 있음.	수입금지 해제 일부해제 일부해제
07.10.19	대통령령 13448	(1) 미얀마정부 인사나 정부와 관련된 전현직 인사 11명 추가 및 이들에 대한 자금 동결.	대통령, 하원의장 철회 (2012.9)
08.4.30	대통령령 13464	(1) 미얀마정부 인사나 정부와 관련된 전현직 인사 추가 및 이들에 대한 자금 동결.	
08.7.29	제이드령 Public Law 110-286	(1) 미얀마산 보석의 미국 수입금지 및 광산분야 진출 금지. (2) 미얀마정부 인사나 정부와 관련된 전현직 인사 추가 및 이들에 대한 자금 동결.	

※ 자료: Niksch and Weiss(2008); U.S. Department of Treasury (2007.10.19; 2008)를 바탕으로 필자 정리.

그러나 1990년 이후 포괄적으로 시행되고 있는 경제제재를 포함한 제재는 당분간 해제되지 않을 가능성이 더 높다. 미얀마를 직접 적시하는 5개 의회법령, 4개 대통령령 이외에도 총 7개 법령에서 미얀마가 간접 제재 대상이 되는 등 대통령 단독이 아니라 의회의 승인을 받거나 하나의 제재를 해제하기 위해서 기타 제재도 동시에 해제해야 하는 복잡한 해제 원칙이 있기 때문이다.

또한 군부의 자금줄을 죄어서 정권을 퇴진시키겠다는 원래의 목적보다 미국의 외교 전략적 차원에 주목해야 한다. 경제제재가 지속되는 동안 미얀마는 최소한 경제적으로 중국에 종속되는 구도가 현실화되었고, 이에 따라 미국은 미얀마를 두고 중국과 경쟁하여 비교 우위 지위를 획득하지 않는 이상 정치적 압박 카드로써 제재를 고수할 가능성이 크다.

이에 따라 제도적으로 대통령을 중심으로 한 행정부 주도, 또는 대통령령에 의한 예외 인정 조항 신설, 미얀마에서 중국의 정치·경제적 영향력이 다소 상쇄되었을 때 미국은 대 미얀마 제재 해제를 고려할 수 있다. 그 시기는 2014년 아세안 의장국 수임 이후 또는 2015년 아세안 공동체 창설 전후가 될 것으로 보인다.

다만 2012년 4월 17일, 미국은 이익을 목적으로 하지 않는 재정 활동에 대한 허가에 이어 7월 11일, 미얀마에 대한 재정활동과 신규투자금지, 교육훈련 프로그램 중지 법령을 해제했다. 신규투자금지 조항이 해제됨에 따라 펩시콜라를 비롯하여 미국의 제재 이전 현지 진출을 계획했던 미국 출신의 다국적기업들의 현지 진출이 모색될 전망이다.

〈표 11〉 유럽연합의 대 미얀마 제재 내용

일시	대상	제재 내용
1988	무기와 관련된 제품수출 금지	(1) 무기수출 금지 (2) 군사적 목적을 위해 사용되는 장비 수출 금지 (3) 내부 억압을 위해 사용되는 장비 수출 금지
1988	인도주의적 원조를 제외한 분야에 대한 원조 금지	(1) 미얀마 중앙정부를 통한 개발원조 금지 　(2004년 완화) (2) 미얀마 지방 '민간' 정부와 협력 금지 　(2004년 해제)
1997	일반특혜관세 적용 금지	미얀마에서 강제노동 수준이 매우 높음
	비자 발급 금지	내용: 군부 인사, 그들과 관련된 친인척, 기업가들을 열거하고 그들의 유럽연합 내 입국 금지 비적용: ASEM 회의나 UN 회의에 참석하는 군사정부 관리들에 대해 예외
	자산 동결	내용: 비자금지 목록에 있는 인사들의 자산 동결 비적용: 군부가 통제하는 정부와 소속기업들의 자산 동결 비적용
2004	투자 금지	내용: 상당수의 국가 소유 기업들에 대한 유럽 기업들의 투자 금지 비적용: 목재, 광산, 석유, 천연가스 부문 기업들은 제외됨 배경: 디베인 학살 대응 강화: 2008년에 목재, 보석, 광산 부문 기업들을 포함하였으나 여전히 석유, 천연가스, 댐 부문 기업들은 제외됨
2008.4	목재, 보석, 금속에 대한 수입과 투자 금지	배경: 목재, 보석, 금속 부문은 군부 인사들의 중요한 수입원임. 문제: 이들 제품에 대해 미얀마 원산지를 증명하기 어려움

※ 자료: Burma Campaign UK(2010. 9).

유럽연합도 미국과 마찬가지로 1997년 이래로 공동입장(Common Position)에 근거하여 미얀마에 대한 경제제재를 취했고, 6개월마다 갱신해 왔다. 유럽연합은 미얀마의 민주화와 인권 개선 등 국내적 문제 해결을 위한 방편으로 제재를 선택했다. 즉 유럽연합은 미국과 달리 지역 패권 경쟁이나 미얀마의 천연자원 수급보다 인도적 지원을 유지하고 의미 있는 수준의 정치개혁이 가시화될 때 제재 철회와 원조를 확대한다는 입장이다. 그럼으로써 대화 상대국으로서 지역과 지역 간 의사소통을 원활히 하고, 협력을 심화하는 유연한 개입을 유지하고자 한다. 또한 유럽연합 회원국 별로 대 미얀마 압박정책에 대한 입장이 엇갈리고 있다.17

대 미얀마 제재 배경과 회원국 간의 입장 차이로 인해 미국과 비교하여 유럽연합의 대 미얀마 제재 해제는 임박해 보인다. 2011년 4월 경제제재 1년 연장 조치 당시 유럽연합은 미얀마 외무장관을 포함한 24명의 민간 관료에 대한 비자발급 금지와 자산동결을 1년 유예하고 유럽연합 출신 고위인사의 미얀마 방문 금지도 해제했다(Council of the European Union 2011.4.12).

나아가 2012년 4월 보궐선거가 민주적으로 치러진 대가로 유럽연합은 4월 19일, 미얀마의 민주화 진전을 일정 정도 긍정적으로 평가하고, 4월 26일부로 미얀마에 대한 제재 중 무기금수를 제외한 모든 조치를 1년 동안 유예하기로 잠정 합의했다. 추가로 미얀마의 지속적 개

---

17 제재 찬성 국가로는 영국, 스웨덴, 네덜란드, 체코 등이며, 이탈리아, 스페인, 오스트리아, 프랑스 등은 제재 해제 입장이다. 제재 반대국가들은 과거 미얀마에 직접 투자(FDI)를 한 경험이 있거나 진출을 적극 모색하고 있기 때문에 시장 재진입이라는 측면으로 해석될 수도 있다. 그 중 프랑스는 정경분리의 입장을 고수한다.

혁조치를 지지하기 위해 양공에 대표사무소를 설치했다.

따라서 현재와 같은 미얀마의 개혁개방이 순탄하게 진행된다면 유럽연합의 대 미얀마 제재 해제 시기는 미국보다 빠른 향후 1년이 최대 고비가 될 전망이다. 특히 유럽연합 내에서 독일과 프랑스 등 주요 제재 해제 요구 국가들의 발언권이 강화될 경우 해제 속도는 당겨질 가능성이 높다.

국가별로 영국은 약 500명에 달하는 자산 동결 대상자에 대한 규제를 모두 해제했고, 호주는 2012년 6월부터 비자발금 중지된 모든 인사에 대한 해제를 결정했다. 무역 제재를 실시하지 않지만 호주는 무기거래와 같은 반인륜적 행위에 대해서는 강경한 입장을 유지해 왔다. 캐나다도 수출입 및 투자, 재정 거래, 기술 지원 등에 대한 규제도 해제했고, 자산 동결 대상자 중 일부를 해제했다. 미국과 유럽연합을 제외한 이들 국가들의 미얀마 제재는 미미한 수준이었기 때문에 사실상 전면적으로 해제된 것으로 관측된다.

4. 개혁개방의 원인과 배경

2010년 총선, 2011년 신정부가 출범할 당시만 하더라도 미얀마의 변화 가능성은 비관적이었다. 군복에서 사복으로 갈아입은 군부, 정치권에서 군부의 영향력 지속, 군부 정권 실세들에 의한 막후정치의 지속, 정치범의 존재, 언론 검열 등 민주적 질서에 부응하는 새로운 제도가 전혀 도입되지 않았기 때문이다.

2011년 1월 31일 오전 8시 55분 정기국회가 개회되었다. 본 정기국회 회기동안 8명의 원로장교로 구성된 일종의 상설 고문단(顧問團)인 초헌법 기관인 국가최고평의회(State Supreme Council: SSC)가 창설되었다.[18] SSC는 현실정치에 대한 직접적인 조언과 방향을 제시하는 실질적인 정치기구이자 현역 정부 인사 4명, 군 인사 2명이 상임위원으로 편재하며, 국방안보평의회(National Defence and Security Council: NDSC) 구성원의 일부도 이 기구에 포함되었다. 따라서 이 기구는 과거 고문단 성격의 자문기구와 달리 현안 결정에 절대적 영향력을 행

---

18 이 기구는 1974년 혁명평의회가 버마사회주의계획당(Burma Socialist Programme Party: BSPP)으로 권력을 이양할 당시 구성된 국가평의회(State Council)와 유사한 기능을 수행하며, 한편으로 1997년 군사평의회가 국가평화발전평의회(SPDC)로 개칭할 당시 퇴역한 장교들에 대한 전관예우 차원에서 출범한 고문단과 조직적으로 유사하다. 구성원은 딴쉐 SPDC 전 의장, 마웅에 SPDC 전 부의장, 쉐망 하원의장, 떼잉쎄인 대통령, 띤아웅뮌우 부통령, 띤에(Tin Aye) 전 연방선거위원회 의장, 군 지도자 2명(군 총사령관 및 부사령관) 등이다.

사하는 중추적 역할을 한다.[19]

무엇보다도 지난 50년 간 고착화된 미얀마 정치행태의 구도가 변화한 것처럼 보이지 않았다. 이른바 '막후정치'라고 부르는 후견-수혜관계가 금번 정권에 있어서도 강력하게 작동할 것이라는 관측이 제기되었기 때문이다. 경험적으로 보았을 때 이러한 관행은 양 날의 칼과 같은 위험성이 내재한다. 딴쉐는 신정부의 성패여부보다 자신을 비롯한 족벌의 안위를 지키는 것이 마지막 과제이므로 현실정치와 쉽게 결별하지 못할 가능성이 컸고, 이에 따라 딴쉐가 새정부 대통령이 유력할 것이라는 추측이 제기되기도 했다.

대통령이 취임사에서 제시한 국정운영목표도 군사정부에서 주창해온 군부 주도의 국가발전을 그대로 답습한 수준으로, 구체적 계획과 이를 위한 액션플랜이 준비되지 않은 구호에 불과했다. 정치범 석방이나 언론검열 폐지와 같은 자유화 조치는 대통령의 취임사에서 배제되기도 했다.

2011년 상반기까지 특별한 변화 동향이 관측되지 않다가 2011년 7월 25일, 정부 연락관인 아웅지(Aung Kyi) 당시 노동 및 사회복지장관과 아웅산수찌 간의 대화를 시작으로 변화의 서막이 감지되었다. 곧이어 경제개혁포럼(8.19-21)기간 중 계획에 없던 대통령-아웅산수찌 간 비밀회담 이후 전례없는 변화가 시작되었다.

사실 개혁개방이라고 명명된 미얀마의 변화는 지난 50년간 군부 통

---

19 일례로 뮛송댐 건설과 관련하여 대부분의 구성원은 찬성했고, 2011년 11월 14일 예정이던 정치범 석방은 본 구성원의 반대로 인해 무산된 바 있다. 한편, NDSC 구성원은 대통령, 부통령 2인, 군총사령관, 군부사령관, 상하원 의장, 국방장관, 외무장관, 내무장관, 국경장관 등 총 11명이다.

치로 인해 지체되거나 정체된 국가의 기능과 역할을 정상화하는 단계
이자 본격적인 개혁개방을 향한 예비단계로 보아야 한다. 정치권력은
독재자 1인에게 집중되었고 정당정치는 무기한 중단되었으며, 체제에
반대하는 자들은 모두 투옥 대상이었다. 군부가 모든 국부(國富)를 잠
식하는 동안 국가 경제는 왜곡되고 뒤틀렸으며, 외국기업이 없는 미
얀마 경제는 천연자원을 수출하는 추출경제로도 버틸 수 없는 지경이
되었다. 이제 신정부 출범과 함께 맞이한 변혁과 그 방향은 일반적으
로 법과 제도에 의해 운영되는 국가질서의 수립을 넘어 정치, 경제, 사
회의 발전을 견인할 환경 조성으로 향하고 있다.

국내적 요인[20]

필자가 현지 공무원, 퇴역 군인, 민간 전문가 등 100여 명 이상을 면
담하고 잠정적으로 내린 개혁개방의 국내적 요인은 다음과 같다.

첫째, 군부정권 당시 수장이었던 딴쉐 전의장의 출구전략으로서 본
인을 포함한 족벌의 생존을 보장받는 대가로 떼잉쎄인 대통령-딴쉐
전 의장 간 협약(pact)이 있었던 것으로 보인다. 딴쉐 전 의장은 심리
전 병과 출신으로 1992년 최고 권력자로 등극한 이후 군 수뇌부를 분
할통치(divide and rule) 수법으로 1인 체제를 공고화한 인물이다.[21]

---

20 본 내용은 장준영(2012a)의 내용을 바탕으로 보완한 것이다.

21 딴쉐의 일대기에 관한 서적으로는 Rogers(2010)를 참조하라. 이 책은 중립적 입
    장에서 딴쉐의 일대기를 다뤘다가 보다 그가 어떤 경로로 독재자의 위치까지 오
    게 되었는가를 신랄하게 비난하는 어조가 강하다. 미얀마의 역사적 흐름에 글의
    내용이 전개되고 있어 딴쉐 개인사는 상대적으로 소홀히 다뤄지고 있는데, 특히

특히 그는 자신을 발탁 및 후원한 네윈을 포함하여 그의 족벌을 2002
년 쿠데타 기도혐의로 체포했고, 같은 해 12월 5일 네윈이 사망하자
소수의 측근만 참석을 허락한 가운데 네윈 시신을 입관시키지 않고
매장했다. 2년 뒤에는 네윈의 최대 수혜자인 킨늉 총리를 하극상과 부
정부패 혐의로 전격 경질함으로써 자신의 잠재적인 도전자를 모두 제
거했다.

일반적으로 스승-제자(saya-tapyet) 관계로 정의되는 미얀마의 인적
관계는 스승의 역할을 하는 상급자가 하급자에게 물질적 시혜를 베풀
고 하급자는 상급자에게 충성해야 한다. 이 온정적인 인적관계는 1962
년 이래 민주적 절차에 의해 지도자가 선출되지 않은 정치 환경상 사
회질서를 유지하고 강화하는 기재로 확대되었다.

그러나 딴쉐의 경우 하급자에 대한 연민이나 동정으로 일컬어지는
'세더나'(sedana) 정신이 결여된 냉혈한으로 알려졌다. 독심술(讀心術)
에 능하다고 알려진 그는 네윈과 달리 제거 대상자의 권력과 정치적
영향력이 자신을 초월할 정도까지 도달했을 때 비로소 축출을 단행하
는 전략으로 하급자 관리에 정평이 나 있다.

그러나 그도 네윈과 마찬가지로 점성술과 수사학을 맹신하는 인물
로써, 늙고 병들수록 자신이 보유한 정신적 영험함이 약화된다고 믿
으며, 이에 따라 자신도 네윈의 전철을 밟을 가능성을 항상 염두에 두
고 있다. 자신을 포함한 가족들의 안위를 보장받고 이에 대한 대가로

그가 군부로서 승승장구하며 야망을 일구던 중앙정치학교 시절, 남서부지역 사령
관 시절에 언급되지 않아 어떤 경로로 권력을 장악하게 되었는지 추적할 수 없다.
필자는 다양한 전문가와 인터뷰를 했다고 쓰고 있으나 실제로는 군부체제를 반대
하는 운동가, 딴쉐의 행적을 간접적으로 경험한 자들을 대상으로 했기 때문에 다
양한 설의 가능성을 배제할 수 없는 등 객관성 확보는 되지 않은 것 같다.

전권을 대통령에게 위임하는 전략적 합의가 가장 현실적 대안이라는 결론에 도달한 것이다.

그러면서도 그는 불확실한 미래를 안정화시키기 위해 하급자들 간의 권력균형을 현실화했다. 즉 공식적으로 모든 직위에서 은퇴했다고 하더라도 신정부 구성부터 시작된 '막후정치'의 흔적은 역력하다. 대통령 후보 인선에서 자신의 최측근인 쉐망 장군 대신 한 서열 아래에 있는 떼잉쎄인 전 총리를 선택함으로써 권력의 저울이 한쪽으로 기우는 것을 막았고, 동시에 강경파로 분류되는 띤아웅뮌우 전 1서기를 부통령으로 전진 배치시켜 대통령을 견제케 했다. 하원의장인 쉐망은 대통령과 부통령을 동시에 견제하면서 자신은 개혁파로 변신하여 미래 권력을 도모하고 있다.

띤아웅뮌우가 부통령직에서 사임한 이후 강경파들의 역할은 크게 축소될 전망이지만 네삐도 모처에서 두문분출하는 딴쉐의 막후정치는 유효해 보인다. 그러나 그가 과거로 돌아가는 일련의 사태를 진두지휘할 가능성은 매우 낮고, 하급자들의 역모가 발생하지 않는 이상 그는 현 상태로 여생을 보내게 될 것이다. 즉 네윈과 같은 비참한 말로를 맞을 가능성은 낮아 보인다.

둘째, 떼잉쎄인 개인의 개혁의지를 들 수 있다. 그는 2004년 이후 딴쉐와 마웅에라는 권력서열 1위와 2위로 양분된 파벌구도에 귀속되지 않았고, 군부 내 가장 청렴한 인사이자 2007년 이후 총리직을 수행함으로써 업무수행능력을 검증받았다. 일부 언론에서는 떼잉쎄인 대통령 보좌관의 언급을 빌어 남서부 델타지역의 빈농 출신인 그가 2008년 사이클론 나르기스의 피해를 목격하고 개혁을 결정하게 되었다고 전했다. 그래서 그를 '미얀마의 고르바초프'라고 빗대어 부르기도 한다(『중앙일보』 2012.4.7).

그러나 이러한 평가는 그의 행위에 정통성을 부여하는 현재 사실에 근거한 과거의 조합으로써 정치적 수사에 가까워 보인다. 권력서열 5위에 해당하는 떼잉쎄인 대통령이 개인적으로 개혁이라는 포부를 가슴에 담고 있었을지는 모르나 나르기스 당시 강경파 군부들과 상반되는 행동을 취한 적은 없고, 1988년 당시 시위대의 신변을 독자적으로 결정할 지위도 아니었다.

오히려 군 수뇌부의 잘못된 정책, 자기 탐욕으로 국가를 망치는 행태를 보고 사관학교 출신의 젊은 장교들은 역쿠데타를 구상해 왔을 정도로 소장파 장교의 개혁의지는 충만한 편이었다. 떼잉쎄인 대통령만이 강경파가 득세한 군부에서 유일한 개혁인물이 아니라는 뜻이다. 게다가 떼잉쎄인이 아닌 다른 군 수뇌부가 대통령에 선출되었다고 하더라도 국내외 환경적 측면에서 기존 군부와 같이 폐쇄적, 강경적인 전략으로 정권을 유지할 가능성은 없어 보였다.

현지 전문가들의 견해에 따르면 떼잉쎄인이 진정성을 가지고 개혁개방을 견인하고 있으며, 이에 대해 국민들도 지지를 보낸다고 한다. 특히 2011년 뮛송댐 건설 중단은 지난 50년 이상 국민의 목소리에 귀를 닫았던 군부의 행태와 달리 민의를 수용한 그의 결정에 국민들은 찬사를 보냈다. 대통령 정치자문관인 꼬꼬흘라잉(Ko Ko Hlaing)은 2015년 총선 이후 떼잉쎄인 대통령은 퇴직할 가능성이 높고, NLD가 총선에서 승리한다면 기꺼이 정권을 이양할 의향이 있다고 언급했다 (*Mizzima* 2012.5.8). 그의 관측이 사실이라면 떼잉쎄인의 정치개혁은 진정성에 근거하고 있다고 판단된다.

현재로써 대통령은 자신의 개혁노선을 공개적으로 지지할 세력이 부재함에 따라 내각에서 일정 수준 견제의 대상이 되거나 고립된 형국이다. 정부 관계자에 따르면 현재 개혁파와 강경파 비율은 20:20이며, 나머지 60퍼센트는 양자 간 갈등구도에서 승리하는 쪽으로 성향을 정할 것이다(Jagan 2012.2.16). 따라서 부동층의 흡수를 위해서라도 대통령의 개혁의지는 강력하게 작동해야 할 것으로 보인다.

앞서 언급했듯이 현재까지 퇴역 군부의 충성은 딴쉐에게 향해 있으므로 권력적 역학관계는 이원화된 구도로 진행되고 있다. 특히 딴쉐의 최고 심복으로 알려진 쉐망 하원의장이 새로운 권력층을 형성하며 떼잉쎄인 대통령과 대립각을 세우고 있다. 따라서 떼잉쎄인 대통령은 강경파뿐만 아니라 신흥 개혁세력으로 부상하는 파벌들을 견제하면서도 자신의 정치 행보에 방해가 되지 않는 범위 내에서 반대세력들을 끌어안거나 전략적으로 제휴해야 하는 과제를 안고 있다. 이것이 충족될 때 개혁개방이 순조롭게 진행될 수 있다.

마지막으로 국내세력 즉, 군부와 야당의 지지와 개혁 동조를 들 수 있다. 군부는 현대정치사의 주역이자 현 정부와 현행 헌법에서도 배타적 자율권이 보장되는 주요세력이면서 향후 민간정권 또는 민주주의 공고화 이후에도 일정 수준 기득권을 향유할 가능성이 큰 직능집단이다. 그 중 의회 의석 중 25%인 388명 중 368명이 대위와 소령급(대령 20명)[22]으로 절대 다수를 차지하고 있는데, 이들은 해외에서 유학하여 국제 정세에 밝고 개혁적인 성향으로 알려져 있다. 민아웅흘라잉(Min Aung Hlaing) 군총사령관도 정부의 개혁에 적극 동조한다

---

22 의회 출범 당시 준장급이 1명 편재했으나 2012년 7월 4일 대령급으로 교체되었다(*New Light of Myanmar* 2012.7.4). 2012년 10월 18일자로 하원 13명, 상원 5명의 현역군인이 대령급으로 교체되었다(*New Light of Myanmar* 2012.10.18).

는 입장을 반복적으로 피력해 왔다.

하지만 군통수권은 대통령이 아닌 군총사령관에게 부여되어 있기 때문에 정부의 의지와 별도로 까친족(Kachin), 로힝자족, 와족(Wa), 꼬깡족(Kokang) 등 반정부 성향의 소수종족 등에 대한 군부의 물리적 공세가 끊이지 않아 정부와 군부의 불협화음이 유지되고 있다. 핵심 쟁점은 군부가 대통령이 아닌 딴쉐에게 충성을 맹세하고 있으므로 군부가 현 정부의 개혁정책을 지지하지만 언제든지 철회할 수도 있는 가능성이 있으며, 군부가 누려온 이권이 일시적으로 소멸 또는 대폭 축소될 경우 군부의 반발이 예상된다. 그러나 현 대통령뿐만 아니라 정부 각료를 구성하는 인사들이 대부분 군 수뇌부 출신이라는 측면에서 군부의 거부쿠데타(veto)는 일어날 가능성이 낮아 보인다.

2010년 11월 총선과 2012년 4월 보궐선거로 의회에 입성한 야당을 비롯하여 정부에 의해 중용되는 민간 전문가들도 정부의 개혁정책에 적극 동참하고 있다. 가장 유력한 야당인 NLD 대표인 아웅산수찌는 대통령과 공식적으로 세 차례 만나 현안에 대한 폭넓은 논의를 거쳤다고 하지만 실제로는 양자 간 정기적인 비공식 회담이 10여 차례 이상 실시되었다. 또한 정부 연락관을 통해 아웅산수찌가 개혁개방에 깊숙이 개입되어 있어 그녀의 역할은 증대될 것이다(U Khin Maung Win 인터뷰 2012.7.22).

그런 이유로 지금까지 NLD가 정부에 요구했던 정치범의 조건 없는 조기 석방, 민주적 질서에 반하는 헌법 개정, 정부-야당-소수종족 간 3자 회담을 통한 국민화해 및 국가통합 등 NLD가 기존에 요구했던 사항들은 더 이상 공식 채널을 통해 제기되지 않는다.

국외적 요인

미얀마의 개혁개방에 영향을 미친 국외 요인으로는 중국 변수, 중동과 아프리카에서 일어난 민주화 혁명에서 얻은 교훈 등이다.

첫째, 미얀마의 친중화 탈피와 이로 인한 경제제재 해제를 염두에 둔 조치이다. 2007년 1월 미국은 미얀마의 민주화 지연과 인권 탄압을 명분으로 미얀마 문제를 유엔 안보리에 상정하려고 시도했으나 중국과 러시아가 반대하여 무산된 적이 있다.

그러나 이 사건 이후 중국은 미얀마의 정치개혁을 우회적으로 요구하기 시작했다. 나아가 같은 해 8월 발생한 '샤프란혁명' 당시, 중국은 종전과 달리 미얀마 군부의 편에 서지 않으려는 미온적인 입장을 보였다. 2008년 마웅에 전 부의장의 중국 방문 이후에는 미얀마 군 수뇌부의 중국에 대한 입장이 명확히 변화했다. 즉 미얀마 군부는 중국에 의존하며 국제사회의 비난을 모면해 왔으나 더 이상 중국이 자국을 지지해 주지 않을 가능성을 확인했고, 이와 별도로 중국의 경제주권 침탈이 가속화되는 상황을 절감했다. 따라서 중국에 종속되는 구도나 서방의 제재를 극복하지 못하는 구도는 정권의 퇴진이라는 동일한 결과를 맞을 것이며, 이는 미얀마 군부의 친중화 포기로 귀결되었다.

둘째, 딴쉐 전 의장은 중동혁명의 일부로서 사담 후세인(Saddam Hussein), 무암마르 카다피(Muammar Gaddafi) 등 독재자들의 죽음을 목격한 후 큰 충격을 받았다. 일각에서는 2011년부터 시작된 중동혁명이 미얀마 군부들에게 큰 영향력을 미쳤다고 보기도 한다. 이른바 소셜네트워크(SNS)를 통한 민주화의 확산이론 또는 "눈덩이 효과"(snowballing effect)로부터 미얀마도 자유롭지 않다는 이유에서이다.

그러나 필자의 견해는 이와는 약간 다르다. 이라크전에 진행되고 있을 당시 양공 시내에서는 "쎄잉나웃쉐"(*sein-naut-shwe*), 즉 "다이아몬드 다음에 황금"이라는 유언비어가 난무했는데, 여기서 쎄잉은 이라크의 독재자 사담 후세인을, 쉐는 딴쉐 장군을 의미한다. 이라크 다음 미국의 공격 대상이 미얀마라는 것이다.

딴쉐 전 의장은 국민들이 자신을 위시한 군부를 지지하지 않는다는 사실을 알았으나 동시에 국내 사회세력만으로 정권을 전복시킬 수 있는 역량이 충분하지 않다는 사실도 잘 알고 있었다. 그런 이유로 2007년 8월 발생한 샤프란혁명 당시 군부의 만행을 세계에 고발하는데 한몫을 했던 소셜네트워크의 영향력에 개의치 않고 강경한 물리적 진압을 선택한 것이다. 즉 딴쉐를 포함한 군 수뇌부는 외부의 물리적 개입이 없다면 국내적으로 어떠한 소요사태라도 진압할 수 있고, 이로 인해 정권은 유지된다고 믿었다. 사회에 성행하는 유언비어에 대한 두려움과 직접적인 시민사회의 도전에도 불구하고 물리력을 동원했다는 측면에서 외적요인은 체제 유지와 개연성이 크지 않았다는 점을 시사한다.

그러나 카다피가 시위대에 의해 무참히 처형되는 텔레비전 영상을 시청한 뒤 딴쉐 전 의장은 큰 충격을 받았다고 한다(Ma Ma 인터뷰 2012. 7.30). 그에 앞서 도주생활로 지친 모습이 역력한 후세인 전 이라크 대통령이 체포되고 처형된 장면에서 딴쉐 전 의장은 미얀마도 외부의 개입으로부터 자신의 신변이 자유롭지 않을 가능성을 경계해 왔다. 다시 말해 미얀마는 중동혁명처럼 사회세력이 정권을 단숨에 전복시킬 능력이 부족하지만 지도자는 언제든지 반대파에 의해 사살될 수 있다는 가능성을 확인시켰고, 이는 딴쉐 전 의장을 경직케 만들었다.

그에게 정권 전복보다 자신의 신변유지가 최대 목적인 셈이다.

독재정권은 비참한 최후를 맞는다는 중동혁명으로부터의 교훈을 미얀마 군부가 받았다고 평가할 수 있으나 독재자들의 죽음은 권력의 정점에 있는 지도자에겐 크나큰 위기가 아닐 수 없다. 그래서 미얀마 정부 당국자는 중동이 집권층에 대한 더 이상의 지지를 보이지 않는 상황에서 아래로부터의 변화(replacement)를 꾀했다면, 미얀마는 국민들의 요구에 화답하는 차원에서 위로부터의 변화(transformation)를 추진한다고 그 차별성을 부각시켰다. 미얀마 군부의 역사 해석은 항상 그들의 시각에 의해서 이뤄진다.

제3장

미얀마 정치개혁과 과제

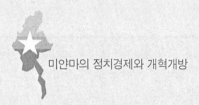
미얀마의 정치경제와 개혁개방

1. 선거와 정치변동

역대 총선과 특징

독립 이후 미얀마의 총선은 의회민주주의시기에 3회(1951, 1956, 1960), 혁명평의회(RC)에서 버마사회주의계획당(BSPP)으로 정권을 이양하기 위해 명목상 실시된 1회의 선거, 그리고 군부의 선거 패배를 인정하지 않은 1990년 총선, 2010년 총선 등 총 6회 실시되었다. 독립 이전에도 선거는 총 5회(1922, 1926, 1928, 1936, 1947) 실시되었으나 영국 식민관리에게 무투표 의석을 배분하는 등 자유롭고 민주적 선거는 아니었다.

1947년 총선은 영국에 협력하여 영연방국가로 남으려던 세력, 독립을 통해 주권국가를 달성하려던 세력, 급진적인 좌익세력 등 세 파벌이 중심이 되어 실시되었다. 이 중 아웅산이 이끈 반파시스트인민자유연맹(AFPFL)이 210석 가운데 174석, 까렌족 24석, 공산당과 친영파가 각각 6석과 4석을 차지했다.

독립 후 최초로 치러진 총선은 극심한 내분으로 인해 1951년 6월부터 1952년 4월까지 무려 10개월에 걸쳐 진행되었다. AFPFL의 대중적 인기는 여전하여 총 250석 가운데 60%인 147석을 차지했다. 그러나 총 800만 명의 유권자 중 150만 명만이 투표에 참여하여 역대 총선 중 가장 저조한 투표율인 20%를 기록했다. 그야말로 대의민주주의를 무색케 한 선거였다.

<표 12> 의회민주주의시기 총선 결과

년도	정당	득표수	득표율(%)	의석수
1947	AFPFL	1,755,000		174
	버마공산당(BCP)	126,000		6
	까렌청년기구(KYO)	109,000		19
	독립까렌			5
	영국-버마족연합			4
	무소속			2
	합계			210
1951-52	AFPFL		60	147
	AFPFL연합[1]			52
	국민민주전선(PDF)[2]			13
	여카잉민족단결기구 (ANUO)			6
	무소속			15
	미실시지역			11
	합계	1,500,000		250
1956	AFPFL	1,775,900	53.2	135
	민족연합전선(NUF)	1,258,200	37.6	44
	몽연합전선(MUF)	306,100	9.2	5
	합계	3,340,200	100.0	184
1960	청렴AFPFL(연방당)	3,153,934	57.2	149
	안정AFPFL	1,694,052	30.7	30
	민족연합전선(NUF)	262,199	4.8	0
	기타	403,710	7.3	4
	합계	5,513,895	100.0	183

1) Burma Socialist Party, the All-Burma Peasants Organisation, the Burma Muslim Congress, the Kachin National Congress, the United Karen League, the Chin Congress, the United Hill People's Congress, the All-Burma Women's Freedom League and the All-Burma Federation of Trade Organisations 등 연정.
2) Burma Workers, Peasants Party, the Patriotic Alliance and the Burma Democratic Party
※ 자료: Bigelow(1960), p.71.

1956년 치러진 총선에서도 AFPFL이 승리했으나 끊임없는 당내 갈등과 내전으로 인해 정치질서는 극도로 혼미한 상황이었다. 1958년, AFPFL은 내분으로 우 누 총리가 이끄는 청렴AFPFL과 바쉐(Ba Swe)가 이끄는 안정AFPFL로 양분되었다. 1958-1960년 과도 임시정부를 구성한 군부는 국가의 법과 질서를 회복하고, 1960년 총선 결과에 따라 병영으로 복귀했다. 이 때 우 누는 자신의 정당을 연방당(Union Party)으로 개칭하고, 불교 국교화를 주요 공략으로 내세워 총선에서 승리했다(〈표 12〉 참조).

〈표 13〉 1990년 총선 결과

정당	득표수	득표율(%)	의석	점유율(%)
국민민주주의연합(NLD)	7,934,622	59.9	392	80.8
국민통합당(NUP)	2,805,229	21.2	10	2.1
NUP연합	526,277	4.0	0	-
민주주의평화연합	243,023	1.8	0	-
샨민족민주연합(SNLD)	222,821	1.7	23	1.7
연방국민민주주의당	196,598	1.5	1	0.2
여카잉민주주의연합	160,783	1.2	11	2.3
기타	1,163,923	8.7	48	
합계	13,253,606	100.0	485	

※ 자료: Guyot(1991), p.210.

1974년 혁명평의회(RC)에서 명목상 민간정권인 버마사회주의계획당(BSPP)으로 권력이양 차원의 헌법에 관한 국민투표가 실시되었는데, 90.19%의 압도적인 지지로 헌법안이 통과되었다. 1988년 쿠데타로 정권을 장악한 군부는 머지않아 다당제 민주총선을 실시할 것이라고 공표했다. 장외세력과 국민들은 군부의 전략적 획책이라고 믿었지만 총선은 1990년 5월 27일 실시되었다. 그런데 군부는 총선 1년 전부터 신헌법이 완성될 때까지 선거 당선자들이 신정부를 구성할 수 없다는 원칙을 확인했다. 그들이 총선에서 승리할 수 있다는 자신감과 패배하더라도 일정기간 정권을 유지하겠다는 이중목적이 내재했다.

1990년 7월 29일, NLD는 간디홀 선언(Gandhi Hall Declaration)을 통해 9월 30일까지 정권을 이양해 줄 것을 군부에게 요구했고, 권력이양 후 신헌법을 작성하기로 했다. 군부는 신헌법작성에 참여할 대표단 구성을 위한 선거였다고 변명하며 NLD에게 정권 이양 거부를 분명히 했고, 선거에 당선된 자들과 정권 이양을 요구하는 세력에 대한 물리적 공세를 시작했다.

신헌법 작성과 국민투표

정권을 이양하지 않은 군부는 신헌법을 작성할 국민회의를 조직하고 7개의 직능집단으로 구성된 대표단을 구성 및 소집하여 1993년부터 헌법 작성에 착수했다. 국민회의 개회와 동시에 104개 헌법초안 작성원칙이 공고되었다. 개인적 발언권이 원천 차단된 채 이미 작성된 대본만 읽는 등 대표단의 의사결정구조는 철저히 통제된 하향식이었다. 한편, 군부가 정치지도부에 참여할 수 있는 조항이 마련되어 군부의 이중기능(*dwi fungsi*)이 구체화될 가능성이 열렸다. 1995년 11월, 대표단 중 NLD를 포함하여 반체제 인사들은 국민회의 의사결정이 구속적이라고 주장하면서 회의장을 퇴장했고, 이로 인해 국민회의는 8년여 간의 휴회기에 들어갔다.

2003년 킨늉 총리가 민주화 7단계 로드맵을 발표하고 국민회의를 재개했을 때조차도 국민들과 외국 관찰자들은 헌법작성이 단기에 완료되지 않을 것으로 예상했다. 그러나 2007년 발생한 샤프란혁명으로 더 이상 정치개혁의 과제를 지체하지 못한 군부는 서둘러 완성된 헌법을 국민투표에 부쳤다.1

신헌법은 1948년 헌법과 1974년 헌법을 모체로 작성되었고, 군부의 주요 기능은 수하르토 체제하 인도네시아 군부의 이중기능과 매우 흡사했다. 특히 신헌법 작성지침에 명시된 대로 군부의 정치적 역할이 중요하게 대두되었고, 그들이 향유할 수 있는 자율성은 군부정권과 별반 차이를 찾을 수 없었다.

〈표 14〉 국민회의 주요 연대기

일 자	내 용
92.4.24	• 6개월 이내 신헌법 초안 작성을 위한 국민회의 구성 발표 　(SLORC 명령 제 92/11호) ※국민회의의 6대 목적(이후 헌법초안의 근간, 전문에 포함) 1. 연방의 비분열　　2. 국가통합 3. 주권영속　　　　4. 다당제 민주주의의 옹호 5. 보편적 정의, 자유, 평등의 수호 6. 장래 국가 정치리더십에 국방부(군부)의 참여
93.2.1	• 국민회의 최초 소집 및 가동
95.11.29	• 국민회의에서 NLD 대표단을 배제
96.5.31	• 국민회의 휴회 선언
03.8.30	• 킨늉 총리, "민주화를 위한 7단계 로드맵" 발표
05.3.31	• 신헌법 주요 11개 영역에 관한 기본 지침을 작성 완료
07.9.3	• 국민회의 최종 폐회

※ 필자 작성.

---

1 신헌법의 주요 내용은 부록 3을 참조하라.

먼저 국가구조는 대통령을 정점으로 하는 중앙집권적 연방제(union)
이다. 대통령 후보는 폭넓은 군사지식을 보유해야하고 20년 이상 국
내에 거주해야하며, 직계가족 모두 미얀마 시민이어야 한다는 까다로
운 조건이 붙는다. 대통령은 상하원 대표와 군총사령관이 지정한 한
명의 인사 등 총 3명의 후보 중 선거인단에 의해 간접 선출되며, 군인
사가 당선되거나 군부의 재가가 없을 경우에 당선이 불가능한 구조적
제약이 따른다. 또한 군부는 상하원으로 구성된 연방의회뿐만 아니라
지방의회에서도 선거와 관련 없이 의석의 25%를 무투표로 확보하고,
민간 의원과 달리 의원직과 군 현직을 겸직할 수 있다.

헌법에 명시하는 국가수반은 대통령이지만 실질적으로 군총사령관
의 권한과 기능은 대통령의 그것을 능가한다. 국가비상사태 선포시
대통령을 포함한 11명의 내각이 국방안보평의회(NDSC)를 구성하는
데, 이 때 군총사령관이 자동적으로 대통령의 권력을 이양받는다. 문
제는 국가비상사태의 기준이 명확히 제시되지 않았기 때문에 군부가
지지하는 정당이 위기를 맞거나 현 군부 우위의 정치체계가 도전을
받을 경우 NDSC는 언제든지 소집될 수 있다. 그 날 아침식사로 먹은
반찬이 마음에 들지 않으면 무작위로 공포정치 분위기를 조성했다는
군부정권기 군부의 학정이 군총사령관에 의해 재현될 가능성이 열려
있다.

총 6회에 걸친 국민회의 소집결과 군부는 2007년 8월 말 헌법 초안
을 최종 작성하고, 이듬해 2월 SPDC 고시 제 2008/1호(2008.2.9)에
의거 국민투표 실시계획을 발표했다. 5월 10일로 예정된 국민투표는
5월 초 에야워디 델타지역을 강타한 사이클론 나르기스의 피해로 인
해 이 지역 투표구인 47개구는 5월 24일로 연기되었고, 기타 지역은

예정대로 실시되었다. 사이클론 피해복구보다 국민투표를 가결시키
고자 했던 군부의 의지에 대해 국제사회의 비난이 쏟아졌다. 국민투
표는 예상한대로 압도적인 지지를 얻었고, 헌법 승인은 통과되었다.

〈표 15〉 2008년 국민투표 결과

날짜	5.10(278구)	5.24(47구)	합계
총유권자	22,708,434	4,580,393	27,288,827
총투표자	22,496,660(99.07%)	4,280,015(93.44%)	26,776,675(98.12%)
찬성	20,786,596(92.4%)	3,997,528(92.93%)	24,764,124(92.48%)
반대	1,375,480	256,232(5.99%)	1,631,712(6.1%)
무효	334,584	46,255(1.08%)	380,839(1.42%)

※ 자료: *New Light of Myanmar*(2008.5.27).

　　국민투표 결과는 〈표 15〉와 같은데, 국제사회의 선거감시를 봉쇄
했기 때문에 선거부정이 발생하지 않았다는 객관적인 정보를 찾기 어
렵다. 그러나 현지인들에 따르면 국민들의 대다수는 무엇에 관한 국
민투표인지, 헌법 내용이 무엇인지에 대해 전혀 몰랐다고 한다. 더욱
중요한 사실은 일부 선거구에서는 마을 대표가 주민을 대신하여 모두
찬성표에 기표하는 등 다양한 형태의 선거부정이 발생했다고 하지만,
이는 언론을 통해 증명되지 않았다.

2. 총선(2010) 및 보궐선거(2012)와 그 의의

총선 준비: 총선법령 및 제도

SPDC 고시 제 2008/2호(2008.2.9)에 의거 총선은 2010년으로 제시되었으나 구체적인 일정에 대한 언급은 없었다. 2010년 4월 실시설 등 다양한 추측이 제기되었으나 마침내 2010년 8월 14일, 선거위원회는 2개의 관영신문을 통해 2010년 11월 7일(일) 총선 실시를 공식 발표했다(선거위원회 고시 제 2010/89호).[2] 선거위원회는 선거명칭을 "다당제 민주총선"으로 규정했으며, 후속조치로 각 정당의 입후보자 명단과 선거운동 계획안 제출 등 구체적인 선거관련 계획을 발표했다(선거위원회 고시 제 2010/90호). 선거 일자 발표에 앞서 국영신문을 통해 상원 및 하원, 지방의회, 특별자치지역에 대한 선거구가 확정 및 발표되었다.

총선관련법령은 총선 일정이 발표되기 전인 2010년 3월 8일 공포되었다. 선거위원회법,[3] 정당등록법,[4] 민족의회(*Amyotha Hluttaw*, 상원) 선거법, 국민의회(*Pyithu Hluttaw*, 하원) 선거법, 지방의회선거법 등 총 6개 법령 등이 그것들이다.

친군부 성향의 18인으로 구성된 선거위원회는 중앙을 정점으로 6

---

2 선거위원회 고시는 부록 2를 참조하라.
3 선거위원회법은 부록 4를 참조하라.
4 정당등록법은 부록 5를 참조하라.

개 지역으로 구성된다. 2008년 국민투표 당시 선거구는 325개였으나 네삐도가 수도로 결정됨에 따라 네삐도가 소속된 만달레주(Madalay Region)에 5개의 구(區, township)가 추가로 지정되는 등 선거구는 330 개로 늘어났다. 또한 네삐도는 2008년 신헌법에 따라 하위에 8개 지역 구(Pyinmana, Lewe, Tatkon, Zeyarthiri, Pobbathiri, Ottarathiri, Zabuthiri, Dekkhinathiri)를 둔 연방특별지역(Naypyidaw Union Territory)으로 신설되었다.

〈표 16〉 각 주별/ 의회별 선거구

지역		의석수					합계
	연방의회		지방의회				
	상	하		특별지역(구)	지방	계	
자치주	까친	12	18	4	버마족, 샨족, 리수족, 라원족	18×2=36	40	66
	꺼야	12	7	1	버마족	14	15	33
	까렌	12	7	3	버마족, 몽족, 빠오족	14	17	33
	친	12	9	-	-	18	18	39
	몽	12	10	3	버마족, 까렌족, 빠오족	20	23	42
	여카잉	12	17	1	친족	34	35	63
	샨	12	55	7	버마족, 까친족, 리수족, 라후족, 잉따족, 아카족, 뻐다웅족	102	109	177
행정주	저가잉	12	37	2	샨족, 친족	74	76	123
	떠닝다이	12	10	1	까렌족	20	21	42
	버고	12	28	1	까렌족	56	57	96
	머끄웨	12	25	1	친족	50	51	87
	만달레	12	36	1	샨족	56	57	120
	양공	12	45	2	까렌족, 여카잉족	90	92	147
	에야워디	12	26	2	까렌족, 여카잉족	52	54	90
계	14개주	168	330	29			636	665	1,163
군부할당석		56	110				224	390
합계		224	440				889	1,553

※ 자료: *Kyemon*(2010.8.12-14)에서 재배치 및 통계로 작성.

선거제도는 1990년 총선에 이어 다수제 제도 중의 하나인 단순다수제(FPTP)였다. 일반적으로 FPTP방식은 투표방법이나 투표개산이 가장 명료한 선거제로 규모가 큰 정당이 군소정당보다 유리한 고지를 선점하는 특징이 있는데, 유권자는 자신의 표가 사표(死票)되지 않기 위해 군소정당 후보에게 투표를 기피하는 전략적 투표(strategic voting)를 한다.

1990년 총선당시 친군부 정당인 국민통합당(National Unity Party)은 21.2%의 득표율을 차지하고도 의석수는 10석을 획득하는데 그쳤다. 이러한 교훈이 있음에도 불구하고 선거위원회는 복잡한 선거제도보다 가장 단순하고 명료한 단순다수제를 채택했다.

의회는 양원제로 구성되는데 상원에 해당되는 민족의회는 14개주 주별로 12명의 대표자(특별자치지역 6명 포함), 즉 168명을 선출한다. 하위에 해당하는 국민의회는 전국을 330개의 소선거구로 나누어 각 선거구별로 최다득표자 1명을 선출한다. 민족의회와 국민의회를 합친 의회는 연방의회로 통칭되며, 네삐도 소재 의회로 소집된다. 즉 상원과 달리 하원의 경우 지리 및 인구규모에 따라 각 주별로 차등 배분된다.[5] 〈표 16〉에서 보는 바와 같이 의석수가 가장 많이 배분된 지역은 샨주-양공주-저가잉주 순이다.

지방의회는 각 구(區, township)별로 2명씩 선출함을 원칙으로 하지만 만달레주와 샨주에서는 하원 선거구보다 그 숫자가 각각 1석, 15석 적게 배정되었다. 또한 특별자치지역(또는 구)은 연방의회와 별도로

---

5 1990년 총선은 중앙선거위원회를 정점으로 5개의 지방선거위원회가 구성되었고, 총 14개 주(state/division)/ 50개 지역(district)/ 317구(township)/ 14,992개 촌락(ward 또는 village)이 편재했다.

전체인구의 0.1% 수준을 넘지 않으면서 자치행정지역(또는 구)로 정해지지 않은 지역 내에서 선출된다. 즉 각 소수종족 대표자로 29명을 선출하고, 정족수 665명의 지방의회로 배속된다. 민족의회, 국민의회, 지방의회에서 선출되는 의원을 제외하고 군부는 현역 장교를 무투표에 의거 별도로 각 의회의 25%에 해당하는 의석을 배정받는다.

선거위원회에 따르면 총 유권자는 2천902만1,608명이며, 무소속 출마자 82명을 포함하여 총 입후보자는 3,071명으로 이 중 여성 입후보자는 114명이었다. 57개 선거구(상원 8석, 하원 12석, 지방 37석)는 단일 출마 지역구로서 자동적으로 총선 실시가 취소되었다. 이에 따라 총선에서 경합 의석수는 1,108석이지만, 선거위원회는 9월과 11월, "자유롭고 공정한 선거가 치러질 수 없다"는 명목으로 까친주 지방선거구 4개구와 꺼야주 6개 지방선거구의 선거 실시계획을 철회했다(AFP 2010.11.2; Htet Aung 2010.11.1). 잠정적으로 하원의 경우 샨주 5개 지역, 지방의회의 경우 까친주와 샨주 각각 2곳 등 총 9개 선거구에서 총선을 치르지 못했다.

정당6은 기본적으로 전국정당과 지역에 기반을 둔 소수종족정당으

---

6 정당은 최소한 15인 이상의 당원으로 구성되어야 하며, 25세 이상의 미얀마 시민이면서 현행법에 저촉되지 않는 자, 복역 중이지 아니한 자, 공무원이 아닌 자, 종교인이 아닌 자이어야 한다. 총선 참여를 희망하는 정당(전국정당)은 최소한 1천명 당원(지역 기반 정당은 500명)의 명부와 함께 90일(5.7)전까지 선거위원회에 등록해야 한다. 또한 입후보자는 개인당 50만 쨧(약 500 달러)의 비환급 기탁금을 선거위원회에 납부해야 한다. 총선 실시가 예고된 이후 최초로 참가 의사를 밝힌 정당은 민주당(Democracy Party Myanmar)이다. 2009년 9월 창당한 민주당은 의회민주주의시기 총리였던 우 누와 부총리 바쉐, 쪼네잉(Kyaw Nyein)의 여식인 딴딴누(Than Than Nu), 네바쉐(Nay Yee Ba Swe), 초초쪼네잉(Cho Cho Kyaw Nyein)이 주축을 이루고, 1990년 총선에서 동명당인 민주당(Democracy Party) 당수로 출마했던 뚜웨(Thu Wai)를 대표로 구성된다. 민주당은 48명의 입후보자를 냈다.

로 이원화된다. 공식적으로 135개의 종족으로 구성된 미얀마는 소수 종족 지역사회의 이권을 대변하는 지역정당이 전국적인 여론몰이를 할 가능성이 적다.

반면 전국정당은 지역정당보다 버마족과 7개의 자치주를 구성하고 있는 소수종족 등 연방구성원 전체를 겨냥한다. 이론적으로 지역에 기반을 둔 소수종족 정당일지라도 상원과 하원에서 당선자를 낼 가능성은 없지 않지만 해당 지역이나 주를 벗어나면 지명도가 낮아진다.

2010년 8월 14일 현재 선거위원회 공식 집계 결과 등록정당은 40개 (등록 신청 정당은 42개)이며 이 중 당원 신고까지 마친 정당은 15개였다. 2010년 9월 15일 선거위원회의 발표결과 총 37개 정당(전국정당 15개, 소수종족정당 22개)이 총선에 참가 허가를 받았다.[7]

군부 후원의 USDP와 1990년 총선에 참가했던 국민통합당(NUP)은 각각 1,158명과 999명의 입후보자를 등록했고, 이들을 견제할 정당으로 유력한 국민민주주의의 힘(National Democratic Force: NDF, 또는 민주주의연합전선 United Democracy Front)은 전체 선거구의 14%에 해당되는 164명, 샨족발전당(Shan Nationals Development Party: SNDP)은 156명의 입후보자를 냈다(Sai Wansai 2010.10.27). 후자는 샨주에 기반을 두는 지역정당으로 샨주 선거구가 다수이므로 원내 3-4당의 역할을 할 것으로 기대되었다. 한편, NDF는 국내 한 주간지와의 인터뷰에서 양공과 같은 대도시에서는 USDP의 공격적인 선거유세와 각종 통제의 강화로 인해 입후보자를 낼 수 없었다고 전했다.

10월 초 NDF, SNDP, DPM, 여카잉민족발전당(Rakhine Nationals

---

7 총선 참가정당은 부록 6을 참조하라.

Development Party), 친민족당(Chin National Party), 민주주의와 평화연합(League for Democracy and Peace) 등 6개 정당이 연정을 구성하고, 상원 68명, 하원 176명, 지역의회 152명의 단일 후보를 확정했다(Lawi Weng 2010.10.5). 연정을 택했지만 연방의회 입후보자가 244명에 불과하며, 또한 이들이 모두 당선된다는 보장도 없다. SNDP의 경우 산주에 배당된 74석의 의석 가운데 약 40석 획득을 목표로 했다.

한편, 1990년 총선에서 1당과 2당을 차지한 NLD와 산족민주주의연합(Shan National League for Democracy: SNLD)은 선거의 비민주성과 비정통성을 주장하며 정당등록을 하지 않았기 때문에 참가 자격이 자동으로 박탈되었다.

군부의 선거 참여

헌법 작성과정과 국민투표를 앞두고 군부는 그들이 장래 정치질서에서 주역이 되어야 한다는 당위성을 줄기차게 시사해 왔다. 쟁점은 그들의 정치참여 형태인데, 1993년 군부가 조직한 사회복지기구인 연방단결발전연합의 발전적인 해체를 통한 정당으로 변신이 가장 유력해 보였다.

2005년 12월 테우(Htay Oo) 당시 USDA 사무총장은 USDA가 향후 정당으로 등록될 가능성을 시사함으로써 신정부에서 군부의 정치참여는 사실로 받아들여졌다. 2008년 초부터 USDA는 부유하고, 고학력자이며 각 지역공동체로부터 존경을 받는 자들을 영입하여 총선 입후보자로 공천을 확정했고, 2010년 3월에는 USDA가 총선에 참가할

것이라는 기사가 국영신문에 보도되었다. 곧 이어 정부관료, 학생, 25
세 이하 회원은 총선 준비를 위해 기구에서 탈퇴했다.

이제 USDA가 단일체로 조직될 것인지 아니면 여러 기구로 분할될
것인지에 관심이 모아졌다. 전자의 경우 국민의 지지를 얻지 못할 경
우 총선 패배로 이어질 수 있고, 후자의 경우 총선 이후 다시 합당(合
黨)할 여지는 있지만 총선 준비를 위한 추가의 비용을 부담해야 한다.
총선 일정이 발표되지 않은 시점에서 정당은 군 소장파 장교 파벌, 현
직 중앙 공무원 파벌, 사업가 및 변호사 등 신흥엘리트계층 파벌 등 세
개의 파벌로 분파될 가능성이 제기되었다. 당명은 국민번영당(National
Prosperity Party), 국민안정발전당(National Security and Development
Party) 등 다양하게 거론되었다.

그러나 이러한 전망을 뒤엎고 USDA는 2010년 4월 30일 연방단결
발전당(USDP)으로 선거위원회에 정당등록을 신청했다. 대표는 떼잉
쎄인 총리가 맡았고, 실질적인 업무는 테우 농업관개부장관이 담당하
게 되었다. 이어서 뮌우(Myint Oo) USDA 대변인은 7월 15일, 라디오
방송에 출연하여 USDA가 USDP로 조직될 것이라고 발표했다.

2010년 4월 30일, 떼잉쎄인 총리를 비롯하여 26명의 장차관급 관료
들이 1차로 퇴역하여 총선 입후보자로 지명되었다.[8] 정당등록 만료일
인 5월 6일, 국방부는 현 정권을 "땃마도(군부) 정권"이라는 호칭 대신
"미얀마연방정부"로 칭해 줄 것을 언론에 요청하고, 총선에 출마할 장
관급 27명, 차관급 19명의 퇴역 명단을 발표했다.

8월 30일 군부의 2차 퇴역이 단행되었다. 금번에는 군 서열 1, 2, 3

---

8 총선 참가를 위해 퇴역한 군부 명단은 부록 8을 참조하라.

위에 해당하는 인물이 모두 군 현역에서 퇴역하고, 60대 미만의 상대적으로 젊은 층의 장교들이 대거 승진 발탁되었다. 먼저 군 총사령관 직에는 전 육군 부관참모인 뮌아웅(Myint Aung) 중장이 임명되었고, 부총사령관에는 딴쉐의 처조카로 알려진 제 3특별 작전국장을 역임한 꼬꼬(Ko Ko) 중장이 내정되었다. 서열 3위에 해당되는 합동참모장에는 쉐망 대장을 대신하여 민아웅흘라잉(Min Aung Hlaing) 전 제 2특별 작전국장이 승진 임명되었다. 그 외 국방부 내 주요 요직, 지역 사령부를 총괄하는 특별 작전국, 지역사령관, 사단장급 인사 등 51명이 보직을 변경했다.

NLD의 선택과 파장

신헌법 완성과 국민투표 준비 당시부터 NLD는 신헌법은 비민주적이고, 국민화해와 통합에 방해가 된다는 명분으로 군부의 정치개혁에 대해 강력한 반대 입장을 표명했다. NLD의 입장은 정치범의 조건 없는 석방, 신헌법안의 재고(또는 개정), 1990년 총선결과 인정, 군부-NLD-소수종족 대표간의 삼자회담을 골자로 하는 쉐공다잉선언(Shwegongdaing Declaration, 2009.4.29)으로 구체화되었다. 신헌법 승인 후 NLD는 정치범의 조건 없는 석방, 민주적 원칙에 위배되는 신헌법의 개정, 국제사회의 감독 하 모든 구성원이 참여하는 자유롭고 공정한 선거의 실시로 요구사항을 변경했다.

총선 관련법이 공포된 직후 아웅산수찌와 청년당원을 중심으로 총선참가 반대의사가 확산되었다.[9] 그들은 6대 원칙에 의거 정당등록

마감일인 5월 6일까지 정당등록을 하지 않았다. NLD는 4월 6일, 미
얀마어로 "국민에게 드리는 호소"라는 성명서에서 지난 22년간 7대
정치적 개혁과 민주화를 위해 노력했으나 소기의 성과를 거두지 못했
고, 금년 총선에 참가하지 않을 것이지만 국민과 함께 하는 정당이 될
것이라고 선언했다.

외형적으로 볼 때 NLD는 매우 결속력이 강한 정당으로 보일 수 있
다. 그도 그럴 것이 지난 22년 간 해체를 목적으로 하는 군부의 갖은
압력에도 불복해 왔고, 비공개적으로나마 NLD를 지지하는 국민들이
큰 버팀목이 되었기 때문이다. 그러나 NLD는 창당당시부터 반군부
세력의 집결체로서 심지어 공산주의자들까지 당원으로 입당했을 정
도로 당내 구성원의 이념과 성향이 달라 내홍(內訌)의 가능성은 상존
했다.[10]

당내 파벌은 아웅산수찌를 중심으로 한 청년당원과 띤우(Tin Oo, 85
세, 1927년 생), 킨마웅쉐(Khin Maung Swe, 67세 1945년 생) 등 퇴역 군
인사들로 양분된다. 2011년까지 의장은 아웅쉐(Aung Shwe, 94세,
1918년 생) 퇴역 준장으로 성향상 퇴역군부와 가깝지만 아웅산수찌가
1990년 총선 참가를 결정할 정도로 당내 지도력은 강력하지 않은 것

---

9 신헌법안 수용 불가 및 쉐공다잉선언 존중, 군부가 일방적이고 불공정하며 비민
   주적인 정당등록법을 공포, NLD는 아웅산수찌나 누구의 자산도 아니라는 사실을
   확인시킴, 당내 파벌 갈등을 대내외로 일축함, 민주주의를 위해 아웅산수찌가 지
   속적으로 투쟁하고 있다는 사실을 국민에게 고함, 군부가 NLD를 강제해산하더라
   도 NLD는 명맥을 유지하기 원함이다.
10 1990년 총선 당시 아웅지(Aung Gyi)는 공산주의자들의 당내 축출을 주장하였
   으나 요구가 수용되지 않자 탈당하여 연방국민민주주의당(Union National
   Democracy Party)을 창당하기도 했다. 1997년 아웅산수찌와 군부의 비밀회담
   에 전적으로 동의한 집단도 퇴역군인들이었다.

으로 관측된다(Kyaw Yin Hlaing 2007).

〈표 17〉 총선 참가를 둔 NLD의 내부 입장

참가 찬성 의견	참가 반대 의견
• 아웅산수찌의 가택연금해제 (2010. 11. 14) 이후 그녀의 정치활동을 위한 환경 마련. • 헌법 개정, 국민화해, 민주주의를 위한 투쟁을 제도권 내에서 할 수 있다는 신념. • 통합된 정당의 이미지와 모순되고 파벌투쟁적인 측면을 보이지 않기를 희망함.	• 정당등록법 제2장 4조(e)에 따르면 복역 중인 자는 정당에서 출당조치를 취해야 함. → 아웅산수찌를 포함한 복역 중인 당원을 모두 출당 조치해야 함. • 아웅산수찌의 가택연금 해제이후에도 그녀의 정치생명은 여전히 불투명. • 총선에 참가할 경우 쉐공다잉선언 자체가 무효화 됨. → 총선과 관련한 군부의 모든 조건과 조치를 수용해야 함. • 외국에 망명 중인 당원과 1990년 총선에서 당선된 당원들의 의견이 취합되지 않음.

※ 필자 작성.

2010년 총선을 두고도 초기부터 당내 갈등이 확대되었다. 당론은 아웅산수찌 단독 결정에 따라 총선 불참으로 가닥을 잡았으나 이에 동조하지 않는 세력들이 등장했다. 땅녜잉(Than Nyein) 박사를 중심으로 NLD 중앙위원회(Central Executive Committee: CEC)의 결정에 반대한 인사들은 탈당하여 국민민주주의의 힘(NDF)을 창당했다. NLD의 총선 참가를 적극 권유한 킨마웅스웨 NLD 대변인이 NDF의 고문을 맡고, NLD CEC 출신 23명의 당원이 NDF에 입당하였다. 이들은 지속적으로 NLD와 연계하겠다는 의지를 확인했으나 아웅산수찌는 신당창당을 두고 "민주주의 과정에서 공존할 수 없는 행위"라고 비난했다.

NLD는 총선에 참가하지 않았으나 지식인을 대상으로 신헌법의 비민주성, 본 총선의 부정성에 대한 캠페인을 벌였다. 파급효과가 어땠

는지 알 수 없으나 학생과 승려를 중심으로 선거 보이콧운동이 전개되었던 사실을 미루어 짐작하건데, 본 총선에 대한 국민들의 비난 여론도 만만치 않았을 것이다.

이어 2010년 8월 19일 NLD는 중앙위원회를 개최하고 2008년 신헌법과 선거위원회 법령이 민주주의와 인권을 보장할 수 없다고 결정하고, "No Vote"운동과 함께 총선참가를 공식적으로 거부한다고 발표했다. 더불어 금번 선거가 헌법에 따라 적법한지는 국민이 판단할 것이며 그들의 결정을 존중한다고 덧붙였다(*The Irrawaddy* 2010.8.20).

즉 NLD는 헌법과 총선 법령에 관한 해석은 전적으로 개인의 자유에 위임하며, 소수종족의 총선 참여에 대해서도 직접적인 개입을 하지 않았다. 총선과 관련되는 유언비어를 퍼트리거나, 선거유세를 방해하는 행위나 이에 준하는 행동을 할 경우 내란음모죄로 기소될 수 있다. 이 경우 20년간의 형 집행을 받을 수 있기 때문에 NLD는 공개적으로 선거보이콧을 실시하지 않은 것으로 해석된다.

NLD는 2012년 4월 보궐선거에 참가하여 압도적으로 승리했다. 진정성에 기반을 둔 신정부의 개혁, 아웅산수찌를 비롯한 NLD 당원들의 상대적인 활동 보장 등 2010년 총선 환경과 비교하여 상대적으로 자유로운 정치환경에서 NLD의 승리는 정치적 자유화를 진전시킬 수 있는 시금석이 되었다. 그러나 그들이 20년 이상 동일한 명분으로 현실정치에 참여하지 않다가 신정부 출범 후 1년 만에 그들이 인정하지 않았던 정치체계에 몸을 담근 것은 쉽게 납득되지 않는다.

2010년 4월 NLD의 발표대로 그들이 미얀마의 민주화를 위해 노력해 왔고, 앞으로도 헌신할 것이라면 제한적이지만 부여된 시민의 선택권을 수용할 필요가 있었다고 판단된다. 지난 20년간 NLD는 낭만적 현실주의에 근거하여 항상 현실을 초월했다(정문태 2010, 170-171).

만약 NLD가 2010년 총선에 참가했다면 정치적 학습의 기회 보장, 현실정치의 높은 장벽 실감, 서서히 권위주의정권을 무너뜨리는 방법 등을 터득할 수 있었을 것이다. 물론 그들의 의지대로 미래는 진행되지 않았을 것이다. 그러나 그들의 20년 투쟁사는 관권과 금권선거보다 더 혹독했으며, 2010년 총선에서 그들의 존재적 가치를 스스로 평가하고, 국민들로부터 인정받아야만 했다. 2010년 총선에 참가했더라면 2012년 보궐선거를 위한 고난의 긴 시간은 좀 더 단축될 수 있었을 것이다.

총선결과 분석

2010년 9월 24일(금) 저녁 텔레비전을 통해 국민통합당(NUP) 킨마웅지(Khin Maung Gyi) 대변인의 연설이 전파를 탐으로써 각 정당들은 본격적인 선거일정에 돌입했다. 총선 전 국내 한 주간지는 당 재정, 출마 입후보자, 전국적 인지도 및 지지도 등을 감안할 때 금번 총선은 NUP, USDP, NDF 등 삼파전으로 전개될 가능성이 크다고 예측되었다.

이라와디와 미지마 뉴스가 제공한 선거 당일 기표자 인터뷰에서 투표장은 특별한 물리적 전시가 없는 평화롭고 자유로운 선거 분위기가 조성되었다. 그러나 선거부정 의혹은 선거 이전부터 목격되었는데, 바로 부재자투표를 악용한 USDP의 선거행태였다. 민족의회, 국민의회, 지방의회 선거법 각 45조에 따르면, 부재자투표는 선거당일 기표소에 갈 수 없는 자들에 한해 실시한다고 명기되어 있다.[11]

그렇지만 지방 선거위원회와 USDP 선거운동원들은 남부 해안지역의 어부, 플랜테이션 종사 농부 등 장기적으로 자가를 비우는 유권자를 비롯해 경찰, 군인, 공무원에 대한 부재자투표를 광범위하게 실시했다. 부재자투표를 행한 유권자들 중 대부분은 USDP에게 표를 행사하도록 강요받았고, 특히 공무원, 군인, 경찰 등에 대해서는 맹목적인 지지를 당연시 여겼다. 예를 들어 부재자표 집계 의무 공무원은 한 사람당 200표를 할당받았는데, 그 수를 채우지 못할 경우 해당 직위에서 해고된다는 압력을 받았다(Wai Moe 2010.11.6).

연방선거위원회는 총선 결과 발표일자를 공식적으로 밝히지 않았는데, 이는 선거 집계에 있어서 공정성이 결여될 수 있음을 의미한다. 기표용지를 정확히 얼마나 인쇄했는지, 집표된 기표함의 특정 정당을 기표한 불법 표가 섞이지 않았는지 등 여러 가지 부정이 저질러질 수 있다. 실제로 개표가 진행된 후 당락이 뒤바뀌는 사건이 발생했는데, 재검표에 의한 것이라고 하지만 낙선에서 당선으로 결과가 뒤바뀌는 사례는 유독 USDP 소속 출마자에만 국한되었다.

도시에서는 USDP가 도로 건설, 우물 파기, 무료 의료 서비스, 학교 보수, 시 행정위 주관으로 저금리의 대출 실시 등 각종 복지사업을 실시하며 표심잡기에 주력했다. 아웅떼잉린(Aung Thein Linn) 양공시장에 따르면 양공에만 250개의 도로가 완공되었고 1,050개는 공사 중이며, 향후 4,000개 이상이 건설될 예정이다(Thar Gyi 2010.10.8). 군사정부는 각 지역 말단까지 지역평화발전평의회를 조직해두었고, 이 기구가 사

---

11 한센병 환자, 심각한 질병, 노인, 출산자, 경찰 구류 또는 감옥에 감금 중인 자, 유권자 명부가 발행된 곳에서 떨어져 임무 수행중인 공무원, 군인, 경찰 등 일곱 가지 조건 중 하나를 만족하는 유권자에게 해당된다(SPDC 2010a; 2010b; 2010c).

실상 행정적인 역할을 담당하기 때문에 USDP의 활동을 적극적으로 지지해주었다.

　연방선거위원회는 총선 다음 날인 11월 8일, 단독출마한 선거구 당선자 57명을 발표한데 이어, 11일부터 국영신문을 통해 당선자를 선거위원회 명의 고시로 발표했다. 또한, 중앙선거위원회는 약 70%의 개표가 진행된 상황에서 USDP가 의석수의 80%이상을 획득했다고 선언하여 USDP의 총선 승리는 기정사실화되었다. 군부는 이미 무투표 의석으로 25%를 할당받고 있으므로 최소한 26%만을 획득하더라도 의회 내 과반수를 차지할 수 있는 유리한 고지를 선점하고 있었다.

〈표 18〉 각 의회별 정당 의석 획득수

정당		연방의회		지방의회	합계
		민족의회(상)	국민의회(하)		
전국	USDP	129	259	495	883
	NUP	5	12	46	63
	NDF	4	8	4	16
	DPM			3	3
	88GSY			1	1
	NDPD			2	2
샨주	SNDP	3	18	36	57
	PNP	1	1	4	6
	PNO	1	3	6	10
	WDP	1	2	3	6
	INDP		1	3	4
	LNPP			1	1
까렌주	KSDDP	1		1	1
	KPP	1	1	4	6
	PSPD	3	2	4	9
	KNP			2	2

여카잉주	RNDP	7	9	19	35
몽주	AMRDP	4	3	9	16
까친주	UDPSK	1	1	2	4
친주	CNP	2	2	5	9
	CPP	4	2	6	12
	ENDP			1	1
무소속		1	1	4	6
합계		168	325	661	1,154

※ 자료: *New Light of Myanmar*(2010.11.8; 2010.11.11-19)를 근거로 통계로 작성.
※ 주의: 정당별 의석 획득수는 각 지역이 아니라 주요 거점 지역을 지칭함.

〈표 18〉에서 보는 바와 같이 금번 총선은 군부가 조직한 USDP가 연방의회와 각 지방의회에서 883석(76.5%)을 획득하며 압승했다. USDP는 각 의회별로 민족의회 129석(76.7%), 국민의회 259석(79.7%), 지방의회 495석(74.9%)을 획득하면서 중앙과 지방에서 대승했다. 네윈 정권의 유산인 NUP는 총 63석(5.4%)을 차지하여 원내 2당이 되었지만 입후보자 수에 비해 당선자 수는 상대적으로 적었다. 특히 연방의회 당선자가 지역에 기반을 둔 SNDP와 RNDP보다 적은 17명에 그쳐 향후 중앙에서 고전이 예상된다.

제 3당은 샨주에 기반을 둔 SNDP가 57석(4.9%)을 차지하여 당초 목표 의석수였던 40석을 초과했고, 여카잉주에 기반을 둔 RNDP도 35석(3.0%)을 차지하여 선전했다. 그러나 NLD에서 분당한 NDF는 연방의회에서 12석, 지방의회에서 4석을 획득하는데 그쳐 참패를 면치 못했고, NDF와 연정한 DPM도 지방의회에서만 3석을 차지하여 민주세력의 원내 진입은 사실상 실패했다.

지역에 기반을 둔 소수종족 정당 가운데 SNDP는 USDP에 이어 원내 2당이 되었고, 예상과 달리 RNDP가 선전하며 여카잉주에서 USDP 정부를 견제할 수 있는 유일한 세력으로 부상했다. 몽주를 대표하는 전몽주발전당(All Mon Region Development Party: AMRDP)도 의미 있는 선전을 했다고 평가된다. 그 외 군소정당들이 소수의 당선자를 내면서 연방의회는 USDP 단독 거대여당과 군소정당이 난립하는 절대적인 여대야소의 형국이 완성되었다.

〈표 19〉는 7개의 자치주별 정당 의석수를 나타낸 것이다. 상원, 하원, 지방의회는 여카잉주를 제외하고 모든 지역에서 USDP가 과반수 의석을 확보했으며, 특히 꺼야주에서는 모든 의석수를 USDP가 석권했다. 여카잉주에서만 이 지역에 기반을 둔 RNDP가 모든 의석수에서 USDP를 누르고 승리하여 지역색을 강하게 드러냈다.

가장 많은 의석이 할당된 샨주에서는 SNDP가 USDP와 비슷한 의석수를 확보했고, 몽주에서는 AMRDP가 USDP를 견제할 대안세력이 되었다. 자치주 전체적으로 USDP는 상원 50석(59.5%), 하원 67석(56.8%), 지방의회 131석(51.8%)을 차지하여 의석 과반수 확보에 성공했다. 기타 전국정당을 표방한 NDF와 DPM 등은 단 한 석도 차지하지 못했다.

〈표 19〉 각 자치주별 정당 의석 획득수

		까친	꺼야	까렌	친	몽	여카잉	샨	합계
USDP	상원	6	12	6	6	8	5	7	50
	하원	14	7	3(+1)	5	6	8	20(+3)	67
	지방	20	13(+2)	5(+2)	7	14	13(+1)	50(+4)	131
NUP	상원	3				1			4
	하원	2				1		2	5
	지방	11				2	1	1	15
SNDP	상원	1						2	3
	하원	1						17	18
	지방	4						31	35

AMRDP	상원			1	3				4
	하원				3				3
	지방			2	7				9
RNDP	상원						7		7
	하원						9		9
	지방						18		18
기타	상원	2		5	6			3	16
	하원	1		3	4			4(+4)	16
	지방	3		8	11		2	9(+12)	45
합계	상원	12	12	12	12	12	12	12	84
	하원	18	7	7	9	10	17	50	118
	지방	38	15	17	18	23	35	107	253

※ 자료: *New Light of Myanmar*(2010.11.8-17)에서 통계로 작성.
※ 주의: 1. 괄호 속 숫자는 단독출마로 무투표로 당선된 의석수 의미.
　　　　 2. 하원 의석수 중 산주 5개 선거구에서 투표 미실시.
　　　　 3. 지방의회 의석수 중 까친주와 산주 각각 2개 선거구에서 투표 미실시.
　　　　 4. 군부에게 할당된 무투표 의석(상 56, 하 110, 지방 224)은 제외.

〈표 20〉과 같이 USDP는 버마족이 주요 구성원인 7개의 행정주에서 압승했다. 특히 상원의 경우 저가잉과 양공을 제외하고 USDP는 5개 모든 지역 의석을 석권했고, 하원도 만달레에서 36석 전 의석을 장악했으며 지방의회는 단 두 석만을 다른 당에게 내주었다.

NUP는 저가잉주에서 상원 1석을 획득하는데 그쳤으나 만달레를 제외하고 각 행정주별로 의석수는 적지만 고른 당선자를 배출했다는 데 의미를 부여할 수 있다. NDF는 양공에서만 16석을 획득하는데 그쳐 향후 영향력은 미미할 것이다. 자치주와 달리 행정주에서는 거대 정당을 제외한 소수종족 정당이나 야당들이 지방의회에서 6석을 획득하는데 그쳤다.

〈표 20〉 각 행정주별 정당 의석 획득수

		저가잉	떠닝다이	버고	머끄웨	만달레	양공	에야워디	합계
USDP	상원	11	12	12	12	12(네2)	8	12	79
	하원	33(+1)	9(+1)	26	24	36(네8)	35(+2)	25	192
	지방	62(+5)	16(+4)	51(+1)	46(+1)	53(+2)	74(+1)	44(+4)	364
NUP	상원	1							1
	하원	3		2	1			1	7
	지방	7(+1)	1	4	4		8	6	31
NDF	상원						4		4
	하원						8		8
	지방						4		4
DPM	상원								
	하원								
	지방						1	2	3
기타	상원								
	하원								
	지방	1		1		1	3		6
합계	상원	12	12	12	12	12	12	12	84
	하원	37	10	28	25	36	45	26	207
	지방	76	21	57	51	57	92	54	408

※ 자료: *New Light of Myanmar*(2010.11.8-17)에서 통계로 작성.
※ 주의: 1. 괄호 속 숫자는 단독출마로 무투표로 당선된 의석수 의미.
    2. 만달레의 (네)는 네삐도 의석수를 의미.
    3. 군부에게 할당된 무투표 의석(상 56, 하 110, 지방 224)은 제외.

테우 USDP 사무총장은 2009년 말 각료회의 당시 야당에게 의석의 30-40% 할당을 주장했는데, 총선 결과 야당 의석은 20% 이하에 그쳤다. 총선에서 USDP의 지지율이 상승한 것인지, 아니면 중앙 및 각 지방 선거위원회에 의한 선거부정이 추정예상치보다 더욱 심각했는지 정확한 근거가 없어 단언하기 힘들지만 선거정국을 상식적 수준에서 관망한다면 결과에 대한 이해는 독자의 몫일 것이다.

USDP와 입후보자 수에서 경합했던 NUP 킨마웅지 대변인은 국내

한 주간지와의 인터뷰에서 USDP와 "매우 치열한(tight) 경쟁을 벌였다"고 평가하고 "불법적인 방법에 의해 공정하게 경쟁한 우리를 꺾었다"며 선거 패배를 인정했다(*The Irrawaddy* 2010.11.11). 그러나 NDF, DPM, AMRDP 등 USDP에 도전한 군소정당들은 선거부정이 매우 심각했다고 평가하고, 일부 지역에서는 재검표나 재투표를 요구하기도 했다.

총선결과에 대한 국제사회의 반응

총선 결과에 대한 국제사회의 반응은 비난과 지지로 양분되었다. 총선 무용론을 주장한 미국은 총선이 실시되던 7일 오후 늦게 성명을 통해 미얀마 군부가 아웅산수찌와 정치범들을 조건없이 즉각 석방해야한다고 촉구했다. 오바마 대통령은 인도 순방 이틀째인 이날 대학생들과 가진 간담회에서 "지금 버마에서 선거가 열리고 있지만 전혀 자유롭고 공정하지 않을 것"이라고 비판했다(『연합뉴스』 2010.11.8).

호주를 방문 중이던 힐러리 클린턴 국무장관도 성명서를 통해 "이번 총선 과정에 심각한 결함이 있으며, 폭넓고 공정한 장을 만들지도 못했다. 미국은 오늘 버마 총선에 깊이 실망하고 있다"고 평가했으며, 미치 맥코넬(Mitch McConnell) 공화당 상원 원내대표도 오바마 대통령이 버마 총선을 인정하지 않고 아웅산수찌에 대한 지지를 재확인해야한다고 촉구했다.

유럽연합, 영국, 프랑스, 호주 등 주요 서방국가들도 금번 총선이 자유롭고 공정하지 못했으며 포괄성이 매우 적었다고 총선을 평가절하했다(『연합뉴스』 2010.11.8). 캐나다도 금번 총선에 관해 실망감을 표출하면서도 민주진영이나 무소속으로 입후보하여 승리한 출마자들을 격려했고, 미얀마의 진정한 민주화를 위해 국민들을 지원할 것이라고 성명서를 냈다(Lalit K Jha 2010.11.9). 반기문 유엔 사무총장은 "미얀마 총선이 포괄적이지도 투명하지도 않았다"고 지적했으나 유엔 차원의 공식입장은 발표되지 않았다.

한편, 미얀마와 직접적인 이해관계에 있는 주변 국가들은 총선에 대한 낙관적인 입장을 표명했다. 8일 중국 환구시보(環球時報)는 "미얀마가 정치체제를 전환하려 하고 있으며 하루아침에 이뤄지지는 않을 것"이라며 총선 지지 견해를 밝혔다(『연합뉴스』 2010.11.9). 다음 날 중국 외교부 홍레이(洪磊) 대변인은 "(이번 선거가) 미얀마의 정치로드맵 실행에서 중요한 단계"라며 "선거가 평화적이고 순조롭게 진행됐다"고 환영했다(『문화일보』 2010.11.10). 미얀마 국영 일간지도 총선에 관한 중국의 환영 의견을 게재했다(*New Light of Myanmar* 2010. 11.10). 러시아 외무부도 9일 "국가 지도자들에 의해 추진 중인 정치개혁에 따라 금번 총선으로 인해 미얀마가 민주화로 가는 과정에 있다."고 성명서를 채택했다.

아세안 의장국인 베트남은 총선에 관한 아세안의 입장 성명서를 8일 발표했고, 이례적으로 미얀마 국영 일간지는 성명서 일부를 1면에 보도했다.

민주주의를 위한 7단계 로드맵을 이행하는데 있어서 아세안은 2010년 11월 7일 실시된 미얀마 총선을 환영한다. 아세안은 미얀마의 안정과 발전을 위한 국민 화해와 민주화 과정이 더욱 가속화되도록 지속적으로 독려할 것이다. 또한 이 과정에서 아세안은 유엔과 지속적으로 공조하여 미얀마의 필요성을 강조할 것이다. 아세안은 아세안헌장에 따라 그리고 필요하다면 미얀마에 대한 지원을 할 준비가 되어 있다(*New Light of Myanmar* 2010.11.11).

이와 같이 총선 결과에 대한 국제사회의 반응은 기존 미얀마 군부에 대한 시각과 비교하여 달라진 점을 발견할 수 없다. 미국은 우방국인 인도를 직접적으로 비난하면서 미얀마 지지정책을 철회해 줄 것을 우회적으로 압박했다. 아세안의 경우 무결점의 정치이력 대신 미얀마와 같이 군부권위주의에서 점진적인 정치발전을 달성한 회원국이거나 여전히 비민주적 정치체제를 향유하는 회원국이 다수이다. 따라서 미얀마의 총선 실시 자체에 의미를 부여한 것이며, 이는 변화를 예상할 수 없었던 군부체제와 비교할 때 실로 엄청난 변화로 평가된다.

보궐선거와 NLD의 의회 입성[12]

2010년 총선에서 당선된 연방단결발전당(USDP) 소속 의원의 선거구 중 국회의원 입각(45석), 의원직 상실(2석), 사망(1석) 등 공석이 된 총 48석에 대한 보궐선거가 2012년 4월 1일에 치러졌다. 이에 앞서 신정부는 2011년 10월, 정당등록법 제 2장 6조에 명기된 "헌법 보존"은 "헌법 존중"으로, 제 2장 10조 "복역 경험이 있는 자" 조항과 제 3장

---

12 본 내용은 장준영(2012b)을 바탕으로 정리했다.

12조 1항 "최소 3개 지역구 이상 입후보하지 않은 정당은 등록이 취소
된다."는 조항을 각각 삭제하는 등 정당등록법 일부를 개정했다.

 본 정당등록법 개정은 아웅산수찌, 띤우(Tin Oo), 윈띤 등 NLD 수
뇌부와 NLD를 비롯한 샨족민주주의연합(SNLD) 등 장외 야당세력을
의식한 조치이다. 야당 핵심인사들은 1989년 이후 대부분 가택연금,
투옥 등 전과기록을 보유하고 있어 현행 선거법으로 선거에 참여할
수 없다. 또한 군이 본 보궐선거에 참가하지 않더라도 정당만 등록해
두고 장외정치활동을 할 수 있는 환경을 정부가 보장한 것이다.

 각 정당들은 금번 보궐선거에 참가하겠다는 입장을 일찍부터 선언
했다. 여당인 USDP는 모든 선거구에 출마자를 낼 것이고, 원내 2당
인 국민통합당(NUP)과 국민민주주의의 힘(NDF)도 20석 의석 획득을
목표로 설정했다. 당내 기득권을 두고 갈등하던 NDF는 결국 신국민
민주당(New National Democratic Party: NNDP)으로 분당되는 사태를
겪었는데, 후자는 양공지역 3곳에 출마자를 냈다.[13]

 NLD는 11월 18일 중앙집행위원회(CEC)를 소집하여 보궐선거 참가
안에 만장일치로 합의했다.[14] 일주일 뒤인 11월 25일, NLD는 연방선

---

13 본 정당은 금년 7월 4일 NDF의 수뇌부였던 떼잉늉(Thein Nyunt)의원과 킨마웅
스웨 간의 당내 갈등으로 분파된 정당이다. 갈등의 원인은 명확하지 않지만 떼잉
늉 의원이 양공시 하원에(Thingangyun) 출마하여 당선된 후 킨마웅스웨와 당내
리더십을 두고 대립각을 세운 것으로 알려진다. 떼인늉은 찌뮌(Kyi Myint), 퐁뮌
아웅(Phone Myint Aung), 우 쪼(U Kyaw), 산산뮌(San San Myint)과 탈당하여
본 정당을 창당했다.
14 전국 13개 주 당원으로 구성된 당중앙집행위원회 106명이 무기명이면서 구두로
투표를 실시했으며, 그 과정에서 보궐선거 참가 거부 의사가 단 한명도 없었다는
만장일치 결과는 쉽게 납득되지 않는다. 실제 본 필자가 조사한 바에 따르면 작년
11월 아웅산수찌가 가택연금에서 해제된 이후 정부와 적극적으로 협조하겠다는
의사를 피력했을 때 당 내 보수진영인 퇴역군인들은 이를 환영했지만 아웅산수찌

거위원회에 공식적으로 정당등록을 신청했다(*New Light of Myanmar* 2011.11.26).

경합 의석수는 〈표 21〉과 같다. 연방선거위원회(UEC)에 따르면 총 19개 정당(신당 6개 포함)이 보궐선거 참가를 신청했으나 민주연합당(Democratic Alliance Party), 88세대국민당(88 Public Forces of People's Party) 등 2개 정당은 조건을 충족치 못해 등록 철회됐다. 총 157명(상원 22명, 하원 129명, 지방의회 6명)의 출마자가 등록했는데, 여당인 USDP와 최대 야당 NLD가 각각 모든 지역에 입후보자를 신고했다.

〈표 21〉 보궐선거 의회별 의석수

의회	자치주/행정주	선거구
상원 (6석)	샨주(자)-1	제3선거구(La Shoe, Tanyan, Maing Yei, Thein Ni, Kun Lon)
	저가잉주(행)-2	제3선거구(Kan Ba Lu, Kyung Hla, Ye Oo, Tan Shi), 제7선거구(Ban Mauk, Kaw Lin, Wun Tho, Pin Lei Bu)
	머끄웨주(행)-1	제4선거구(Taung Twing Gyi)
	버고주(행)-1	제7선거구(Ouk Twin, Htan Ta Bin)
	에야워디주(행)-1	제10선거구(Hpya Pon, Dei Da Yei)
하원 (40석)	까친주(자)-4	Pha Kant, Moe Gaung, Bahmaw
	샨주(자)-1	Kalaw
	몽주(자)-1	Moulmein
	저가잉주(행)-3	Sagaing, Pu-Le, Min Kin
	떠닝다이주(행)-2	Kyun Su, Long Lon
	버고주(행)-4	Taung Oo, Htan Ta Bin, Tha Nut Pin, Let Pan Tan

를 따르는 청년 당원들은 완강한 반대의사를 보였다. 아웅산수찌는 대통령과의 면담이후 당내 강경파들을 설득하여 향후 표면적으로 당내 갈등 가능성을 잠재웠다. 결국 당론은 아웅산수찌를 중심으로 전개될 전망이다(Khin Maung Nyo 인터뷰 2011.8.25).

	머끄웨주(행)-5	Magwe, Yaw Sa Gyo, Myaing, Pakokku, Pwint Phyu
	만달레주(행)-10 (네삐도 4개구 포함)	Zabu Thiri, Pobba Thiri, Dekkhina Thiri, Ottara Thiri, Kyauk Pan Taung, Nwa Htoo Gyi, Maha Aung Myay, Tadar Oo, Meikhtila, Pyin Oo Lwin
	양공주(행)-7	Kaw Hmu, Thone Kwa, Dagon, Seikkan, Mingla Taung Nyunt, Hle Gu, Mayangone
	에야워디(행)-5	Pathein, Maubin, Myaungmya, Wakhaema, Myanaung
지방 (2석)	버고주(행)-1	Kawa TSP 제 2선거구
	에야워디주(행)-1	Ye Kyi TSP 제 2선거구

※ 자료: *Myanma Alin* (2011.12.31)에서 재배치.

그러나 NLD 상원의원 출마자 1명은 직계가족이 미얀마 시민권자가 아닌 이유로 입후보 부적격 판정을 받았다. 2010년 총선에서 원내 2당이 된 국민통합당(NUP)과 국민민주주의의 힘(NDF)은 각각 21명(1명은 역시 부적격), 11명의 입후보자를 냈다. 기타 전국정당 외 2010년 총선에서 당선자를 배출한 지역기반의 5개 소수종족정당도 7명의 출마자를 냈다. 무소속 출마자는 총 7명으로 모두 하원에 도전했으며, 여성 출마자 26명 중 NLD 당적이 12명으로 가장 많았다.

선거구는 세 지역을 빼고 모두 버마족(Burman)이 거주하는 행정주(region)로서, 수도 네삐도를 포함하는 만달레주가 10개 선거구로 가장 많다. 당초 NLD는 모든 의석을 석권하겠다고 목표했으나 군인, 공무원, 공무원 가족이 거주하는 네삐도 4개 선거구는 주요 격전지로 분류되었다. 양공주의 경우 아웅산수찌가 출마한 꺼흐무(Kawhmu)를 비롯해 7개 모든 지역구의 승리가 낙관되었지만 기타 당 소속 민주인사들의 득표수도 관심 대상이었다. 그 외 2개 의석이 할당된 샨주는 전통적으로 샨족 정당이 강세를 보였고, 하원 1석이 배정된 몽주도 몽족을 중심으로 하는 소수종족 정당이 2010년 총선에서 두각을 나타낸 바 있다.

잠정적 유권자는 종교인과 수감자를 제외한 18세 이상의 해당 선거구 주민 약 600만 명이며, 2010년과 마찬가지로 공무 및 개인적 사정으로 인해 선거구를 지키지 못한 자들을 대상으로 부재자투표도 실시되었다. 한편, 3월 23일 연방선거위원회는 치안문제로 인해 까친주(Kachin State) 파깐(Phakant), 모가웅(Mogaung), 버모(Bhamo) 등 3개 하원선거구의 선거 실시를 무기한 연기했다.[15] 이로써 본 보궐선거는 4월 1일 오전 6시부터 오후 4시에 걸쳐 실시됐고, 연방선거위원회는 일주일 내 선거결과를 발표하겠다고 공지했다.

보궐선거는 예상대로 NLD의 압승으로 끝났다. 4월 2일 저녁 5시(현지시간) 현재, 연방선거위원회의 비공식 발표에 따르면 45개 모든 선거구의 투표 집계가 완료됐다. NLD는 43석, 샨주를 기반으로 하는 샨족 발전당이 샨주 상원 1석에서 각각 승리했으며 집권 여당은 NLD 후보가 출마 부적격으로 처리된 상원에서 1석을 획득하는 초라한 성적표를 받았다.

특히 여당의 텃밭인 네삐도 4개 선거구에서의 패배는 공무원들이 이

---

15 2010년에도 샨주의 치안불안으로 인해 하원과 지방의회 선거구 각각 5곳, 4곳에서 선거가 실시되지 않았는데, 이는 대의민주주의의 원칙과 정부가 공언한 공정한 선거가 보장되지 않음을 의미한다. 금번 보궐선거에서는 하원 모가웅 지역구에 전 까친독립군(KIA) 대표 뚜자(Tu Ja)가 출마했고, 그의 의회 입성이 유력해지자 정부는 까친독립군(KIA)과 정부군의 대치가 심각한 상황이라고 선거 취소 이유를 밝혔다. 그러나 국내에서 자치권이 가장 강력하게 작동하는 까친주에서 까친족의 발언권이 강화될 경우 정부가 편집적으로 집착하는 연방의 분열 방지와 단결은 달성될 수 없다. 결국 정부는 1명의 까친족 출마자로 인해 까친족 세 지역구 선거를 연기하는 비상식적 결단을 내렸지만 해당 지역구 150만 명 주민들의 의사를 대변할 수 있을지는 앞으로도 요연하다.

반하고 있다는 증거이며, 동시에 2015년 총선에서 여당의 고전을 넘어 정당 존립자체가 흔들릴 근거가 될 수 있다. 그 뿐만 아니라 비록 3석 에 불과하지만 소수종족도 NLD를 지지했다는 사실에서 NLD가 전국 정당으로 거듭날 가능성을 확인시켰다.

〈표 22〉 보궐선거 후 각 정당별 의석수(2012)

정당		연방의회		지방의회	합계
		민족의회(상)	국민의회(하)		
여당	USDP	124(129-5)	219(259-40)	493(495-2)	836(883-47)
야당	NUP	5	12	46	63
	NLD	4(+4)	37(+37)	2(+2)	43
	NDF	4	8	4	16
	DPM	-	-	3	3
	88GSY	-	-	1	1
	NDPD	-	-	2	2
	SNDP	4(3+1)	18	36	58(57+1)
	PNP	1	1	4	6
	PNO	1	3	6	10
	WDP	1	2	3	6
	INDP	-	1	3	4
	LNPP	-	-	1	1
	KSDDP	1	-	1	2
	KPP	1	1	4	6
	PSPD	3	2	4	9
	KNP	-	-	2	2
	RNDP	7	9	19	35
	AMRDP	4	3	9	16
	UDPSK	1	1	2	4
	CNP	2	2	5	9
	CPP	4	2	6	12
	ENDP	-	-	1	1
	무소속	1	1	4	6
합계		168	322	661	1,151

※주의: 1. 하원 8석, 지방의회 4석 등 총 12석은 공석임.
　　　 2. 괄호 속 숫자는 2012년 4월 보선 결과 득실의석수임.
※의석 점유율: 여당 72.6%, 야당 27.4%.
※필자 작성.

금번 보궐선거는 국민의 전폭적인 지지를 받는 야당의 제도권 진출이라는 측면에서 민의를 수용할 공간의 확대, 견제와 균형의 원리를 지향하는 정당정치의 서막 등 본격적인 정치개혁의 시금석으로 평가된다. 미국과 유럽연합은 금번 보궐선거가 자유롭고 공정하게 치러진다면 일부 제재를 해제 또는 완화하겠다고 선언했기 때문에 정부와 여당은 이를 적극 고려한 것으로 보인다.

다시 말해 정부 여당 입장에서 45석을 한꺼번에 잃는 결과를 가져왔지만 패배에서 오는 후유증보다 일정 수준 의석수를 야당에게 양보함으로써 국내적으로는 정당정치의 부활과 정부의 정통성 확보를 꾀하고, 국외적으로는 현 수준에서 정부 단독으로는 불가능해 보이는 경제제재 완화를 유도하여 정부가 추진하는 개혁의 가속도를 올리려는 두 가지 목적 달성을 계획한 것이다. 정부 입장에서 아웅산수찌는 정부의 목적을 달성하는 지렛대가 될 수 있고, 동시에 국민적으로 신망을 받는 야당이 의회에 입성할 환경을 보장함으로써 그들이 구축한 민주제도가 원활히 작동되고 있다는 사실을 강조한다.

힐러리 클린턴 장관은 본 총선에 대해 만족감을 표했고, 선거를 참관한 쑤린(Surin Pitsuwan) 아세안 사무총장은 "부정과 협박이 있었지만 선거과정과 결과에 영향을 미치는 사건은 발생하지 않았다."면서 자유롭고 공정하며 투명한 방식에 의해 선거가 치러졌다고 긍정적인 평가를 내렸다. 특히 유럽연합은 선거 결과에 따라 모든 제재를 1년 유예하는 파격적인 조치를 취했다.

3. 정치적 자유화와 국민통합

아웅산수찌의 역할과 평가

아웅산수찌가 미얀마 민주화의 상징이자 화신이라는 사실에 동의하지 않는 자는 없을 것이다. 1988년 위독한 모친의 간호를 위해 입국했다가 22년간 세 차례(1989-1995, 2000-2002, 2003-2011)에 걸쳐 총 15년을 가택연금으로 영어(圄圉) 상태에 있었지만 그녀의 국민적 인기는 쉽사리 사그라지지 않았고, 앞으로도 그럴 것이다.

지난 20년 간 영어상태에 있으면서도 아웅산수찌가 정치인으로 각인될 수 있었던 이유는 장기간 지속된 군부정권에 대한 국민의 식상함을 반감시키는 반사효과, 아웅산장군의 여식이라는 후광효과와 신비감 등으로 요약된다. 즉 미얀마 국민들의 관념을 빌리자면 그녀는 '이미 태어난 왕'인 밍라웅(Minlaung)의 자질을 갖추었으며, 그녀가 행하는 모든 일은 군부보다 정의롭고 국민만을 위한 것이다. 여기에 미국과 유럽연합의 아웅산수찌에 대한 무조건적인 지원과 지지는 그녀가 미얀마를 구원해 줄 유일한 지도자로 자리매김하는데 결정적이었다.

2010년 총선 일주일 후 가택연금 기한 만료로 자유의 몸이 된 아웅산수찌는 공식적인 대외활동을 자제했다. 대신 외신과의 인터뷰에서 국가통합과 정치적 자유화를 위해 자신을 헌신하겠다고 천명한 바 있다. 그녀의 공식적인 활동은 이듬해 순교자의 날인 7월 19일, 당원 및

지지자들과 함께 부친과 1947년 당시 암살된 각료들의 묘지를 참배하는 것으로 시작되었다.[16]

보궐선거에 당선된 뒤 아웅산수찌의 현실정치 참여는 두드러진다. 2012년 5월, 아웅산수찌는 24년 만에 태국에 이어, 두 달 뒤 2주 일정으로 영국, 아일랜드, 스위스, 프랑스, 노르웨이를 방문했다. 그녀의 방문은 방문 그 자체뿐만 아니라 방문국이 가지는 상징적 의미 등 두 차원에서 매우 중요하다.

1999년 남편 마이클 아리스(Michael Aris)가 위독하다는 소식이 전해지자 당국은 그녀의 출국을 허락했지만 그녀는 재입국이 불허될 것이라는 사실을 알고 있었다. 그래서 그녀는 남편의 임종(臨終)을 지켜보지 못했다. 호시탐탐 그녀를 국내에서 추방시키려 했던 정부의 계략이 난무하던 과거와 달리 그녀가 자유롭게 해외여행을 할 수 있다는 사실만 보더라도 그녀에 대한 정부의 입장이 변화했음을 알 수 있다. 설령 그렇지 않다 하더라도 정부는 그녀를 둔 국내외적 여론을 고려해야 되는 입장에 처해 있다.

그녀가 방문한 태국, 영국, 노르웨이, 스위스 등은 그녀와 또는 미얀마의 민주화와 깊은 관계가 있다. 단일 국가로서 가장 많은 약 250만 명의 미얀마 국민이 거주하는 태국은 태국 노동력 대체시장이자 해외 미얀마 민주화의 중심지이다. 아웅산수찌는 그 동안 미얀마정부가 관심을 두지 않았던 이주노동자들의 노동, 복지, 인권문제를 적극 제기

---

16 신군부가 집권한 이후 순교자의 날 기념식은 과거보다 정부는 간략하게 시행되었고, 묘지도 순교자의 날 당일만 공직자들에 한해서만 출입이 허가되기 때문에 금번 아웅산수찌와 당원 및 지지자들의 참배는 상당히 이례적이었다. 이외 아웅산수찌는 8월 13일 양공인근 도시인 버고 방문을 방문했고, 이보다 한 달 앞서 차남인 킴(Kim Aris)과 버강을 방문하기도 했는데, 후자는 지극히 사적 여행이었다.

했고, 민주화운동가들을 격려하며 자신의 영향력 확대를 꾀했다.

15세 때부터 반평생 이상을 거주한 영국은 그녀의 제 2의 고향이고, 모교인 옥스퍼드대학교에서 명예박사를 수여받은 사실도 그녀가 국제적으로 인정받는 민주화 지도자라는 점을 부각시켰다. 미얀마의 노동력 착취 문제를 해결하기 위해 제네바 소재 유엔 국제노동기구(ILO) 방문과 연설도 짚고 넘어가야할 사실이며, 1991년 아들이 대리 수상한 노벨평화상을 21년 만에 직접 수여받은 노르웨이 방문은 그 상의 가치를 배가 시켰다.

분명 그녀는 미얀마정부가 하지 못하는 국제사회의 미얀마 개혁개방 지지와 지원을 유도할 첨병역할을 할 것이며, 그렇게 해야만 한다. 그럼에도 불구하고 그녀는 분명 현 정부와는 경계선을 긋는 야당지도자이다. 그녀와 NLD의 노선은 경제발전만을 지향하는 정부의 정책과 달리 인권 개선, 보편적 자유의 확산에 따른 정치적 자유화와 민주화도 동시에 달성되어야 한다고 믿으며, 이런 측면에서 미국과 유럽연합의 제재를 정치적으로 이용해 왔다.

아웅산수찌는 그녀의 선거구 유세에서 일자리 창출과 같은 민생문제 해결을 첫 번째 과제라고 강조했다. 그러나 네삐도에 출마한 산다밍(Sandar Min) NLD 후보는 완전히 자유롭고 공정한 2015년 총선이 실시되기까지 국제사회의 대 미얀마 제재가 지속되어야 한다고 주장하여 당내 불협화음의 가능성을 제기했다.

경제제재가 실시될 당시만 하더라도 아웅산수찌는 99%의 외자가 군부에게 흘러들어갔다고 주장하면서 찬성 입장을 분명히 했다. 가택연금 해제 당시 경제제재로 인해 국민의 생활고가 가중될 경우 제재 당사국과 협의하여 경제제재 해제방안을 모색할 것이라는 조건을 달았고, 2011년 2월 다보스포럼 당시 화상통화에서 위와 같은 입장을 재확인했다. 그러나 2011년 2월 8일, NLD의 공식입장에 따르면 미얀마는 국민의 63%가 농업에 종사하는 전형적인 농업국가로서 경제제재로 인한 영향력은 없고, 국민들이 고통 받는 이유는 서구의 경제제재가 아니라 군사정부의 정치적 무능과 그들이 행사하는 각종 정치적 탄압 때문이라고 주장했다(NLD 2011.2.8). 따라서 정부의 학정과 잘못된 정책을 바로잡기 위해서라도 경제제재는 지속되어야 한다는 입장을 재확인했다.

보궐선거를 앞두고 NLD는 국민화해와 국가통합, 시민과 언론의 자유를 구속하는 각종 법령 철폐 및 개혁, 군부의 정치참여와 같이 민주주의에 반하는 헌법조항 개정 등 3대 과제의 완수를 선거 공약으로 채택했지만, 실제로 NLD를 지지한 국민들은 여기에 관심을 두지 않았다. NLD를 지지한 유권자들은 NLD의 정강정책보다 군부와 달리 경제발전을 이끌고 민주주의를 성취해 줄 유일한 인물이 아웅산수찌라고 맹신하기 때문이었다. 따라서 국민들은 아웅산수찌와 NLD에게 의회 정족수 75% 이상의 동의를 얻어야 가능한 헌법 개정보다, 현실성이 낮은 국민통합 로드맵보다, 민생문제 해결에 최우선권을 부여한다.

이런 배경에서 NLD가 정치적 수사이자 전략으로 경제제재를 고수할 경우 그들 역시 딜레마에 빠질 가능성이 높아진다. NLD가 경제제재 해제에 동참하는 것은 정부의 전략에 백기 투항하는 결과로 이어지겠지만, 경제제재 고수는 민생고의 가중을 외면하는 여 국민들의 지지 철회가 발생할 수도 있다. 또한 보궐 선거 이후 서방세계의 제재 완화가 가시화되어 NLD가 예상한 압박구도가 와해되기 시작했다.

정부의 장관직 제의는 고사했지만 아웅산수찌는 의회에서 정부의 법치정책을 지원하고 감시하는 법치·평화위원회 위원장을 맡았다. 그동안 그녀가 끊임없이 비판받았던 허약한 현실정치 감각이 본 위원장 소임을 통해 해소될지는 아직까지는 의문이다. 예를 들어 로힝자족 문제에 대해서는 침묵을 지키면서 중국인에 의해 운영되는 몽유아(Mongywa) 광산 노동자 파업에 적극 개입한 사실은 그녀도 소수보다 다수에 정치활동의 우선권을 부여하는 현실정치인뿐이라는 사실을 증명한다.

현실정치의 감각이 떨어진다는 평가와 함께 경제 제재에 관한 독단적 의사결정으로 당내 갈등이 증폭되었다. 앞서 지적했듯이 그녀와 NLD는 정치적 논리로서 제재를 당론으로 채택해 왔다. 미국은 2003년 공포된『버마 자유와 민주화령』에서 실질적인 미얀마정부를 NLD로 규정하고 있듯이 미국의 대 미얀마 정책은 NLD의 견해, 특히 아웅산수찌의 사견이 절대적이었다. 그러한 이유로 미얀마정부도 아웅산수찌가 경제제재 해제에 적극 동참해 줄 것을 요구했고, 미국도 아웅산수찌의 의견대로 제재 해제방안을 고려하지 않았다.

그런데 2012년 7월 16일 저녁, 아웅산수찌는 미치 맥코넬(Mitch McConnell) 공화당 의원에게 전화통화로『버마 자유와 민주화령』의 갱신 포기를 요구했다. 미국의 미얀마산 제품 수입 금지와 각종 신규 투자를 금지하는 본 법령으로 인해 미얀마 국민들은 절대 빈곤에 허덕이고 있고, 일자리 창출과 경제발전이 필요하다는 간단한 논리이다(Poling 2012.7.19). 그녀의 입장은 당론과 정면 충돌할 뿐만 아니라 그녀가 주창한 경제제재 찬성 배경과 대치되면, 신정부 1년동아나 사회·경제적으로 발전 양상은 목격되지 않았다.

1989년 NLD가 창당된 이래 현재까지 행적을 보면 현실과 동떨어지거나 시대적 요구에 즉각 부응하지 못했던 것은 사실이다. 1990년 총선 승리에 도취되어 상황과 조건과 관계없이 정권 이양만을 요구했고, 서방 자유주의권은 모두 맹목적인 아웅산수찌와 NLD의 편이었다.

반면, 주도면밀하게 미래를 구상하고 실행에 옮긴 군부의 예상치 못한 개방에 과거만을 고집하던 NLD는 내부적으로 당황했을 수밖에 없다. 군부와 정부의 변화를 요구하는 외부의 압력은 행사될 수 있지만 실제 정치활동과 정책결정은 국내 행위자들의 몫이다. 늦은 감이 있겠지만 아웅산수찌와 NLD는 현실을 직시하고 있는 것 같아 보인다. 결국 미국과 유럽연합은 아웅산수찌를 지렛대로 활용하려는 외교적 속셈이 있다는 사실도 인지해야 할 것이다.

국민과 꾸었던 달콤하고도 길었던 신혼의 꿈은 이제 현실에 집중되어야 한다. 그녀는 440석이 정족수인 하원의 한 지역구를 대표하는 한 명의 국회의원이 아니라 미얀마의 민주주의를 견인하는 유일한 희망이자 국민의 대표이다.

그녀가 현실적 대안을 마련하고 제시하지 못하면 개혁과 개방은 표류할 가능성이 크고, 제각기 민주투사라고 자부하는 자들의 권력 다툼이 확산될 것이다. 자유화의 불안하고도 불확실한 정국은 민주화는 커녕 군부정권보다 더 강력한 민간권위주의의 탄생을 조장할 수도 있다. 대중적 인기에도 불구하고 우 누 초대총리가 실패한 지도자가 된 역사적 사실은 그녀를 위한 훌륭한 교훈이다.

정치범 석방과 인권의 강화

커트 켐벨(Kurt Campbell) 미 동아시아태평양담당 차관보는 2011년 초 미얀마에서 정치범이 석방되는 순간부터 미국의 대 미얀마정책은 재고될 것이라고 언급했다. 미국 입장에서 양심수는 권위주의체제를 대표하는 정치적 상징이자, 미얀마와 같은 불량국가에서 정치범의 석방은 개인의 자유를 보장하는 가장 기초적이면서도 필수불가결한 조치이며, 서방국가가 미얀마의 개혁을 평가하는 잣대로 인식한다.

2011년 10월 12일, 정부는 6,359명의 투옥자 중 218명의 정치범을 전격 석방했고,[17] 이에 대해 국내 정치세력 및 국제기구들은 상반된 입장을 보였다. NLD 소속의 윈띤(Win Tin)은 총 184명의 숫자를 거론하며 불만족스런 입장을 표명했고, 유엔 미얀마 특사 퀸타나(Tomas Ojea Quintana)는 환영의 입장을, 국제사면위원회(Amnesty International)는 정치개혁을 위한 "최소한의 첫 번째 단계"로 정의했다(Forbes 2011.10.13). 당시 미국 특사 미첼(Derek Mitchell)은 밍꼬나잉(Min Ko Naing), 꼬꼬지(Ko Ko Kyi) 등 소위 '88세대'를 거론하며 모든 정치범의 완전한 석방을 요구하며 금번 조치를 "충분하지 않음"(not enough)으로 규정했다(Rogin 2011.10.17).

같은 해 10월 30일, 아웅산수찌와 아웅지 장관은 포괄적인 경제개혁, 소수종족 문제, 정치범 석방 등을 의제로 회담을 실시했다. 회담 내용에 관한 인터뷰 중 아웅지 장관은 정부의 정치범 석방은 단 번(big

---

[17] 대표적인 인물로는 '국민 코미디언'으로 알려진 자거나(Zaganar)이다. 그는 2008년 나르기스(Nargis) 당시 정부의 무책임한 대처를 서방언론에 폭로함 혐의로 기소되어 35년 형을 구형받았다.

jump)이 아닌 단계적(step-by-step)으로 시행될 것이며, 멈추지 않을 것이라고 응답했다(Myo Thein 2011.10.31). 본 회담 한 달 전 한 언론사와의 인터뷰에서 아웅산수찌도 정치범 석방과 관련하여 정해진 시간은 없지만 빠른 시일 내에 모두 사면되었으면 한다는 의견을 피력했다(Ko Ko 2011, 9-11). 즉 정치범 석방과 관련하여 대통령과 아웅산수찌간의 합의가 있었음이 분명하며 그 절차는 단계적으로 시행된다는 원칙이다.

1차 정치범이 석방된 후 11월 14일 정부는 추가의 정치범 석방을 계획했으나 국방안보평의회(NDSC)의 반대로 유보되었다. 그러나 대통령 정치자문관인 꼬꼬흘라잉(Ko Ko Hlaing)은 미국 및 서방 국가들이 요구하고 있는 모든 정치범의 석방을 겨냥하여 "이미 결정됐다. 떼잉쎄인 대통령의 석방 시기만 남았다."고 밝혀 정치범 석방에 관한 정부의 독자적 계획이 수립되었음을 시사했다(*Kyodo* 2011.11.20).

곧 이어 11월 들어 주요 정치범들이 지방 교도소에서 양공과 양공인근지역으로 이감되었는데, 이 조치는 석방의 전단계로 보였다. 접근성이 떨어지는 지방 교도소에서 출소할 경우 언론과의 접촉이 힘들고, 주요 정치범들을 지리적으로 가까운 지역에서 동시에 출소시킬 경우 그 파급력이 더 클 것으로 예상되었기 때문이다.

2차 정치범 석방(2012. 1. 3)은 독립기념일을 기념하여 단행되었으나 13명에 그쳤다. 302명의 정치범은 열흘 뒤인 2012년 1월 13일 전격 석방되었다. 킨늉 전 총리를 포함하여 핵심 88세대 인물인 밍꼬나잉, 꼬꼬지, 2007년 샤프란혁명 당시 주동자였던 어신 감비라(Ashin Gambira) 승려, 산족 지도자 쿤퉁우(Hkun Htun Oo) 등 거물급 정치인이 대거 포함되었다.

2012년 7월 3일, 추가로 4차 정치범 석방이 단행되었다. 국영신문은 국민화해와 국가통합을 위해 총 46명(남 37명, 여 9명)의 재소자를 석방한 다고 발표했다(*New Light of Myanmar* 2012.7.3). 정치범석방을 위한 지원 연합(Assistance Association for Political Prisoners: AAPP)은 본 석 방에 정치범은 25명만 포함되었다고 집계했다(http://www.aappb.org /released_3_July_2012_PP_list.html).

대통령과 아웅산수찌의 미국 방문 이전 9월 17일, 정부는 514명의 재 소자를 석방했고, AAPP는 석방자 중 정치범은 88명으로 집계했다 (http://www.aappb.org/released_17_Sep_2012_PP_list.html). 오바마 대통 령의 방문을 앞두고 총 452명을 사면했는데, 이중 정치범은 66명이었다.

신정부 출범 이후 여야 지도자가 동시에 미국을 방문하는 자리에서 정치개혁의 진척 정도를 전시하고, 미국이 가장 우선시 여기는 개혁 의 지표로서 정치범을 석방해 왔다. 이를 통해 미얀마의 변화가 진행 중에 있다는 사실을 강조해왔고, 그럼으로써 순차적으로 경제제재의 완화를 유도했다.

휴먼라이트워치(HRW)는 2011년 최소한 659명의 정치범들이 풀려 났다고 집계했으나, NLD는 33명, AAPP는 448명의 정치범이 투옥 중 이라고 주장했다. 2012년 9월 석방으로 인해 약 100명 이상의 정치범 이 있는 것으로 확인되는데, 정부는 재소자의 기준을 따로 두지 않고 있어 정확한 수치를 파악할 수 없다(*Irrawaddy and Associated Press* 2012.9.18). 2011년 11월 20일, 아세안정상회의 참석차 인도네시아 발리를 방문한 자리에서 떼잉쎄인 대통령은 "복역 중인 모든 수감자 는 법을 위반한 사람이며,…정치범은 존재하지 않는다."고 언급한 것 도 이런 맥락의 연장선이다.

앞서 지적했듯이 정치범의 완전한 석방은 서방세계가 미얀마의 정치개혁을 평가하는 가장 기초적인 지표가 되므로 향후 지속적으로 추진될 것이다. 즉 정부는 국내외적으로 정치개혁의 시너지 효과를 낼 수 있는 상황이 발생했을 때, 또는 국제사회의 제재 해제 고려가 신중히 제기될 때마다 대내외 이미지 제고 및 국제 협상력 강화를 위해 추가로 정치범을 석방할 것으로 보인다.

한편, 2011년 9월 5일, 정부 고시 제 2011/34호에 의거 퇴역한 교수, 대사, 관료 등 총 15명으로 구성된 국가인권위원회(National Human Rights Commission)가 설치되었다(*New Light of Myanmar* 2011.9.6). 동 위원회는 정치범의 석방을 위해 대통령에게 공개서한을 보내는 등 (*New Light of Myanmar* 2011.11.13) 2011년 한 해에만 약 1천여 건의 인권관련 문제를 해결했다.

2011년 10월 11일에는 노동자의 단체행동권 보장을 위한 노동법이 제정되었고, 11월 24일에는 평화집회 및 시위법(Peaceful Assembly and Procession Bill)도 도입되었다(*The Asahi Simbun* 2011.11.25). 노동부 차관은 노동법 제정을 통해 투명성을 보장하고 외국인 투자가 기대된다고 언급했다(*BBC* 2011.10.14).

정부의 목적 이외에 1962년 이후 검열과 통제로 소통자체가 불가한 사회에서 개인의 의사표현과 조직적인 단체행동권을 보장했다는 점에 의미를 부여할 수 있다. 노동법은 2012년 3월, 대통령이 인준함으로써 공식 발효되었는데, 외국인 투자를 유인하고자 하는 의도 이외에 외국기업에 고용되는 국내 노동자의 노동 강도 조절, 근무 시간 단축 등 제반 노동환경을 규제함으로써 내국인을 보호하려는 상호 모순적인 측면도 내재한다.

2012년 8월 발표된 언론의 사전 검열제 폐지는 표현의 자유 보장과 인권 강화로 분류된다. 이미 사전 검열 폐지를 비롯한 언론 개혁안은 2012년 5월부터 시작되었는데, 2011년 9월에는 약 3만여 개에 달하는 인터넷 사이트를 전면 개방했다. 2011년 6월에는 200 여 개의 주간지 및 월간지가 창간되었고, 6개월 뒤에는 54개의 경제주간지도 창간되었다. 쪼산(Kyaw Hsan) 전(前) 정보부장관은 국제적 수준의 언론위원회 설립을 약속하며 기존 언론등록위원회를 폐지했다.

2012년 8월 13일부로 1964년 도입 이래 48년 간 유지된 모든 출판물에 대한 사전 검열제도가 완전히 폐지되었다. 그러나 일부는 완전한 출판과 표현의 자유를 보장하기 위해 사전 검열을 관장하는 정보부 산하 언론 검열 및 등록과(Press Scrutiny and Registration Department)를 폐지해야 한다며 완전한 언론의 자유를 요구했다(Phanida 2012.8.20; *Mizzima* 2012.8.21).

이에 앞서 정부는 정부고시 제 2012/61호(2012.8.9)를 통해 20명으로 구성된 중앙언론위원회(Myanmar Core Press Council: MCPC)의 신설을 발표했다(*New Light of Myanmar* 2012.8.10). 본 위원회는 의회에서 언론매체법이 제정될 때까지 기존 법률에 따른 언론자유와 표현의 자유를 보호 및 감독하고, 언론 관련 분쟁 해결 등 국민과 정부 및 언론의 교량 역할을 맡을 계획이다.

정부의 의도에도 불구하고 국내 언론인들은 본 위원회의 역할과 책임, 권한 등에 있어서 언론의 자유를 보장하지 않을뿐더러 군부가 조직한 미얀마문인 및 언론인연합(Myanmar Writers and Journalists Association: MWJA) 구성원들이 본 위원회의 구성원으로 발탁되어 언론개혁의 진정성을 찾을 수 없다고 주장했다(Zin Linn 2012.9.18).

아웅지 전 노동장관이 정보장관으로 임명된 이후 민간 언론인을 중용하는 행태가 목도되고 있으며, 곧 정부의 용어대로 '국제적 수준(기준)'의 언론법이 공포될 것으로 보인다. 그러나 단숨에 모든 개혁이 실시되지 않았던 전례와 마찬가지로 언론의 자유를 보장할 수 있는 언론개혁이 민간 언론인들의 구미에 맞게 일시에 도입될 확률은 낮다.

개인의 자유를 속박하는 법령이 사회주의의 시작과 함께 도입되었고, 일부는 식민지 형법을 모체로 하는 등 그 역사가 미얀마 근대사와 함께 한다. 동일한 맥락에서 언론의 자유를 보장하는 법령이 도입된다고 하더라도 그 제도가 일시에 언론인과 국민들의 뇌리에 정착되지는 않을 것 같다. 집회와 노동법령도 노동자에게 일상화되기에는 일정시간이 필요해 보인다.

국민화해와 국가통합

2012년 6월 19일 발표된 대통령의 2단계 발전전략에 따르면, 집권 1년차는 정치개혁을 포함한 국민화해와 국가통합의 시기였다. 그만큼 증오와 불신으로 가득한 연방 구성원들의 화해를 정부정책의 최우선으로 배정했고, 지난 1년간 신정부의 국민화해와 국가통합이 진척을 거둔 것은 사실이다.

신헌법에서 소수종족과 관련된 쟁점은 크게 두 가지로 나눠지는데, 이 두 쟁점이 신정부가 안고 있는 향후 과제이기도 하다. 첫째, 정부는 소수종족의 자치권을 확대한다는 논리로 6개의 자치행정지역을 구성했는데[18], 이러한 행정구역 개편은 소수종족의 요구가 아닌 정부가 임의대로 지정한 것으로써 향후 종족 간 불만이 팽배할 수 있는 빌미가 된다.

그 중 정전협정에 합의한 와족의 경우 정부의 이러한 조치에 불만을 표출했다. 연합와주당(United Wa State Party: UWSP)의 자군대인 연합와주군(United Wa State Army: UWSA)은 연방의 탈퇴를 통한 독립 국가를 목표로 설정하고 있는데, 정부가 보장하는 자치구 수준의 영역도 그들이 요구하는 영토보다 협소하다. 정부는 이들이 점령 중인 태국 국경지역인 샨주 남부지역에서 정부가 확정한 자치구로 이동할 것을 명령했으나 이들은 완강히 저항 중이다. UWSP는 행정구역 상으로만 자치구를 보존하는 것이 아니라 독자적 재정권을 확보하는 등 국가수준의 자치를 희망하기 때문이다(*Mizzima* 2010.1.7).

또한 나가족을 제외하고 자치행정구 및 지역이 설정된 곳은 샨주 동부에 집중됨에 따라 정부정책에 대한 불만은 소수종족의 연대로 인한 연쇄반응이 예상되기도 한다. 2009년 3만7천 명의 난민이 발생한 꼬깡족 자치군인 미얀마민족민주연합군(Myanmar National Democratic Alliance Army: MNDAA)과 정부군과의 교전에 UWSA와 까친독립군(KIA)까지 가담했을 정도로 복잡한 양상이다. 또한 까친주의 경우 중국의 댐 건설로 인해 지역 주민들의 강제이주와 생계 등의 문제가 발생하자 이 지역에 주둔하는 까친독립기구(KIO)는 중국기업과 정부에 선전포고를 하기도 했다(ICG 2011b, 5).

둘째, 헌법에 따르면 소수종족들은 10%의 버마족으로 구성된 국경 수비대(Border Guard Force: BGF)로 재편성되어야 된다는 조항이 있

---

18 저가잉주에 나가족 자치지역, 샨주에 다누족, 빠오족, 뺄라웅족, 꼬깡족, 와족 등 이다.

는데, 정전협상 당시 자군대를 보유할 수 있는 시점은 헌법이 완성되기 전까지로 규정했다. 마침내 2009년 4월 28일, 예뮌(Ye Myint) 중장은 정전협정에 합의한 집단들이 국경수비대로 전향해야 한다고 공표했다. 이 계획에 따르면 국경을 중심으로 정규군 30명이 포함된 총 326개의대대가 창설되고, 모든 국경수비대 군대는 정규군과 같은 임금을 받는다(TNI 2009, 35).

〈표 23〉 정전집단의 BGF편입 여부

번호	정전집단	편입 여부	병력 (명)
1	National Democratic Army- Kachin	○	1,000
2	Kachin Independence Organization	×	6,000
3	Kayan National Guard	○	150
4	Karenni National People Liberation Front	○	600
5	Kayan New Land Party	×	200
6	Democratic Karen Buddhist Army	○	5,000
7	New Mon State Party	×	3,500
8	United Wa State Army	×	36,000
9	Shan State Army-North	×	5,000
10	National Democratic Alliance Army	×	5,000
11	Kachin Defence Army	○	800
12	Pa-O National Army	○	1,350
합계			64,600

※ 자료: http://democracyforburma.wordpress.com/2009/12/16/col-yawdserk-warns-ceasefire-leaders/에서 수정.

〈표 23〉에서 보는 바와 같이 정전협정에 합의한 12개 집단 가운데 절반이 국경수비대에 편입하지 않겠다는 입장이다. 정전협정에 합의

하지 않은 단체 중 교전 능력을 보유하고 있는 까렌민족진보당(KNPP),
까렌민족연합(KNU), 샨주남부군(SSA-S) 등도 국경수비대 편성에 반대
하는 입장이기 때문에 이들과 연대하는 무장집단이 등장할 가능성이
있다. 정부는 2011년 초 국경수비대 편입에 반대하는 까친독립기구
(KIO)에 대한 군사작전을 펼쳤고, 아직까지 두 집단 간에는 전운이 감
돌고 있다(Phanida 2011.2.7).

2010년 총선 이전부터 반체제집단들은 정부-NLD-소수종족 대표자
간 3자 회담을 통해 종족 간 불신을 종식시키고 국가통합을 지향해야
한다고 주장했고, 아웅산수찌가 가택연금에서 해제된 뒤 정부를 제외
한 집단들은 제 2차 삥롱협정을 제안했다. 여기서 제 2차 삥롱협정은
1947년 헌법과 같이 느슨한 연방제로 전환하며, 조건과 상황에 따라
일부 소수종족은 연방에서 탈퇴할 권리를 보장받는 것이다.

정부는 이에 대해 난색을 표명하면서 연방의 분열은 절대 불가능한
것으로 못 박고 있다. 헌법 상위에 위치한 국민의 3대 대의가 궁극적
으로 연방의 보존을 지향하고 있기 때문에 정권이 교체되지 않는 한
1947년 헌법과 같은 합의는 불가능할 것으로 보인다.

정부는 2011년 8월 17일, 까렌민족연합(KNU)과 샨주남부군(SSA-S)
등 정전협정에 합의하지 않는 소수종족과 평화적인 회담을 통해 국민
통합을 달성할 것이라고 선언했다(ICG 2011, 5). 연합와주군의 경우 국
경수비대 편입과 정부가 도입한 자치행정지역(구)의 지리적 영역에 대
해 강하게 불만을 토로해 왔는데, 다른 무장단체와 달리 약 3만6천 명
의 정예군대를 보유하고 있어 정부군의 부담감이 되어 왔다.

정부는 신뢰에 바탕을 둔 소수종족과 정부(지방정부 포함) 간 정전
합의, 중앙정부와 해당 종족 지역의 포괄적 문제, 이를 테면 사회, 경

제, 문화, 정치적 쟁점 등에 관한 폭넓은 논의, 모든 소수종족 대표단
과 중앙정부 등 이해 당사자 간 회담을 통한 영구적 정전협정 등 3단
계에 걸친 협상전략을 발표했다(ICG 2012, 5). 협상을 위해 정부는 아
웅따웅(Aung Thaung), 떼잉조(Thein Zaw) 등 행정부 대표단과 아웅
민(Aung Min) 전 철도수송부 장관을 대표로 하는 대통령 지명 대표단
을 구성하고, 본격적인 협상에 들어갔다(ICG 2012, 5).

〈표 24〉 신정부 출범 이후 정전협정 완료 단체

번호	단체	협정일
1	연합와주군(United Wa State Army:UWSA)	2011.9.6
2	민족민주주의동맹군(National Democratic Alliance Army:NDAA, "Mongla Group")	2011.9.7
3	껄로투버 (Kloh Htoo Baw 또는 "Golden Drum" Group; 구 Democratic Kayin Buddhist Army Brigade 5)	2011.11.3
4	샨주남부군(Shan State Army-South: SSA-S)	2011.12.2
5	친민족전선(Chin National Front: CNF)	2012.1.6
6	까렌민족연합(Karen National Union: KNU)	2012.1.12
7	샨주북부군(Shan State Army-North: SSA-N)	2012.1.28
8	신몽주당(New Mon State Party: NMSP)	2012.2.1
9	까렌민족자유군평화위원회 (Karen National Liberation Army Peace Council)	2012.2.7
10	까렌니진보당 (Karenni National Progressive Party: KNPP)	2012.3.7

※ 자료: ICG(2012), p.18.

2012년 5월, 떼잉쎄인 대통령은 자신을 의장으로 하는 12명의 중앙
위원회와 싸잉 마욱칸 부통령을 의장으로 하는 52명의 작업위원회를

재구성했는데, 여기에는 까친독립기구(KIO)와 협상에 실패하는 등 전체적으로 협상에 소극적이던 아웅따웅 전 장관이 배제되었다(ALTESEN 2012, 5-6).

해외로 망명하여 정부와 대립각을 세우던 반체제 인사가 양 측의 중재자(peace maker) 역할로 협상 테이블에 앉았다는 점이 흥미롭다. 한양훼(Harn Yawnghwe) 유로-버마회장, 저우(Zaw Oo) 교수, 쪼잉흘라잉(Kyaw Yin Hlaing) 교수 등을 비롯하여 현인으로 구성된 해외 미얀마인 연합(Myanmar Egress) 구성원이 대거 참여한 것이다. 이들은 정부와 소수종족 반군단체와 해묵은 갈등과 반목을 해결하는데 중요한 역할을 할 것으로 기대된다.

정부의 정전협정 의지는 더욱 확고해 질 것이고, 정전협정이 성공리에 마무리 될 경우 미국과 서방세계가 요구하는 국민화해와 통합의 길에 가까워질 수 있다. 잠정적으로 국가 불안 요인과 이로 인해 해외 자본의 진출 장애요소들도 제거될 것이며, 소수종족 지역에 산재한 자원개발 가능성도 부각될 것이다.

현재로선 헌법을 수정하지 않고서 해결될 수 없는 두 건의 현안이 있고, 정부도 본 내용에 관한 개정 또는 폐기 입장을 보이지 않음에 따라 정부와 소수종족 간의 긴장과 갈등은 일시에 해소되지 않을 것 같다. 무엇보다도 독립 이후 60년 이상 고착화된 버마족과 비버마족 간의 불신은 양자 간 갈등의 평화적 해결을 위해서 심각한 장애요인이다.

돌이켜 보면 독립 후 정부는 영국이 생성한 갈등구조에 대한 성찰이 없었고, 1962년 이래 군부정권은 맹목적 애국심에 입각한 민족주의를 추구하기 위해 갈등의 원인을 영국에 돌리는 등 그들의 기준대로만 국민 화해와 국가통합을 진행해 왔다. 자치권 또는 분리 독립,

불교 국교화에서 기인한 정부와 소수종족 간 문제는 내부 식민주의적 사관의 해소를 필요로 하며, 이는 향후 어떤 행정부에서라도 고민해야할 항구적 과제로 보인다.

각 소수종족 단체들 간의 입장은 상이하다. 샨주 남부군은 교전 종식, 평화적 협상을 통한 정치적 문제 해결, 정부의 발전계획에 참여, 샨주 및 이웃국가에서 성행해는 마약 무역 퇴치 협조 등 4가지 원칙을 내걸었다. 까렌민족연합측은 구체적인 협상 내용을 밝히지 않은 채 회담 자체가 매우 솔직했다고만 언급했다. 친민족전선은 정부로부터 친주를 경제구역으로 설정하겠다는 약속을 받았다(Phanida 2011.11.21).

한편, 2011년 8월 17일 떼잉쎄잉 대통령은 정치적 이유로 해외에 체류하는 국민들이 국내로 복귀할 경우 어떠한 죄도 묻지 않겠다고 선언했다. 그 동안 군부정권에 등을 돌렸던 민주화운동가를 포함한 지식인들이 정부의 국민화해와 국가통합에 적극적으로 동참하고 있다는 측면에서 정부의 문제해결 능력에 진일보한 측면이 목격된다. 그러나 신정부의 진정성을 의심하는 해외 체류 국민들은 귀환을 꺼리고 있다.

4. 향후 과제

2011년 신정부가 출범한 이래 예상외의 정치개혁을 달성한 것은 자명한 사실이다. 그러나 그 일면은 민주주의국가에서는 상식적인 수준으로 미얀마의 정치개혁은 독재자 1인을 위해 존재하던 잘못된 관행들을 바로잡는 국가 정상화를 위한 과정이고, 개혁개방이라고 명명하기에는 이른 감이 있다. 추가의 과제가 산재해 있다.

다음에 제시한 과제들은 5-10년 정도를 예상할 수 있는 가장 시급하면서도 중장기적 과제이다. 그것들은 공히 지난 50년 이상 굳어진 관행인 전통적 인적관계 청산, 제도적 정권 수립, 군부 고유 기능으로의 복귀와 집권에 대한 국민적 동의와 지지 등으로 집중된다.

행정부와 군부 내 후견주의 청산

미얀마의 헌법상 대통령은 군권을 제외한 모든 권력의 수반이지만 대통령은 인적으로나 제도적으로 견제의 대상이다. 인적인 측면에서 대통령은 막후정치의 수장인 딴쉐 전 의장의 통제, 그의 총애를 받는 쉐망 하원의장과 경쟁 관계에 있고, 제도적으로는 딴쉐 전 의장에게 충성하는 군부의 견제를 받는다.

2011년 11월 21일, 두문불출하던 딴쉐 전 의장은 2004년 킨늉 총리

축출 이후 기능과 권한이 축소된 정보국인 군무안보실(Office of Military Affairs Security: OMAS) 소세잉(Soe Shein) 소장을 대동하고 네삐도 소재 우빠다땅디(Uppatasanti) 불탑에 모습을 드러냈다(*The Irrawaddy* 2011.11.21). 국가의 정보 수집 이외에 주요 군 엘리트를 감시 및 통제하는 기구의 수장이 딴쉐 전 의장을 경호한다는 사실은 딴쉐가 퇴역한 전직 지도자로만 평가되기에는 무리가 따른다. 최소한 떼잉쎄인, 쉐망, 민아웅흘라잉 등 현 정부의 각계 지도자들이 딴쉐 전의장을 축출할 가능성도 낮아 보이며, 그러한 의지와 능력도 딴쉐 전 의장보다 상대적으로 부족한 것 같다.

현재로선 군사평의회와 같은 편협한 권위주의체제로 회귀할 가능성은 매우 낮지만 대통령이 단독으로 그의 정적들을 배제할 수 없는 상황이다. 다시 말해 딴쉐의 사망과 후견인 상실로 쉐망 하원의장의 자발적 역할 축소 등이 추가적인 개혁을 위한 이상적인 시나리오이다. 그렇지만 딴쉐 전 의장의 최측근마저도 그가 어떠한 생각과 행동을 하는지 알 수 없을 정도로 딴쉐의 용인술은 예상 외로 전개된다.

주목할 인물은 쉐망이다. 그는 2003년 신설된 합동참모장 출신으로써 2007년 9월 유엔특사 감바리가 입국했을 당시 딴쉐 전 의장이 마웅에 부의장에 이어 두 번째로 소개하여 그가 최고 권력자 중 한 명이라는 사실을 공식화했고, 신정부 출범 전 대통령으로 지명될 가능성이 가장 유력한 인물 중 한명이었다.

그는 군사평의회에 입각한 뒤 딴쉐와 함께 강경파를 이끌었지만 하원 의장으로 선출된 이후 국회의원에게 자유로운 발언권과 토론을 보장하는 파격적인 조치를 취했다. 일례로 2012년 3월 실시된 공무원의 임금 인상안을 두고 이를 반대하는 대통령과 대립 구도를 연출하기도

했다. 대통령 정치자문관인 꼬꼬흘라잉의 언급대로 떼잉쎄인 대통령
이 2015년 임기 만료 이후 재선에 도전하지 않을 경우 정부 여당의 가
장 유력한 대통령 후보가 될 것으로 예측된다.

〈표 25〉 장관급 인사 보직 이동 현황(2012.8 현재)

성명	전 직위	이동 직위
쏘떼잉(Soe Thein)	공업부	대통령실
아웅민(Aung Mun)	철도수송부	대통령실
흘라뚠(Hla Tun)	재정조세부	대통령실
띤나잉떼잉 (Tin Naing Thein)	국가계획및경제발전부, 축수산부	대통령실
아웅지(Aung Gyi)	노동부, 사회복지부	정보부
쪼산(Kyaw Hsan)	정보부, 문화부	협력부
옹뮌(Ohn Myint)	협력부	축수산부
에뮌(Aye Myint)	과학기술부	공업부
띤산(Tint Hsan)	호텔관광부	체육부
킨마웅뮌 (Khin Maung Myint)	건설부	사임
저밍(Zaw Min)	제 1전력부	사임

※ 자료: *New Light of Myanmar*(2012.8.28, 2012.8.29).

　2012년 8월, 대통령은 장차관급 일부 내각교체를 단행함으로써 강
경성향의 인사를 배제하고 추가의 개혁을 이어가겠다는 포부를 드러
냈다.[19] 대통령실로 자리를 옮긴 인사들은 대통령의 총애를 받는 개
혁인사로 분류된다. 쏘떼잉 장관은 경제발전계획 수립과 경제발전연
구소 설립을 주도하고 있으며, 미얀마투자위원회(MIC) 위원장으로서

---

19 장차관 명단 변화는 부록 10을 참조하라.

외국인투자의 적극적 유치를 유도하는 개혁성향의 인물로 알려져 있다. 철도수송부 장관 출신은 아웅민은 소수종족과의 정부 협상단 대표를 맡으며 대통령의 신임을 얻어 냈다. 아웅지 장관도 아웅산수찌와 정부 간 연락관 역할을 성공적으로 수행하여 정부 여당과 야당의 의견을 효율적으로 조율해 왔다고 평가받는다.

이에 반해 강경파로 분류되는 쪼산 장관과 띤싼 장관은 상대적으로 비중이 떨어지는 부처 장관으로 자리를 이동했다. 특히 정치범 석방에 이어 언론의 자유를 요구하는 국내외 목소리가 커지면서 해당 부처의 효율적 관리를 위해 아웅지 장관이 정보부 장관으로 교체 임명된 이후 정부는 언론개혁 의지를 직접 드러냈다. 기타 전 전력부 출신의 킨마웅뮌장관과 저밍장관은 사임했다.

이외 22명의 차관급 인사가 지명되었는데, 대부분 현 부처에서 승진된 것으로 보아 이들의 업무 수행능력이 인정받았던 것 같다. 향후 행정부의 업무 행태가 이전 군사정부와 다를 경우 부서 내에서 차관급 인사가 승진 임명될 수 있는데, 이 경우 현 차관급 인사들의 행태를 예의주시할 필요가 있다. 특히, 현역군인 및 경찰은 2명인데 반해 여성관료 4명을 포함하여 민간출신 전문가들이 중용된다는 측면에서도 신정부의 진일보한 인사관리가 목도된다.

지명된 인사들 중 국가계획 및 경제발전부 소속의 셋아웅은 민간 경제전문가로 정평이 난 인물이고, 양공경제대학 킨산이 교수는 대통령의 총애를 받는 인물로 먼저 입각한 깐조(Kan Zaw) 차관과 함께 거시 및 미시 경제발전계획을 주도할 인물로 기대된다.

〈표 26〉 차관급 인사 지명 현황(2012.8 현재)

성명	부서	성명	부서
쪼쪼뚠(Kyaw Kyaw Tun) 치안감	내무부	윈뮌(Win Myint)준장	이주및인구부
빠익퉤 (Paik Htway)	정보부	에뮌마웅 (Aye Myint Maung)	산림부
딴스웨(Than Swe)	문화부	텟텟진 (Dr. Thet Thet Zin)	산림부
아웅떼인 (Aung Thein)	대통령실	따웅타익 (Thaung Htaik)	체육부
린아웅 (Dr. Lin Aung)	재정조세부	떼인떼인테 (Dr. Thein Thein Htay)	보건부
셋아웅(Hset Aung)	국가계획 및 경제발전부	쏘윈(Soe Win)	종교부
킨산이 (Khin San Yi)	국가계획 및 경제발전부	딴쪼(Thant Kyaw)	외무부
수수흘라잉 (Su Su Haling)	사회복지부	진여(Zin Yaw)	외무부
따웅띤 (Thaung Tin)	통신부	마웅마웅떼인 (Maung Maung Thein)	재정조세부
틴아웅(Htin Aung)	에너지부	예툿(Ye Hutu)	정보부

※ 자료: *New Light of Myanmar*(2012.8.28-31; 2012.9.1).

2012년 5월, 강경파의 수장으로 알려진 띤아웅뮌우 부통령이 건강 악화로 전격 사임했다. 띤아웅뮌우는 대통령을 배제하고 군 수뇌부와 내각들로 구성된 회의를 매일 주재하고 독자적 의사결정을 추진했으며, 궁극적으로 현 체제를 인정하지 않고 군사평의회로의 회귀를 선호하는 인물로 알려졌다(익명 인터뷰 2011.6.23).[20] 따라서 그의 자발적 사임은 향후 새로운 강경파들의 출현을 억제하면서 동시에 행정부

내 강경파들이 개혁파로 변신을 꾀하거나 최소한 강경파로 남을 가능
성을 축소시켰다.[21]

딴쉐 전 의장의 꼭두각시로 평가되는 뮌스웨(Myint Swe) 양공주 지
역장관이 7월 부통령으로 지명되었으나 자제가 호주 국적자로 헌법조
항을 충족하지 못함에 따라 8월 15일, 냥뚠(Nyun Tun) 해군제독이 신
임 부통령으로 임명되었다. 그의 성향은 알려지지 않지만 50대(1954년
생)로서 딴아웅뮌우 부통령처럼 개혁에 반대하는 강경파는 아니다.
육군 일색이었던 과거 군사평의회 구성원에 비해 그는 군부 내 소수
인 해군 출신으로 일정 수준 육군을 견제하는 카드가 될 수 있으며, 로
힝자족의 문제 해결을 위해 인도양 연안에서 주로 활동해 온 경력이

---

20 필자는 위 사실에 대해 퇴역군인과 공무원을 포함하여 10명 이상을 면접했다. 대
부분은 정확하지 않지만 그럴 가능성이 높다는 의견을 주었다. 딴아웅뮌우는 군
작위와 자신의 이름을 합쳐 8음절이라는 이유로 '싯롱'(*shitlone*)으로 불리는데, 네
윈을 할아버지라는 뜻에서 어포지(*aphogyi*)라고 불렸던 것처럼 권력의 상층에 있
는 자들을 은유적으로 부르는 정치권의 습성을 참조했을 때 딴아웅뮌우의 영향력
은 내각 내에서 절대적임을 추측할 수 있다. 미얀마 연구의 대가인 한 학자도 그는
군인이지 정치인이 될 수 없는 '거친 인물'(tough guy)로 정의했다(Steinberg 인
터뷰 2011.8.3).

21 보직인사와 함께 34개로 편재하는 중앙부처의 간소화도 제기되고 있다. 신정부 출범
과 함께 조직된 미얀마산업발전부(Ministry of Myanmar Industrial Development),
과학부(Ministry of Science), 협력부(Ministry of Cooperative) 등이 그것인데,
첫 번째 부서는 예산도 배정되지 않았고 국경부 장관인 떼잉테(Thein Htay)가 겸
직하고 있다. 2012년 9월, 산업발전부는 공식적으로 폐지되었다. 과학부는 교육
부에서 업무를 담당할 수 있으며, 협력부는 사회주의의 유산으로 평가된다
(*Mizzima* 2012.9.3). 사실 신정부 출범 이전 1차 정기국회에서 정부 부처를 25
개로 축소하는 제안이 발의되었으나 의회 내 반대에 부딪혀 기존 32개에서 34개
로 증가했다. 부서 간 업무가 중첩되어 필요치 않은 인원과 재원을 투입해야 하는
등 효율성이 매우 낮은 편이므로 이에 대한 개혁도 필요한 실정이다. 다만 사회주
의시기부터 충원된 관료사회의 규모가 상대적으로 많은 편이어서 이들에 대한 처
우 문제가 대두될 것이다.

부통령 발탁에 영향을 미쳤을 것으로 보인다.

군사정부 당시 권력서열 2위인 마웅에는 정치와 완전히 결별한 것으로 보인다. 그는 신군부정권을 지탱한 군부엘리트들의 출신 학교인 국방사관학교(Defence Service Academy: DSA) 1기 출신으로 이들의 좌장이지만 딴쉐 전 의장과 축출되기 전 킨늉 전 총리의 적극적인 견제를 받았다. 킨늉에 비해 정치권력 의지는 약한 것처럼 보이는데, 딴쉐 전 의장의 정치적 전략에 따라 그는 권력서열 1위와 3위 간 완충역할을 소화했다. 신정부 출범에 따른 개혁의 가속화, 띤아웅뮌우 부통령의 사임 등 강경파의 입지가 줄어들면서 마웅에의 역할도 축소될 것으로 보인다.[22]

마지막으로 군부는 딴쉐 전 의장의 별다른 지시가 없는 이상 신정부를 반대하지 않을 것으로 보인다. 군총사령관인 민아웅흘라잉은 2012년 현재 56세인데, 과거와 달리 신정부를 구성하면서 군 수뇌부를 구성하는 60세 이상의 장교는 모두 퇴역한다는 합의가 관례화되었다. 따라서 그도 스스로 사퇴하지 않는다면 차기 정권에서 퇴역하거나 퇴역 후 국회의원 출마, 또는 입각의 수순을 밟을 가능성이 있다.

신정부 출범을 앞두고 군부 내 일시적 동요가 발생한 것은 사실이다. 일반적으로 미얀마에서 사관학교를 졸업한 위관급 엘리트 군부는 정치인보다 군인으로서 직업의식이 더 높은데, 13개로 구성된 지역사령관

---

22 그는 심각한 알콜중독증세와 끽연으로 인해 정상적인 생활을 할 수 없는 상황이라고 한다. 오전 9시에 회의를 주재하면서 미얀마산 럼(Rum)을 마시기 시작하여 12시 이전에 만취상태가 되어 오후 일과를 하지 않는 것이 일반적이다. 딴쉐는 그의 행동에 항상 불만을 제기해 왔지만 DSA의 상징이며, 더 이상의 권력의지를 표출하지 않음에 따라 군사평의회 당시 부의장직위를 유지할 수 있게 했다 (Lintner 인터뷰 2011.1.10).

을 거쳐 국방부 진출과 군총사령관직 발탁을 최고의 영예로 삼는다. 따라서 행정부에 입각하거나 국회의원으로 선출된 퇴역 군부는 군인으로서 출세 가도를 목전에 두고 그 의지를 꺾은 것이나 다름없다.

2012년 3월, 취임 1주년 기념사에서 떼잉쎄인 대통령은 강경파와 온건파로 양분된 정부구조를 전면적으로 부인했다. 그의 언급대로 신정부의 제도적 구상이 완료된 상황에서 파벌 간 힘겨루기와 같은 불필요한 자원을 투입하지 않음으로써 개혁개방의 속도를 내고, 그들이 마련한 민주주의의 제도적 안착을 기대한다. 그러나 역시 이러한 언급은 파벌 갈등이 내재하고 있다는 사실의 우회적 인정으로 밖에 보이지 않으며, 지난 1년 이상의 정치행태에서 증명되었다.

형식적이지만 제도에 의해 지도자와 대표자를 선출하는 방식이 미얀마에 도입되었고, 이제 민주적 절차를 가미시킨 민주적 선출방식과 도입된 법령에 따른 제도의 시행이 필요하다. 그렇게 될 경우 권력서열로 나누는 구체제의 관행은 자연스럽게 사라질 것이며, 불필요한 정치적 자원을 소모할 필요성도 소멸될 것이다.

정당정치의 정상화와 당내 민주화의 실현

미얀마의 정당정치는 1962년 쿠데타 이후 잠정 중단되었고, 1990년 잠깐 도입된 뒤 다시 20년간 중단되었다. 2012년 4월 대표적인 야당이 보궐선거에 참가함으로써 그 기능이 회복되고 있다. 과거와 달리 선거에 입후보하지 않더라도 정당은 현행법의 저촉을 받지 않고 누구든지 설립 가능하다. 제도적으로 정치적 의사를 표현할 수 있는 환경이 구축되었다는 의미이다.

그러나 제도권 정당들의 당내 정치 환경은 매우 권위주의적 질서에 길들여져 있다. 먼저 여당인 연방단결발전당(USDP)은 정부의 정책을 비판 또는 견제할 능력을 보유하지 않았으며 그러한 의도도 없어 보이는 정부의 보조적 기능 역할만 담당하는 것으로 보인다.

USDP의 설립 근거는 "평화롭고 발전적인 민주국가 건설과 항구적인 안정"이고, 14개 항목23으로 분류된 정당이념은 정부가 주창하는 "국민의 3대 대의"를 기반으로 한다. 2012년 보궐선거에서 참패했음에도 불구하고 내부적 수습책을 제시하지 못한 사실을 배경으로 했을 때 USDP의 문제 해결방식은 초보 수준에 불과하거나 하향식 의사결정구조로 인해 의견수렴 자체가 불가능한 것으로 추정된다.

그 뿐만 아니라 당원 선발의 기준이 정당의 이념보다 기존의 군부 및 관료를 포함하여 사업가와 식자층 등 계층 중심으로 진행되었기 때문에 당내 결속력도 매우 허약해 보인다. 사회주의시기 정부가 야심차게 조직한 직능집단이 체제의 붕괴와 함께 흔적도 없이 와해된

---

23 1) 국가관: 연방의 비분열, 국민통합, 주권 영속. 2) 정치관: 국민의 실익을 우선하며 다당제민주체제를 구현함. 3) 경제관: 시장경제체제를 구현함. 4) 외교관: 독립적이고 발전적인 외교관을 구현하고 평화공존 5대원칙을 지지함. 5) 국방관: 국내외 위협으로부터 국방능력을 배양함. 6) 국민의 기회권: 헌법과 함께 국민의 기회와 권리를 보장함. 7) 소수종족관: 국민통합을 존중하고, 헌법과 함께 소수종족의 기회를 완전히 보장함. 8) 농민정책: 농민들의 경제생활 향상에 매진하고, "농부와 농업기회"를 보장함. 9) 노동자정책: 노동자들의 경제생활 향상에 매진하고, 노동자의 기회를 보장함. 10) 종교관: 자유로운 종교관을 보장함. 11) 협동관: 국민의 실익을 기초로 하여 협동체계를 구축함. 12) 교육관: 국제적 수준의 교육 역량을 배양하고, 국민의 자질과 역량을 발전시키도록 함. 13) 보건관: 개개인의 수명이 연장되는 보건체계를 구축하는데 주력함. 14) 문화관: 문화와 생활관이 파괴되지 않도록 보존함. 자세한 내용은 USDP 홈페이지〈http://www.usdp.org.mm〉를 참조하라. 미얀마어만 제공함.

역사적 사실은 비자발적 관변단체 또는 정당은 오랜 생명력을 유지할
수 없다는 교훈을 준다. 즉 USDP 당원의 정치활동은 사적 영역의 이
익을 극대화시키기 위한 도구일 뿐 정권 창출 및 유지와 같은 정당 고
유의 활동과 역할에는 큰 관심을 두지 않는다.

　당내 민주화는 여당뿐만 아니라 대표적인 야당격인 NLD 내에서도
찾아볼 수 없는데, 당내 제도화된 권력체계보다 카리스마적 지도자에
의존하는 미얀마 정당정치의 특성이 그대로 반영된다. NLD는 퇴역군
부와 청년당원으로 당내 권력이 양분된 구도였는데, 2011년 아웅산수
찌가 사무총장에서 당 대표로 추대됨에 따라 당내 권력을 완전히 장
악한 것으로 보인다.

　1988년 창당 당시부터 그녀는 당원 자격과 투쟁방식을 두고 퇴역군
부와 대립각을 세웠고, 그녀의 결정이 없이는 당내 어떠한 의제도 가
결되지 않았다(Kyaw Yin Hlaing 2007, 368). 2010년 총선을 앞두고 국
민민주주의의 힘(NDF)으로 분당한 사실을 두고 아웅산수찌가 이들을
비난했던 사실만 보더라도 당내 다원주의는 배척 대상이다.

　어떠한 민주정당이든지 소수의 지도자들에 의한 지배체제가 구축
되는 과두제의 철칙은 존재한다. 미얀마의 정당들도 민주화와 같은
사회변혁보다 자신들의 지위를 권력획득 도구로 활용하려는 공통점
이 발견된다. 특히 NLD의 경우 민주주의를 제대로 이해하는 당원은
아웅산수찌를 비롯한 소수의 지도자뿐이고, 기타 당원들은 당내 어떠
한 원칙과 규정보다 아웅산수찌의 발언과 결정에 절대 복종하는 형국
이다.

　민주주의를 학습할 수 없는 폐쇄적인 환경에서 이들이 목격한 군부
권위주의체제의 의사결정은 이들을 위한 표본이 되어 왔다. 그렇기

때문에 국민 스스로가 군부 통치를 종식시키기 위해 자기검열을 생활화하는 정부에 대한 두려움을 불식시키고, 이를 위해 자신을 희생하겠다는 아웅산수찌의 철학과 달리, 국민과 NLD 당원은 그녀가 민주화와 경제발전을 동시에 견인할 수 있는 유일한 희망이라는 시각적 간극이 나타난다.

민주주의에 대한 올바른 이해가 도모되지 않는 환경에서 민간권위주의의 출현을 예상할 수 있는데, NLD뿐만 아니라 군부를 반대하는 세력은 군부의 퇴진을 민주화와 동일시하는 경향이 강하다. 또한 다당제 도입도 민주주의의 중요한 기준으로 인식한다.

권위주의화 된 대표적인 사례는 미국에 본부를 두고 있는 망명정부 버마연방국민연립정부(National Coalition Government of the Union of Burma: NCGUB)이다. 이 단체는 1988년 민주화운동과 1990년 총선 이후 군정의 대대적인 체포 작전을 피해 해외로 망명한 운동가들이 설립했는데, 미국을 비롯한 서방세계의 대 군부 압박정책에 일정 수준 역할을 해 왔다. 그런데 이 단체는 설립 이후 모든 권력은 아웅산수찌의 사촌인 쎄잉윈(Sein Win) 박사가 장악해 왔고, 그와 잠정적 경쟁자가 되는 해외 주재 운동가들은 모두 대립과 비난의 대상이 되어왔다.

필자가 2011년 7월 현지조사를 수행할 당시 민중가수인 싸웅우흘라잉(Song Oo Hlaing 인터뷰 2011.7.22)은 '88세대'를 정치인이 아닌 사회운동가로 지칭했다. 그에 따르면 밍꼬나잉, 꼬꼬지 등 '88세대'들을 정치인이라고 부르는 순간부터 NLD의 견제와 비난을 받게 되며, 실제로 이들의 역할은 정치보다 사회적 문제, 이를 테면 무료 화장식(火葬式) 주관, 인종 및 종교 갈등을 원만히 해결하는 것이다.[24]

해외로 망명한 자들은 정권이 더욱 연성화될 때, 즉 2015년 총선이 임박했을 때 제도권으로 진출하기 위해 귀국할 가능성이 있고, '88세대'는 NLD와 독자적으로 정당을 창당하여 총선에 참가할 것으로 보인다. NLD의 배타적인 입장을 고려할 때 기타 야당 세력과 연대할 가능성은 희박하며, 이러한 결정은 아웅산수찌로부터 출발할 것이다. 만약 아웅산수찌가 연대를 결정한다면 NLD의 당론은 쉽게 수정될 것이다.

다당제가 현실화된 현 시점에서 언론인마저도 미얀마를 민주주의 국가라고 칭한다. 민주주의는 의사결정을 위한 과정이라는 매우 단순한 정의마저도 미얀마 국민들에게는 거짓처럼 인식되며, 민주주의가 '빵'과 '자유'를 동시에 가져다주지는 않는다는 아시아와 제 3세계의 사례를 보여줄 필요가 있다. 이에 대한 기초적인 교육이 선행되어야 할 것이다.

상호 신뢰에 입각한 평화적 정전협정을 통한 국민화해

정부와 소수종족 간의 협상은 지속될 것으로 보이지만 그 여정은 험난해 보인다. 첫째, 정부와 소수종족 간의 불신의 골이 예상 외로 깊기 때문에 상호 간의 신뢰감 회복을 위한 추가의 시간과 노력이 필

---

24 최근 들어 '88세대'가 정당으로 창당할 것인지, 아니면 사회세력으로 남을 것인지 대내외적으로 의견이 분분하다. 자세한 내용은 Lin Thant(2012.9.25)을 참조하라. 필자의 견해로 보았을 때 2015년 총선을 앞두고 '88세대' 정당화가 본격적으로 거론될 것으로 보이는데, 역시 파벌이나 계파 갈등이 발생하여 일부는 사회세력으로, 일부는 정당 창당에 가담할 것이 유력하다.

요해 보인다. 정부는 소수종족 출신의 반체제 인사를 중재자 명목으로 본 협상에 참여시켰고 소수종족들도 최근 회담에 만족감을 표하고 있지만, 몇 차례의 공식 만남으로 지난 100년 이상 해묵은 반목과 불신이 단 번에 해결되지 않을 듯하다. 특히 까렌민족연합을 중심으로 한 까렌족의 경우 1947년 삥롱회담에 참가하지 않은 참관자였을 정도로 독립 이후 연방 가입에 강한 거부감을 표한 종족이다.

둘째, 신정부 들어 도입된 국경수비대(BGF) 문제로 인해 신정부의 새로운 갈등이 나타났다. 특히 본 국경수비대 창설로 인해 이미 정전협정에 합의했던 까친독립기구, 연합와주군 등이 강력하게 반발하면서 정부와 대립각을 세우고 있다. 특히 까친독립기구의 경우 1993년 정전협정이 완료된 이후 자치군을 보유하는 등 연방 내에서 가장 높은 자치 수준을 향유해 왔지만, 정부의 국경수비대 편입안은 까친족 자체에 대한 도전으로 인식한다. 이미 까친독립군은 2009년 정부와 교전을 벌였고, 정부와의 협상에서도 이견 차이를 좁히지 못했다. 따라서 신헌법에 명시된 국경수비대 문제는 본 정부에서 해결해야할 과제로 보인다.

셋째, 정부와 소수종족 간의 요구 조건이 상치하므로 상호 간 합의에 이르는 길은 험난해 보인다. 정전협정에 합의하지 않는 종족들은 재정권을 포함한 광활한 수준의 자치권, 지방분권 형태의 연방주의, 종족 간 평등 보장 등이 공통적인 요구사항인데 반해 정부는 전자의 두 요구사항을 수용할 가능성이 없어 보인다.

정부는 "국민의 3대 대의"를 헌법보다 상위에 배치시키고 있는데, 이 조항들은 1962년 이래 추진된 자발적 동화(assimilation)가 아닌 강압적 통합(integration)에 기초한 것이다. 이에 반해 소수종족들은 현재의 협상을 '제 2의 삥롱회담'으로 규정하고 있어 양자 간의 이견 갈등

은 지속될 것이 유력하다. 1947년 삥롱협정의 경우 독립을 희망하는
소수종족은 10년 이후 연방에서 탈퇴할 수 있다는 조건부 합의를 했
기 때문에 현재 정부와 협상 중인 소수종족 중 까렌민족연합과 같은
일부는 이에 준하는 요구를 할 것이다.

비공식적으로 정부와 소수종족 간의 협상이 완료되었다는 보도가
있었으나(Saw Yan Naing 2011.11.21). 양자 간 협상 내용이 미시적으
로 공표되지 않았고, 이에 대한 정부의 후속 조치도 발표되지 않았다.
즉 양자 간의 불협화음이 발생할 소지는 여전히 존재하며, 이 경우 협
상은 파국을 맞을 가능성도 배제할 수 없다.

정부 대표단인 아웅민장관이 소수종족과 협상에서 정부의 뜻을 제
대로 전달하고 소수종족과의 화합과 융화를 이뤄낼지도 관건이다. 아
웅산수찌도 '제 2의 삥롱회담'을 환영하지만 이에 대한 구체적인 대안
을 제시하지 못하고 있다. 만약 정부의 정책과 독자적으로 군부의 무
장 소탕작전이 지속될 경우 소수종족의 대 정부 불신은 사그라지지
않을 것 같다. 따라서 소수종족 정전협상에 따른 국민 화해와 국가통
합의 문제는 단시일에 해결할 수 있는 과제가 아니라 현 정부뿐만 아
니라 향후 어떠한 정권에서도 가장 중요하게 다뤄져야할 중요한 의제
가 될 것이다.

개인의 자유와 권리 보장

정치범의 석방을 비롯하여 노동법 제정, 노동단체권 보장, 언론의
사전 검열 폐지 등 개인의 자유와 권리를 보장하기 위한 일련의 조치

가 단행되었으나 여전히 인권국가로 향하는 미얀마의 여정은 험난하다. 어쩌면 미얀마에서 개인의 자유와 권리가 완전히 보장된다는 평가가 있을 때 민주주의국가로 분류할 조건을 갖출 정도로 인권 개선과 보편적 인권의 정착은 중장기적 과제로 보인다.

2012년 1월, 프리덤하우스가 발표한 세계 자유지수에서 미얀마는 정치권과 시민권 분야에서 각각 7과 6을 받아 여전히 "자유롭지 못한"(Not Free) 국가로 분류되었다(Freedom House 2012, 14). 또한 2012년 7월 평화재단이 발표한 실패국가지수에서 96.2로 조사대상국 120위 가운데 21위를 차지했다(The Fund for Peace 2012, 4).[25]

퀸타나 유엔 특사도 2012년 2월 닷새간 미얀마를 공식 방문 한 후, 3월 12일 "심각한 인권 상황"이라는 결론으로 유엔인권위원회에 보고서를 제출했다. 보고서에 따르면 정치범 잔존, 재소자의 상태 심각, 사법권의 독립 보장 미완, 파리협정에 근거한 국가인권위원회의 독립성 훼손, 국제인권규정에 부합되지 않는 법령의 개정 미비, 정부의 소수종족 차별 등 포괄적 수준의 인권 침해가 발생하고 있다(Quintana 2012.3.7).

5월 24일에는 미 국무부가 미얀마를 "심각한 인권 문제"를 안고 있는 국가로 평가했고(US State Department 2012.5.24), 데릭 미첼 미얀마 주재 미국 대사도 인권유린과 정경유착 등을 고질적인 문제로 지적했다.

인권 개선과 보장을 위한 미얀마정부의 조치를 상기할 때 국제기구

---

25 실패국가 지수는 영토 보존 실패, 집단적 결정에 대한 침해, 공공서비스의 실패, 국제사회와 교류 실패 등 4대 원칙을 중심으로 총 12개 항목의 100개 지수를 종합적으로 평가한다.

및 서방세계의 평가는 예견된 것이고, 이에 따라 강도 높은 추가 자유화 조치가 요구된다. 지난 20년 이상 미얀마 군정을 압박해 온 미국의 평가와 비판은 일종의 정치적 수사도 포함되어 있는 것으로 보이지만 프리덤하우스는 2007-2011년 사이 미얀마의 자유화 지수는 11등급 상승했고, 국가 실패지수도 2010년에 비해 2단계 개선되었다. 즉 미얀마에서 인권은 개선 중 대상이지만, 대통령을 중심으로 한 정부의 의지가 사회 곳곳에 침투하지 않는 이상 서방세계의 인권 침해에 대한 우려는 지속될 것이다. 역시 개인의 자유와 권리를 보장하기 위한 일련의 조치도 상당 수준의 시간이 필요한 과제이다.

헌법 개정과 군부의 병영 복귀

2008년 제정된 신헌법은 수하르토 체제하 인도네시아 헌법을 모체로 한 것으로서 군부의 주도적인 정치참여를 보장한다. 군부의 우월한 지위는 미얀마 헌법 7장에 그대로 반영된다.

앞서 지적했듯이 군부는 상하원으로 구성된 연방의회뿐만 아니라 지방의회에서도 선거와 관련 없이 의석의 25%를 무투표로 확보하고, 민간 의원과 달리 의원직과 군 현직을 겸직할 수 있다. 또한 국방권, 국방예산, 군인사권은 정부의 통제를 받지 않는 배타적 자율성을 인정받는다. 군부의 정점인 군총사령관은 국방안보평의회 구성원으로 평시에는 부통령급이지만 국가비상사태가 선포될 경우 자동으로 모든 권력을 이양 받으며, 행정부 요직으로 분류되는 국방장관, 내무장관, 국경지역장관 등 3명을 지명할 권리를 가진다.

일반적으로 미얀마와 같이 다종족으로 구성된 국가의 경우 중앙집권적 대통령제보다 분권적 의원내각제가 더 안정적이다. 대통령과 다수종족의 횡포를 막고, 다원성에 근거한 의원내각제는 1947년 헌법에서 채택되었는데, 당시는 소수종족이 순차적으로 대통령직을 맡으면서 일종의 권력분배를 현실화했다. 헌법에는 모든 연방 내 종족의 평등을 강조했으나 신정부는 동등한 자율권과 자치권 보장 등 소수종족이 주장하는 연방주의(federalism)는 연방(union)의 분열을 조장한다는 논리로 반대한다.

정부와 여당을 제외한 세력들은 헌법 개정을 강력히 요구하고 있다. 2012년 4월 보궐선거에서 당선된 NLD 당원들은 헌법 수호 문구가 들어간 선서를 할 수 없다고 등원을 거부하기도 했고, 아웅산수찌는 해외 방문 당시 미얀마 대신 버마라는 국명을 써서 선거위원회와 대립각을 세우기도 했다. 그녀는 신헌법 제정이 진행될 당시부터 군부의 정치참여를 적극 반대하며 헌법 개정의 필요성을 줄기차게 주장해 왔고, 민주주의의 원칙이 지배하지 않는 현 정부에서는 입각하지 않겠다고 천명했다.

헌법 개정의 필요성은 현 정권 임기가 끝나는 2015년까지 제기될 것이며, 만약 두 번째 총선 이후에도 집권 여당이 재집권에 성공할 경우 야당뿐만 아니라 여당 및 군부 내에서도 헌법 개정을 요구할 것이다. 헌법 제 12장 436조 (b)항에 따르면 헌법 개정은 정족수 75%의 재가를 얻어야 하는데, 여당이 76% 이상을 차지한 현 입법부에서는 원칙적으로 불가능해 보인다. 또한 최소한 25% 의석을 점유하고 있는 군부가 헌법 개정에 전원 찬성해야지 개정 가능성이 제기될 수 있다. 2015년 총선에서 NLD가 의석수의 75%, 즉 498석을 차지할 경우 헌법 개정안을 발의할 수 있다.

그러나 NLD가 2015년 총선에서 승리할 수 있다고 단언할 수 없을 뿐만 아니라 그렇게 된다고 하더라도 군부와 현재 여당이 순순히 응할 수 있을지 미지수이다. 반면, 여당이 재집권에 성공할 경우 안정적인 정권 유지를 위해 일정 수준 야당의 요구에 부응하는 방안으로 일부 헌법 내용을 수정할 가능성이 있다. 군부는 의석 점유율을 축소하거나 아니면 완전히 병영으로 복귀할 것인지를 고민하게 될 것이다.

1998년 수하르토 하야 이후 2002년까지 4차에 걸쳐 헌법이 개정된 인도네시아의 사례는 미얀마에 시사하는 바가 적지 않다. 민주화가 된다고 하더라도 헌법처럼 구체제의 유산을 일시에 정지시키고 새로운 헌법을 도입하는 방안도 유력할 수 있다. 대안으로 인도네시아처럼 민주적 질서에 반하는 기존 헌법조항을 삭제, 개정하거나 새로운 조항을 추가하는 것도 하나의 방안이다. 국가의 다양한 구성원이 참여하는 헌법의 작성과 이에 대한 사전 연구는 단 번에 해결될 수 없는 과제이다.

또한 정치에서 군부의 역할은 완전히 소멸되었으나 직능집단이자 이익집단으로서 이권을 유지하는 인도네시아 군부의 사례를 참고할 때 미얀마 군부가 병영으로 복귀하는 시점은 과거의 과오와 만행으로부터 자유로운 집단적 안위를 보장받고, 더 이상 정치권으로부터 얻을 것이 없다고 판단할 때일 것이다. 물론 이 경우에도 이익집단으로서 군부의 독점적 경제권과 같은 민간세력에 비해 비교우위를 점하는 환경이 보장되어야 할 것이다. 과거에도 그랬듯이 향후 10년 이상은 군부의 역할이 미얀마를 설명하는 가장 중요한 변수가 될 수밖에 없는 구조이다.

제4장

미얀마 경제개혁과 과제

미얀마의 정치경제와 개혁개방

1. 미얀마 경제의 특성 및 장단점

산업구조 및 주요 경제정책

미얀마정부는 농업을 중심으로 경제개발을 도모하고, 이를 2차, 3차 산업으로 파급시키는 전략을 산업정책의 근간으로 채택하고 있다. 〈표 27〉에서 보는 바와 같이 미얀마의 산업구조는 농업에서 공업 및 서비스업으로 이동 중이며, 특히 3차 산업의 비중이 커지는 것으로 보아 관광업이 확대되는 것으로 보인다.

경제제재가 해제될 경우 노동집약적 산업에 투자가 집중되어 2차 산업의 비중이 확대될 것으로 예상되며, 이에 따라 농업과 수산업을 중심으로 한 1차 산업은 상대적으로 축소될 전망이다. 〈표 28〉에서 보는 바와 같이 2011년 이후 2차 산업의 성장률이 주를 이룰 것으로 보인다.

〈표 27〉 산업별 GDP(부가가치 기준)

	2004	2005	2006	2007	2008	2009	2010
농업	48.2	46.7	43.9	43.3	40.3	38.1	36.4
공업	16.4	17.5	19.3	20.4	22.7	24.6	26.0
서비스업	35.5	35.8	36.8	36.3	37.1	37.3	37.6

※ 자료: ADB(2012a).

떼잉쎄인 대통령은 2011년 6월 19일 발표한 제 2차 발전전략에서 산업구조의 후진성 탈피를 위해 농업분야 점유율을 36.4%에서 29.2%로 감소시키는 반면 산업 및 서비스분야는 각각 26%에서 32.1%, 37.6%에서 38.7%로 전환하는 목표를 세웠다. 또한 2010-11년 기준 1인당 GDP를 1.7배 성장시키고 2015-16년 기준으로 현 수준의 3배 성장을 목표로 설정했다(*New Light of Myanmar* 2012.6.20).

<표 28> 산업별 성장률 예상치

(단위: %)

	2011	2012	2013	2014	2015	2016
농업	3.0	3.9	3.5	4.0	4.2	4.2
공업	5.8	8.6	11.4	11.2	12.2	12.4
서비스업	6.4	4.7	4.6	5.6	6.1	6.9

※ 자료: EIU(2012b). p.8.

미얀마 에너지의 주요 원천은 목재를 이용한 바이오매스 에너지가 70% 이상을 차지하고 그 뒤를 원유와 천연가스가 잇고 있으며, 1990년대 이후 수력발전에 의한 에너지 확대 생산이 목도되고 있다. 미얀마 제 1에너지부에 따르면 2007-2008년 기준 석탄 생산량은 111만7천300톤에 달했으며 이 중 88만9천톤가량이 사용되었고, 향후 20년 이후인 2030년경에는 565만4천톤까지 생산할 것으로 전망된다. 대체 연료로서 자트로파(Jatropa)는 연간 7백만톤까지 생산할 수 있다고 하지만 미신적 신앙에 따라 재배되므로 지속적인 생산효과를 누릴 수 없는 임시방편이라고 평가된다.

수력은 화석연료보다 친환경적이고, 높은 건설비용에 비해 저렴한 운영비와 반영구적인 특징이 있는데, 미얀마 주요 10개 강 집수면적은 73만7,800㎢이고, 지표수와 지하수는 각각 1082㎦, 495㎦이다. 수자원은 농업분야에 90%, 산업 및 음수용으로는 10% 사용되고 있지만 가용치의 약 5%만이 개발되고 있는 상황이다(http://www.wepa-db.net/policies/state/myanmar/myanmar.htm).

1990년대 이후 외국인직접투자(FDI)로 신규 투자되는 분야 중 수력발전을 주목할 수 있는데, 주로 중국과 태국이 동북부 지역을 집중적으로 개발하고 있다. 2007년 현재 확인된 미얀마의 수력발전자원은 3만9,720메가와트에 불과하지만, 1995년 세계은행(World Bank)이 조사한 이론상의 미얀마 수력발전 잠재력은 10만8000메가와트에 달한다. 1988년 이후 44개 수력발전 프로젝트가 완성되었고, 현재 33개 프로젝트가 수행 중이다. 그러나 댐건설로 인한 산림파괴와 훼손, 지역민의 강제이주 등이 자행되고 있으나 정부의 철저한 통제로 사례가 쉽게 보고되지 않는다.

동북부 지역의 견목(堅木), 특히 티크의 과다 벌목으로 인해 야생동물의 멸종은 명확하다. 세계 티크의 75%가 미얀마에 산재하고, 품질면에서도 시장성이 있으며 2007/08년 기준 3대 수출 품목이었다. 2005/06년 기준 전체 토지의 50%가 삼림이지만 23.2%는 유휴지 상태로 남아 있어 국토의 효율적 개발이 부족한 상황이다. 또한 험준한 산맥에서 채굴 또는 벌목한 자원을 운송하기 위한 운송수단이 없어 코끼리를 이용하는 등 야생동물에 대한 무분별한 포획으로 인해 생태계도 크게 훼손되고 있다.

〈표 29〉 미얀마의 토지 이용 현황(2003-2004)

토지 형태	토지사용(백만 헥타르)		%	비고
경작지	10.12	17.25 (전체경작지)	14.96	25.5%는 경작가능 토지임.
유휴지	0.56		0.83	
경작가능유휴지	6.57		9.71	
요존림(要存林)	14.99		22.15	
기타 산림	18.49		27.34	
경작불가능 토지	16.92		25.01	
합계	67.65		100.00	

※ 자료: http://www.wepa-db.net/policies/state/myanmar/myanmar.htm

성과에는 여전히 의문이 남지만 신군부는 집권과 동시에 시장경제체제 도입을 선언했고, 그 신호탄은 1988년 11월 30일 제정된 『외국인투자법』(SLORC 법 제 88/10호)이다. 그리고 이듬해 1965년 제정된 『사회주의경제계획법』(*Law of Establishment of the Socialist Economic System*)을 폐기하고, 후속조치로 1990년 『민간기업법』(*Private Industrial Enterprise Law*, SLORC 법 제 90/22호)을 추가로 제정하여 민간부문의 발전에 동력을 달았다(〈표 30〉 참조).

〈표 30〉 주요 경제개혁 및 관련법령(1988-2010)

년도	주요 내용	
1988	• 외국인투자법 도입	
1989	• 생활필수품 가격 관리 해제 • 사회주의경제법(1965)폐지 • 국영경제기업법 도입	• 국경무역 법제화 • 외국선박어업권법 도입 • 미얀마중앙은행법 도입
1990	• 미얀마관광법 도입 • 민간기업법 도입 • 미얀마재정기구법 도입	• 미얀마농업및지방발전법 도입 • 미얀마상업세법 도입/공포 • 미얀마 해양수산법 도입
1991	• 미얀마중앙은행 규정 포고	• 산림법 도입

	• 양공공업지역 건설 착수	• 상공업회의소(chamber)재설립
1992	• 비효율적 국영기업 임대 발표 • 국영 제재소 비국유화 발표 • 4개 민간은행 설립 발표	• 조세법 도입 • 저축법 도입
1993	• 태환권(Foreign Exchange Certificate) 도입 • 미얀마호텔및관광법 도입	• 미얀마 보험법 도입 • 4개 민간은행 설립 발표
1994	• 미얀마시민 투자법 도입 • 미얀마광산법 도입 • 과학및기술발전법 도입	• 민간은행 설립 발표 • 11개 외국은행 허가 발표

1995	• 51개 국영기업 민영화 발표
	• 민영화위원회 조직
		• 국내외민간은행간
		  합작은행설립 허가
		• 태환권과 주요외환권
		  거래 승인

1996	• 컴퓨터과학발전법 도입
	• 보험사업법 도입
	• 국내민간기업 외환업무
	  도입 승인
	• 1$(US)에 대한 관세률
	  100짯으로 인상
	  (2004년 450짯으로 인상)
		• 미얀마증권거래센터 설립
		  (일본 다이와증권사와
		   국영 미얀마경제은행 합작)

1997	• ASEAN/AFTA 가입	• 미곡조달 입찰 완화안 발표 (미이행)
1998	• 외국기업 포함한 민영기업이 휴경지와 처녀지를 임차하여 환금작물, 축산업, 미곡농업을 할 수 있도록 토지 임차안 발표	
1999	• 해외고용 관련법 도입	
2000	• 공무원 봉급 5-6배 인상(공식발표 없음)	
2003	• 쌀수출 자유화	
2004	• 자금세탁 방지법(2002) 일부 개정	
2005	• 석유 및 천연가스가격 8배 인상(공식발표 없음)	
2006	• 4월, 공무원 봉급 5-10배 인상 (공식발표 없음)	• 국경지역발전법령 일부 수정 • 수력자원 보호법 도입
2007	• 석유 및 천연가스가격 2-5배 인상(공식발표 없음)	

2008	• 36개 국영기업 민영화 발표(11.30) • 신헌법안 통과: 국가 경제체제는 시장경제체제(헌법 제 35조), 기업을 국유화하지 않고(헌법 제 36조 (d)), 화폐 무효화조치를 취하지 않음(헌법 제 36조 (e))	
2009	• 57개 국영기업 민영화 발표(8.12)	
2010	• 공무원 월급 인상(20 달러 이상) • 4개 민간은행 개설 • 경제특구지정	
2011	• 경제특구법 공포 • 산업발전위원회 출범 • 상업세 인하(8%→5%) • 노동조직법 제정	• 자동차 수입규제 완화 및 관세 인하 • 6개 민간은행 달러계좌 개설 및 환전 허용
2012	• 공무원 월급 인상 (37 달러 이상) • 외국인투자법(1988) 개정 • 무역위원회 폐지 및 투자위원회 개편 • 은행 및 금융개혁 발표	• 대통령 2단계 발전전략 발표 • 관리변동환율제 도입(4.1) • 중앙은행 독립화를 위한 법령 제정

※ 필자 작성.

미얀마는 서방국가의 경제제재를 돌파하기 위해 주변국과의 국경
무역을 대안으로 채택하고 있으며 국경무역이 총 교역량의 80% 이상
을 차지하고 있다. 국경무역은 1989년 공식적으로 법제화되었으나 이
미 1988년 8월, 미얀마수출입국(Myanmar Export and Import Service:
MEIS)과 중국 원난기계수출입공사(Yunnan Machinery Import & Export
Cooperation: YMC)가 국경무역협정을 체결했다. 1994년 8월에는 중국
과 미얀마정부 간 국경무역협정이 최초로 합의되었다.

〈표 31〉 미얀마의 주요 국경무역 사무소

중국(개설)	태국(개설)	인도(개설)	방글라데시(개설)
Muse (1998.1.21) Lwejel (1998.8.23) Chinshwehaw (2003.10.19)	Tachileik (1996.3.16) Myawaddy (1998.9.16) Kawthaung (1996.6.1) Myeik(FOB) (1999.7.1)	Tamu (2005.4.12) Rhi (2003.12.10)	Sittwe (1998.12.11) Maungdaw (1995.9.5)

※ 자료: 미얀마 상무부(http://www.commerce.gov.mm)

1996년 상무부 산하에 국경무역부(Department of Border Trade)를 신설하고 국경지역에 총 13개 무역사무소 설치했다(〈표 31〉 참조). 국경무역부는 국경무역의 원활한 유통과 흐름을 감독하는데 그 주요 목적이 있지만 이외에도 불법무역을 근절하고 향후 자유무역지대를 창설하고자 하는 중장기적인 전략도 포함된다.

미얀마는 유엔이 지정한 최저개도국(LDC)으로 분류됨에도 불구하고 군부의 학정과 제재로 인해 국제기구와 선진국으로부터 원조를 받지 못하고 있는 실정이다. 예를 들어 최근 5년간(2003-2007년) 국제기구 및 선진국의 대 미얀마의 ODA 지원규모(총 지출액 기준)는 연평균 약 1억5,400만 달러 수준에 불과하며 그 내역도 이국간 및 다자간 유상원조는 미미하며 무상원조는 명맥만 유지하는 수준이다.

구체적으로 2011년 기준, 미얀마는 외국 원조로 1인당 6달러를 지원받았는데, 이는 라오스의 1인당 원조금액 62달러, 베트남 42달러, 캄보디아 52달러에 크게 못 미친다. 반면, 중국의 대 미얀마 경제원조는 공식적으로 15억7,700만 달러이지만 군수분야의 지원이 비공개로 진행되기 때문에 이보다 더 많을 것으로 추정된다.

미얀마 경제의 장점

미얀마 경제의 장점은 초기 개도국으로 개발수요가 높고, 미개발 천연 및 지하자원이 풍부하며, 약 6천만 명에 이르는 인구로 인해 내수시장의 확대 가능성이 농후하면서 중국과 인도에 낀 전략적 요충지로써 30억 인구의 경제활동에 거점이 될 수 있다는 점이다. 또한 식민시기를 거치면서 실험한 자본주의가 미얀마에서 뿌리 내릴 수 있다는 역사적 근거가 충분하며, 저임금과 영어를 구사할 수 있는 양질의 노동력을 적시적기에 수급할 수 있다.

먼저 농림수산업 분야를 보면 2005/06년 기준 9.3%의 유휴지를 제외하고 국토의 16%만이 경작되는 점으로 보아 농업시설 확장과 생산 가능성은 상존한 것으로 보인다. 그러나 소규모 영세농 방식, 투자 부족, 비료와 씨앗의 부족, 미흡한 관개시설 등으로 인해 농업성장이 지체되고 있다.

미곡은 식용유와 함께 국민들의 동요를 제한할 수 있는 생필품으로서 수출제한 품목으로 지정되어 있다. 수출은 농업관개부 산하 미얀마미곡무역위원회(Myanmar Rice Trading Committee: MRTC)에서 관장하지만 군부와 결탁한 일부 민간기업이 수출인 에쉐와(Aye Shwe War)를 비롯하여 소수의 기업이 독점하는 구조이다.

에야워디강과 땅르윈강 등 미얀마 내륙을 관통하는 하천의 영향으로 수산물도 풍부하다. 특히 정수(淨水), 새우와 같은 수산물은 정부의 통제품목이 아니기 때문에 민간분야에서 차지하는 의존도가 높은 편이다. 실제로 수산물은 2007/08년 기준 미얀마의 4대 수출 품목 중 하나였고, 2005/06년 기준 GDP의 7.7%를 차지했다.

〈표 32〉 기간별 수력발전 프로젝트

기간(경제개발 5개년 계획 기준)	가용량(메가와트)
2001/02-2005/06	3,186
2006/07-2010/11	8,620
2011/12-2015/16	11,154
2016/17-2020/21	12,076
2021/22-2025/26	17,202
2026/27-2030/31	23,324

※ 자료: Ministry of Information(2010).

풍부한 수력은 수력발전에도 유리한데, 미얀마 제 1에너지부에 따르면 가용한 수력자원 중 단 1%만이 수력발전으로 개발되고 있다. 2008년 현재 수력 발전은 FDI 중 천연가스에 이어 2위를 차지하고 있으며, 이 분야는 중국, 인도 등 주변국을 포함해 주요 외국인 투자분야가 될 것이다. 정부에 따르면 전력 소비량은 매년 15% 증가하고, 2015년까지 진행 중인 수력발전이 완료될 경우 전력난은 완전히 해소될 것이라고 한다(〈표 32〉, 〈표 33 참조〉).

〈표 33〉 수력발전 프로젝트

	프로젝트명	가용량(MW)	생산량(KW)	
운영중	Shweli-3	800	3,995	
	Bawgahta	168	500	
	Bilin	280	1,512	
	Dayaingchaung	250	87	
	Thakyet	20	95	
	Tarpein-2	140	633	
	Shweli-2	640	3,310	
	Shwesayay	660	2,908	
	Taninthayi	600	3,476	
	Laymyo	500	2,500	
완공 예정	Yeywa	790	완공예정년도	2010
	Shwegyin	75		2010
	Chephwenge	99		2011
	Kunchaung	60		2011
	Phyuchaung	40		2011
	Nanchao	40		2011
	Tarpein-1	240		2011
	Upper Paunglaung	140		2012
	Thaukyekhet-2	120		2012
	Biluchaung-3	52		2012

※ 자료: Ministry of Information(2010).

미얀마는 복잡한 지질구조로 인해 다양한 에너지 자원 및 광물자원이 매장되어 있는 것으로 평가된다. 구리, 철광석, 니켈, 주석, 텅스텐, 안티모니가 미얀마의 대표적인 광물이며, 옥, 루비, 사파이어 등 다양한 보석류도 세계 최고로 손꼽힌다. 황금의 경우 매장량이 약 560만 톤으로 추정되며 정부도 재원확보를 위해 금 채굴사업을 적극 장려하고 있다. 현재까지 캐나다 Ivanhoe Mines(MICCL)와 미얀마 국영 제1 광업공사의 합작투자로 사베따웅(Sabetaung), 찌신따웅(Kyisintaung),

렛뻐따웅(Letpadaung) 등 몽유와(Monywa) 3대 광산에서 생산되는 구
리가 미얀마 최대의 광물로서, 이 광산에서 생산된 2007년 구리의 수
출액은 약 1억 달러에 달했다.

〈표 34〉 에너지자원 생산 현황

	2003/04	2004/05	2005/06	2006/07	2007/08
석탄(톤)	169,728	230,385	220,942	351,559	282,655
원유(천 배럴)	7,165	7,484	7,962	7,707	7,620
천연가스 (10억입방피트)	349.8	377.6	404.4	460.5	473.0

※ 자료: *EIU Country Profile*(2009).

　철광석의 경우 전국적으로 22개 매장지역이 있는 것으로 추정되지
만 개발은 미진하다. 석탄 자원도 풍부하게 매장된 것으로 확인되지
만 개발에 투입되는 비용이 크고, 가채연수가 길지 않아 경제성은 약
한 편이다.[1] 또한 2006/2007년 기준 미얀마보석공사(Myanma Gems
Enterprise: MGE)가 3억 달러의 판매고를 세웠으나 2007/08년 기준
보석 생산량은 2,270만 캐럿으로 3년 전보다 약 1천만 캐럿이 감소했
다. 2005/06년 기준 광업의 실질 GDP 대비 비중은 0.5% 내외에 그
쳤다는 사실도 광물 개방이 진행되지 않음을 시사한다.
　석유 및 천연가스 등 에너지 분야에서 미얀마의 경쟁력은 높은 편
이다.[2] 미얀마는 1853년 원유 개발을 시작한 세계에서 가장 오래된

---

1 미얀마정부에서 내세우는 광물별 매장량이나 가채연수는 식민시기 영국에 의한 지
　질조사를 근거로 작성되었기 때문에 정확한 통계에 따라 개발 타당성을 확신할 수
　없는 맹점이 있다.

산유국 중의 하나로서 현재 내륙(16개)과 해상(25개)의 탐사구역을 설
정하여 외국기업과 탐사와 생산에 관한 계약을 체결했다.[3] 국제석유
회사들이 생산물 분배계약(PSC) 방식으로 생산하는 해상 원유 매장량
은 3조2천억 배럴로 추산되지만 원유매장량의 약 90%가 육상에 존재
한다. 육상광구는 도로와 철로 건설, 지역주민의 이주 등 원유개발에
투입되는 추가비용이 높고, 러시아와 같이 전략적으로 접근하는 국가
에게 개발권을 전량 판매 또는 위임하고 있어 접근이 제한된다.[4]

　미얀마의 에너지 자원 중 천연가스는 세계 매장량의 0.1%인 78억
입방 피트(ft^3)로서 지난 20년간 최대 FDI 품목이었다(BP 2012, 20).
국제시장에서 천연가스 수요가 증가하고 있어 일시적인 가격하락이
발생하더라도 손실액은 크지 않을 것으로 보이는데, 주변에 중국, 인
도, 태국, 방글라데시 등 대규모의 에너지 소비국이 위치해있어 수출
에는 지장이 없을 듯 하다. 특히 중국과 인도는 아시아 패권을 다투는
잠정적 경쟁국으로서 자국의 지속가능한 경제발전환경 구축을 전제
하기 때문에 미얀마산 천연가스의 지속적인 수급을 희망한다.

2　석유 및 천연가스의 총 광구는 내륙 49개, 해상 26개 등 총 75개이며, 2011년 11월
　까지 9개 광구에 7개 국내회사들이 해외기업과 총 104건에 138억1,500만 달러를
　투자했다(*Mizzima* 2012.7.24).

3　2007년 기준 16개의 내륙지역 구획 중 총 9개의 외국 석유회사가 진출했다.

4　원유 매장량은 210억 배럴로 태국, 브루나이보다 많지만 말레이시아(590억 배럴),
　인도네시아(580억 배럴), 베트남(440억 배럴)로 적은 편이다(BP 2012, 8). 한편,
　일일 원유 시추량은 1984년 3만2천 배럴로 최고점을 찍은 후 2009년 1만8천900
　배럴로 감소했다. 자세한 내용은 다음의 사이트를 참조하라.
　〈http://www.eia.gov/countries/country-data.cfm?fips=BM&trk=p1#pet〉

〈표 35〉 미얀마의 천연가스 매장량

(단위: 천만 입방피트)

년도	92/93	93/94	94/95	95/96	96/97	97/98	98/99	99/00
매장량	28,000	36,042	45,599	54,043	58,579	63,505	119,983	219,399
년도	00/01	01/02	02/03	03/04	04/05	05/06	06/07	07/08
매장량	299,388	310,323	330,315	349,846	377,584	404,357	460,500	473,000

※자료: *EIU Country Profile*(1997/98-2009) 각호.

　벵골만(A-1-A-7)과 안다만해(M-1-M-18)의 총 25개 광구에서 한국의 대우인터내셔널을 비롯한 프랑스, 미국, 영국, 중국, 인도, 말레이시아, 싱가포르, 호주, 러시아, 인도네시아, 캐나다 등 외국기업들이 탐사와 시추작업을 한 경험이 있기 때문에 천연가스를 수급을 둘러싼 국가 간의 경쟁은 더욱 심화될 것으로 보인다.

　2012년부터 A-1과 A-3 가스전에서 생산이 시작된 천연가스(5조7천억 입방피트로 가채 생산량은 4조8천억-8조6천억 입방피트로 향후 20-25년 간 생산할 수 있음)는 2005년 12월 중국과 단독으로 가스공급 계약을 체결하여 윈난성 쿤밍(昆明)까지 이르는 파이프라인을 건설하여 공급할 예정이다. 천연가스 도입을 두고 중국과 인도가 무상원조 및 차관 제공 등 공격적인 전략을 채택함에 따라 한국과 같은 주변국의 천연가스 수급이 단기적인 측면에서 용이하지 않을 수도 있겠지만 미얀마도 두 국가에만 의지하지 않을 것으로 보인다.

　〈표 36〉은 1998년부터 시추되어 태국으로 전량 수출되는 두 광구의 수출량을 나타낸 것으로 해마다 수출량은 꾸준한 증가세를 보였다. 정부 발표에 따르면 2009-2010년 천연가스 수출로 인한 수입은 29억2천 만 달러, 2011-2012년에는 35억6,300만 달러, 2012년 4월-6

월 사이에는 8억 달러로 완만한 증가세를 보였다(*Xinhua* 2012.4.24;
7.23). 2013년부터 여카잉 해상의 쉐(Shwe), 조띠까(Zawthika) 광구는
파이프라인을 통하여 중국으로 수출될 계획이므로 향후 천연가스를
중심으로 한 국가 수익 증대가 예상된다.

<표 36> 천연가스 수출량

(단위: BSCF)

년도	야더나	예더궁	합계
1998-99	30.000	-	30.000
1999-2000	148.455	-	148.455
2000-01	233.252	47.920	281.172
2001-02	192.158	75.830	267.988
2002-03	191.625	91.930	283.555
2003-04	190.392	92.339	282.731
2004-05	193.383	108.650	302.033
2005-06	191.120	142.165	333.285
2006-07	236.550	153.277	389.727
2007-08	241.732	157.793	399.525

※ 자료: Energy Planning Department, Ministry of Energy(2008)

　이상에서 살펴 본대로 미얀마 경제의 장점은 현실에 도출되는 '사
실'보다 '미래'를 현실화할 수 있는 잠재력에 초점이 맞춰져 왔으며, 일
련의 개혁프로그램이 가동된 지 1년이 지난 2012년 들어 본격적으로
주목받기 시작했다. 국제통화기금(IMF)은 이례적으로 보고서를 통해
미얀마의 높은 성장 잠재력에 주목하며, 당국이 풍부한 천연자원과
젊은 노동력 등을 잘 활용하면 아시아에서 신개척지로 부상할 수 있
을 것이라고 평가했다(IMF 2012a; IMF 2012b). 상품투자의 귀재인 짐
로저스(Jim Rogers)도 미얀마를 두고 "10-20년간 최고의 투자처", "미

얀마가 가장 전망 좋은 나라", "가능하다면 모든 자금을 미얀마에 걸 겠다."는 등 기대감을 쏟아냈다. 경제전문지 EIU는 2012년 4월호를 통해 2014-16년 사이 미얀마의 GDP 평균 성장률을 6.4%, 서구의 제 재가 해제된다면 동 기간 약 20%라는 믿기지 않는 수치를 예측했다 (EIU 2012a).

아시아개발은행(ADB)의 보고서에서도 미얀마의 풍부한 천연자원 과 노동력이 강조되었고, 추가로 지정학적 장점이 부각되었다. ADB 는 외국인 직접투자 장려, 사회간접시설 구축, 금융 분야 개혁, 경제 관련법과 제도의 개혁 등 성장 방해요소를 제거하려는 정부의 노력을 높이평가하고, 현재와 같은 추세가 지속될 경우 2030년경에는 1인당 국민소득(GDP)이 2천-3천 달러를 달성할 수 있을 것으로 내다봤다 (ADB 2012b, 1).

또한 ADB는 지정학적으로도 중국과 인도 사이에 위치한 점을 부각 시키며, 아시아가 세계의 중심으로 부상하여 미얀마 경제에 안전판이 마련되었다고 판단한다. 이외 미얀마는 국경무역을 통해 주변국과 경 제 교류를 활성화시킬 수 있으며, 아세안 내 교역량도 2011년 10%를 돌파하는 등 상향곡선을 그리며 역내에서도 새로운 생산기지가 될 수 있다고 본다(ADB 2012b).

미얀마 경제의 단점

미얀마 경제의 단점은 장기간 지속된 사회주의경제체제에 따른 관 료의 일상화된 근무 태만과 만연한 부정부패, 이로 인한 전문성 결여,

위기관리능력의 부족으로 집약된다. 풍부한 천연자원과 인적자원에
도 불구하고 정부의 개발정책이 미진함에 따라 각종 사회간접자본은
1960년대 이후 정체되었고, 각종 법령은 사문화되어 실효성이 매우
낮다. 구체적 거시경제정책은 존재하지 않고, 금융 및 재정제도 또한
매우 낙후되어 있으며 산업도 농업 중심으로 단순한 편이다.

전국 소재 공항은 77개(2009), 철로 총 연장은 3,955km(2008), 도로
는 2만7,000km에 달하며, 주요 항구는 양공, 몰러먀잉(Moulmein), 싯
뜨웨 등이다. 철로와 도로는 식민시대에 건설되어 시설이 낙후되어
있지만 전국 방방곡곡까지 연결되어 있다. 주요 도로는 양공에서 제 2
의 도시인 만달레에 이르는 1번 국도이고, 네삐도가 개발됨에 따라 양
공-네삐도간 고속도로(320km)는 완공되어 기존 10시간에서 5-6시간
정도로 운행시간이 단축되었다. 에야워디강을 운행하는 대표적인 운
송회사는 1868년 밍동왕(Mindon)의 재가를 얻어 북부 버모에서 남부
지역으로 운행한 정기 노선인 이라와디 프로틸라회사(Irrawaddy
Flotilla Company)가 있으며 현재에는 만달레-버강 노선만 운행한다.

산업발전을 위해 현재 미얀마가 안고 있는 가장 현실적인 문제는
전력 수급이다. 미얀마를 한번쯤 방문해 본 사람이라면 양공, 만달레
와 같은 대도시에서도 완전히 정전되는 블랙아웃(blackout)을 한 번씩
경험해 봤을 것이다. 현지 봉제공장 관계자들은 블랙아웃을 대비하기
위해 자가발전기를 설치하고 있는데, 기계 가동비용이 타국가의 인건
비와 맞먹는 수준이므로 결국 저임의 노동력에 대한 이점이 상쇄된다
고 평가한다. 문제는 자가발전기 설치와 운용비용이 매우 비싸기 때
문에 전력 수급에 불편을 겪고 있는 국민들의 접근성은 매우 낮다. 그
러므로 정부 차원의 전력 수급 방안이 마련되지 않는 한 모든 국민이

기초적 전력 수급의 혜택을 받을 수 없다.

〈표 37〉 국가별 전력 보급률 비교(2009)

	보급률(%)	전력 미접근자(백만)	1인당소비량(Kwh)
방글라데시	41.0	96	252
중국	99.4	8	2,631
캄보디아	24.0	44	131
인도네시아	64.5	82	590
말레이시아	99.4	0.2	3,614
태국	99.3	0.5	2,045
베트남	97.6	2.1	918
미얀마	13.0	44	104

※ 자료: Dapice(2012), p.12.

〈표 37〉에서 보는 바와 같이 미얀마의 전력 보급률은 13%로 아세안내 후발개도국인 캄보디아와 베트남에 비해 매우 낮은 편이다. 전력을 사용할 수 없는 국민도 4천400만 명으로 전체 인구의 80% 이상으로 사실상 대도시를 제외한 지역에서는 전력이 보급되지 않는 것으로 추정된다. 제 2전력부에 따르면 2011년 기준 약 222만 명의 인구가 전력을 사용하고 있다고 발표했는데, 매년 완만한 증가세를 보이고 있다(Depice 2012, 6).

〈표 38〉 미얀마의 경제자유지수

년도	지수(순위)	년도	지수(순위)
2006	40.0	2010	36.7(175/179)
2007	41.0	2011	37.8(174/179)
2008	39.5(153/157)	2012	38.7(173/179)
2009	37.7(176/179)	※ 자료: Heritage Foundation(2006-12).	

Heritage Foundation의 『경제자유지수』(*Index of Economic Freedom*)에 따르면 미얀마는 매년 세계 평균에도 못 미치는 최하위권을 기록했다. 개인의 경제적 자유를 기초로 하는 시장경제기반이 허술함을 증명하는 자료이면서 투자가들의 투자요인을 위축시키기에는 충분해 보인다.

〈표 39〉에서 보는 바와 같이 동남아국가 중 미얀마의 경제자유지수는 가장 낮다. 아세안 내 후발개도국에 속하는 캄보디아, 라오스, 베트남(CLMV)과 비교했을 때 총 지수에서 20점 이상 차이나고, 기타 10개 평가항목에서 모두 후진성을 극복하지 못했다. 정부지출 의존도는 매우 높고, 대신 투자자유도는 0으로써 실제로는 국내외 투자가 불가능한 경제구조이다. 또한 부패자유도가 14.0에 미쳐 효율적인 자본집행, 제도적 뒷받침은 불가능하고, 노동 자유지수도 20점 밖에 되지 않아 실업률이 매우 높은 것으로 분석된다.

〈표 39〉 동남아국가의 경제자유지수(2012)

국가	총점	기업 활동 자유	무역 자유	세금 부담	정부 지출	인플레 억제	투자 자유	금융 기관 투명	지적 재산권	부패 지수	노동 시장 자유
미얀마	38.7	20.0	73.6	82.0	96.0	61.2	0.0	10.0	10.0	14.0	20.0
캄보디아	57.6	40.7	65.2	91.1	90.0	80.7	60.0	50.0	30.0	21.0	47.2
인도네시아	56.4	54.6	73.9	83.5	91.6	75.2	35.0	40.0	30.0	28.0	52.1
라오스	50.0	61.6	58.7	79.8	86.6	76.9	25.0	20.0	15.0	21.0	55.7
말레이시아	66.4	78.1	78.8	84.5	72.5	81.6	45.0	50.0	50.0	44.0	79.3
싱가포르	87.5	97.2	90.0	91.3	91.3	84.8	75.0	70.0	90.0	93.0	92.1
태국	64.9	72.5	75.2	75.1	87.5	69.3	40.0	70.0	45.0	35.0	79.0
필리핀	57.1	54.3	75.5	79.1	89.7	77.1	40.0	50.0	30.0	24.0	51.7
베트남	51.3	61.1	79.6	76.5	66.5	75.1	15.0	30.0	15.0	27.0	67.3
한국	69.9	93.6	72.6	72.8	67.2	78.9	70.0	70.0	70.0	54.0	49.7

※ 자료: Heritage Foundation(2012).

경제개혁 법령은 일종의 전시행정에 불과하고, 실제로 모든 사업과
정과 절차는 인맥으로 연결되는 경우가 높다. 일부를 제외하고 중앙
부처의 고위 공무원은 행정경험이 일천한 군인(퇴역)이 맡고 있으며,
전문 민간출신 관료라고 할지라도 상급자의 지시에 복종해야하기 때
문에 업무의 지속성은 기대할 수 없다. 예를 들어 에너지자원 및 광물
자원의 개발과 생산에 관련하는 담당부처는 수 개의 부서로 나눠져
있어 업무의 전문성이 결여되어 있을 뿐만 아니라 업무 간 중복성도
높고, 복잡한 행정 업무가 수반된다.5

　광물 개발의 경우에도 외국인투자법에 기본적인 제한사항(예를 들어
지분 50:50의 합작사업)만 명기해 두었고, 이와 관련한 세부규정이 없어
투자 및 정부 당국의 협의에 의해 대부분의 사항이 결정된다. 이런 이
유로 최근 천연가스 개발 및 수출과 관련하여 해당 부서의 부정부패
청산과 투명성을 재고해야 한다는 아웅산수찌의 지적에 주목할 만하
다. 제도적 비효율성의 청산과 체계적인 업무집행 관행 수립이 일차
적인 관건이다.

　관료의 무능에서 생산되는 실질적인 결과는 신뢰성이 입증되지 않
는 각종 통계자료에서 객관화된다. 일례로 미얀마는 단기 경제개발계
획(Short Term Economic Plan)을 실시해 왔지만 〈표 40〉에서 보는 바
와 같이 정부의 발표를 신뢰할 근거는 없어 보인다.

---

5 천연가스 및 원유는 에너지부(Ministry of Energy) 산하 3개의 국영기업(Myanma
Oil and Gas Enterprise, Myanma Petrochemical Enterprise, Myanma Petroleum
Products Enterprise)에 의해 각각 생산, 정유, 배급이 이뤄지고, 석탄 및 광물자원
개발은 광업부(Ministry of Mines), 전력은 전력부(Ministry of Electric Power),
신재생에너지는 과학기술부(Ministry of Science and Technology)가 담당한다.

<표 40> 경제개발계획 목표 및 성과

기간	달성치
제 1차 4개년 계획(1992/93-1995/96)	7.5%
제 2차 5개년 계획(1996/97-2000/01)	8.5%
제 3차 5개년 계획(2001/02-2005/06)	12.8%
제 4차 5개년 계획(2006/07-2010/11)	12.0%

※ 자료: 국가계획 및 경제발전부(2009).

선별적으로 공식화되는 경제자료는 미얀마 경제가 위기가 없다는 사실을 공언하는 것이기도 하지만 여기에는 아나데(*anade*)라는 그들만의 문화가 자리한다. "겸양, 겸손" 등으로 번역되는 아나데는 원래 다른 사람에게 피해를 주지 않으려는 겸양과 미덕의 정신에서 나온 고유 예절문화이지만, 하급자가 상급자의 기분이나 비위를 맞추거나 상급자의 횡포를 미연에 방지하거나 무마하기 위한 선조치적 전략으로 이해된다. 바로 측근정치의 폐해이다.

통계나 데이터를 취합하는 실무진은 상급자에게 날조된 정보를 제공하고, 이런 관행은 피라미드 상위층으로 향할수록 왜곡정도가 심화되어 최상위에 있는 군부 또는 정치인은 보고된 통계를 사실로 인지하여 국정운영에 문제가 없다고 현 상황을 해석한다. 특히 경제부문은 미시적 영역까지 관찰할 필요가 있지만 해당 관료들은 "예부야 산데"(*yebuya-hsande*), 즉 모든 상황을 일반화하여 무난하다고 인식한다.

상명하달의 군부 명령체계에 익숙한 관료사회는 자발적으로 아래에서 위로 향하며 현실을 뒤틀어 가동된 현실을 생산해 왔다. 1988년 민주화운동 당시 2주간 대통령직을 수행했던 마웅마웅(Maung Maung)

박사도 이 아나데 관습이 망국의 지름길이었다고 솔직하게 회고했다. 그에 따르면 미얀마는 평화와 번영을 누릴 기회가 있었지만, 상황의 악화를 인지하면서도 감언이설 또는 날조된 보고서를 통해 모든 것이 정상적이라고 믿어 왔고, 이러한 도덕적 해이의 축적은 국가의 위기를 초래했다(Maung Maung 1999, 134).

미얀마의 공식 경제체제는 시장경제이지만 그 어디에도 자본주의(capitalism)라는 용어는 찾을 수 없다. 자본주의를 지향하지만 여전히 사회주의적 생산방식을 고수하는 군부의 의도를 엿볼 수 있는데, 낮은 대외의존도가 그 대표적인 사례이다. 군부 입장에 따르면 시장의 완전 개방은 식민 시기처럼 또 다시 자원공급국으로 전락하게 될 것이라는 두려움이 뒤따른다. 즉 자본주의로 무장한 신제국주의자들이 국내 경제를 장악해 결국 국론분열과 정권붕괴로 이어질 것으로 우려한다.

2010년부터 시작된 외국인투자법의 개정 안건도 민족주의적 경제관과 마찰을 일으키고 있다. 뒤에서 자세히 논하겠지만 개정된 외국인투자법 초안은 해외자본의 투자를 대거 유인하기 위해 국내 기업과 경쟁하는 체제로 도입되었는데, 이에 대해 국내 기업인과 이들과 결탁한 군부들의 극심한 반대가 제기되었다.

2. 국영기업의 민영화 추진과 전망

국영기업과 군부의 경제권 장악

『국영경제기업법』(1989)에 의거 주요 12대 품목은 국가가 직접 관리 및 감독함에 따라 공기업이 국가경제권을 장악하는 경제구조는 현재까지 유효하다. 1995년 기준 IMF 통계에 따르면 51개의 공기업 예하에 약 1천800여 개의 사업체가 가동 중인데, 이들의 경제규모는 GDP의 22%, 산업 규모와 수출의 50%, 수입과 조세의 40%를 차지한다. 또한 1988년 624개였던 국영기업의 수는 2008년까지 794개로 증가하여 1995년부터 시작된 국영기업의 민영화 작업이 실효를 거두지 못했음을 보여준다(〈표 41〉 참조).

〈표 41〉 중앙부서 소속 주요 국영기업(2010)

중앙부서/개수	국영기업
제1공업부/ 6	미얀마방직산업, 미얀마음료산업, 미얀마제약산업, 미얀마도자기산업, 미얀마제지및화학산업, 미얀마일반산업
제2공업부/ 4	자동차및디젤엔진산업, 농기계산업, 기계류및전기산업, 미얀마타이어및고무산업
통신및체신부/ 1	미얀마체신및통신사업국
호텔및관광부/ 1	미얀마호텔및관광국
상무부/ 1	국경무역과
에너지부/ 3	미얀마오일및가스공사, 미얀마석유화학공사, 미얀마석유생산공사

농업및관개부/ 4	미얀마면화및양잠공사, 미얀마황마공사, 미얀마다년생 작물공사, 미얀마사탕수수공사
협력부/ 1	수출입협력공사
제1전력부/ 1	미얀마수력공사
제2전력부/ 1	미얀마전력공사
산림부/ 1	미얀마목재공사
정보부/ 3	영화제작공사, 뉴스및정기간행물공사, 인쇄및출판공사
수산및어업부/ 1	해산물및유제품공사
광물부/ 6	광물공사(3개), 미얀마보석공사, 미얀마천일염및해양 화학공사, 미얀마진주공사

※ 필자 작성.

정부로서 군부가 경제권을 독점하게 된 계기는 민간정권기 당시 군부에 대한 정부의 홀대로부터 독자적인 생존을 모색하면서부터였다. 국방비의 감소로 인해 군인과 군인가족의 복지뿐만 아니라 생계마저도 위협에 처하자 군부는 독자적 생존전략으로 생필품 판매를 통해 기금을 확보하기 시작했다. 1950년, 군부는 미얀마기업법에 의거 국가경제 발전, 가격 인하, 신 경제영역의 확장, 산업 및 상업 지식의 확대를 4대 목표로 비영리 기구인 국방협회(Defence Service Institute: DSI)를 신설함으로써 제도권 경제에 개입하기 시작했다. DSI는 1960년 버마경제 발전공사(Burma Economic Development Corporation: BEDC)로 개칭된 후 전권이 총리 직속으로 이관되었으나 실질적인 운영권은 군부 통제 하에 있었다.

1962년-1964년 사이 혁명평의회(RC)는 14개의 사회주의경제체계법령을 공포하고, 사회주의경제건설위원회를 조직했다. 위원회는 DSI, BEDC, 군부가 경영하는 35개 유한회사, 어업위원회, 국민의 진주, 정미소, 22개 외국은행 및 외국기업 등 기업과 자산을 모두 국영화했다

(Mya Maung 1991, 122). 그럼으로써 국가경제는 군부의 손아귀에 놓이게 되는데, 정권 초기에는 사회주의 생산방식을 유지하기 위한 일환이었다. 이후 군인사가 경제요직에 모두 중용됨에 따라 경제운용원칙은 군부의 명령체계에 종속적이고, 국가적 차원의 경제발전보다 군부의 이권을 보호하는데 우선권이 배분되었다.

현재 BEDC의 기능을 담당하고 있는 기업은 미얀마경제지주공사(UMEHL)이다. UMEHL은 1950년 제정된 미얀마기업법에 근거하고, 1990년 2월 19일 상무부 고시 제 90/7호에 의거 설립되었다. 설립목적은 국가 자본 수출의 극대화, 국가의 필수 수요영역에 관한 수입 부문의 지원, 국가 GDP 성장으로 인한 국민의 복지 향상, 생필품 가격 안정 등 4개 조항에 달한다.

60-70대 퇴역 군인(대령급)이 10인으로 구성된 이사회의 위원이 되며 이들이 실질적 사업운영을 결정한다. 이론적으로 군부 서열 3-4위에 해당하는 부관참모(과거에는 SPDC 제 3서기 겸임)가 대표를 맡는 것이 원칙이지만 이 관행도 수시로 변경된다.

2009년 현재, UMEHL이 관여하는 사업 수는 제조업, 무역, 서비스업 분야 등 총 47개에 달하며, 사업 형태도 단독, 합작, 외국이나 국내 기업이 UMEHL의 승인 하 현지법인을 설립하는 등 3개의 영역으로 나눠진다. 주로 보석, 봉제, 식품, 목재, 호텔 및 관광, 통신, 철강, 자동차 등 정부가 외국인 투자를 금지시켜둔 영역에 대한 배타적 사업권을 가진다(Union of Myanmar Economic Holdings Limited 2008, 4).

기타 군부가 경영하는 기업은 미얀마 경제공사(Myanmar Economic Enterprise)로서 활동에 관한 정보는 외부에 거의 알려져 있지 않으나 국방부 산하에 등록된 것으로 보아 군수물자 구입과 군인가족의 복지

를 위해 충당되는 것으로 추정된다. 또한 민간영역으로 분류되기는
하지만 군부나 군부가족이 직접 경영하는 기업은 국영기업과 합작하
거나 독점적으로 하청을 받아 배타적인 부를 축적하고 있다.

국영기업의 민영화 추진 현황

정부는 기업 간의 경쟁을 통해 효율성을 제고하여 민간경제부문을
강화하고 국가 경제를 발전시키기 위한 목적으로 1995년 국가계획 및
경제발전부 산하에 민영화위원회(Privatization Commission)를 출범시
켰다. 위원회는 20명으로 구성되며 SPDC 1서기가 위원장을 맡으며,
하위에 국영기업의 민영화를 신청한 기업들을 평가하는 평가위원회
(Valuation Committee)와 민영화할 기업들의 토지 사용을 관장하는 토
지분석위원회(Land Analyzing Committee)를 두고 있다.

정부의 민영화는 2000년대에 들어 시행되었는데, 단행 시기가 늦어
진 이유는 장기간의 계획경제체제로 인해 제도를 시행하는 당국과 이
를 수용하는 민간기업가들의 이해도가 부족했기 때문이라는 의견도
있다(Thein Tun 2002). 그러나 실제로 정부가 국영기업의 민영화를 추
진할 정도의 의지가 있었는지는 확인되지 않는다. 일례로 IMF 자료
(1999)에 따르면 1999년 기준 국영기업은 GDP의 1/5 수준, 총 고용
의 2%를 차지했다.

<표 42> 정부 및 민간 영역 수출입 비교

(단위: 백만 달러)

연도	정부		민간		합계		퍼센트(%)	
	수출	수입	수출	수입	수출	수입	수출	수입
2003/04	1,048.0	703.4	1,307.8	1532.0	2,355.8	2,235.4	55.5	68.5
2004/05	1,653.1	625.8	1,261.8	1353.6	2,914.9	1,979.4	43.3	68.4
2005/06	1,950.7	613.8	1,603.0	1368.0	3,553.7	1,981.8	45.1	69.0
2006/07	3,155.2	1,124.7	2,067.7	1803.7	5,222.9	2,928.4	39.6	61.6
2007/08	4,044.3	903.2	2,369.0	2443.4	6413.3	3,346.6	36.9	73.0
2008/09	4,313.1	1,971.1	2,479.7	2592.1	6792.8	4,563.2	36.5	56.8

※ 자료: UMFCCI(2010).

〈표 42〉에서 보는 바와 같이 수출은 정부 소유의 국영기업이 민간기업의 약 2배 이상을 차지하며, 그 수치는 지속적으로 증가해 왔다.[6] 국영기업의 천연가스 수출이 큰 비중을 차지하지만 한편으로 수출시장에서 민간부문이 차지하는 역할은 미미하다.

반면, 수입은 민간기업이 국영기업보다 높은 수치를 보이며 완만한 증가와 감소를 반복하고 있다. 국영기업의 사업 분야가 민간영역과 중첩되지 않기 때문에 국영기업의 민영화가 민간기업에 끼치는 부정적인 영향은 크지 않을 것으로 예상되며 오히려 민간부문의 경기가 활성화될 가능성이 높아 보인다.

2006년 정보부 산하 123개 기업이 최초로 민영화되었다고 보고되

---

6 국영기업이 경제 전반에 영향력을 행사하고 있는 것은 사실이지만 시장경제체제 도입 이후 민간영역의 확대도 부인할 수 없는 사실이다. 미얀마상공연합(UMFCCI 2010) 자료에 따르면, 미얀마 민간부문이 GDP에서 차지하는 영역은 약 93%이며, 분야별로 농업 100%, 공업 92%, 무역 95% 등이다.

었다. 또한 국가계획 및 경제발전부에 따르면 2007년 4월 현재 국영기업은 총 288개이고, 이 중 총 10개 중앙부처 소속의 국영기업 중 215개의 민영화를 계획하였으나 결과는 발표되지 않았다. 다만 2007년 11월까지 22개 국영기업이 추가로 민영화되었고, 축산수산부와 농업관개부 등 1차 산업 중심의 민간시장 개방이 실현되었다(*The Financial Express* 2007.12.23).

2008년 4월, 투자촉진과 생산성 향상을 통한 경제발전을 위해 국영기업의 민영화 필요성을 강조했으며, 2008년 12월 현재 36개 국영기업이 민영화되는 등 총 288개 국영기업 중 254개 민영화되었다고 발표했다. 2009년에는 37개 기업이 민영화되었고, 2009년 12월과 2010년 1월 수도이전에 따른 구 청사, 노후한 전자장비 임대, 공무원 관사 임대 등 총 11개 중앙부서 소속의 110개 기업의 공개입찰이 진행되었다(*Xinhua* 2010.1.22).

한편, 2010년 1월 정부자산의 공개입찰 당시 국가계획 및 경제발전부는 국영주유소와 가스충전소의 민영화가 임박했다고 발표했으나, 군부의 정책 결정 관행상 연내에 이뤄지지 않을 것으로 관측되었다. 그러나 5월 26일, 에너지부 산하 미얀마석유생산공사(Myanma Petroleum Products Enterprise: MPPE)는 246개에 이르는 미얀마 전역의 천연가스 충전소를 포함한 주유소를 20개 민간사업자에게 매각했다고 발표함으로써 예상을 뒤엎은 발 빠른 행보를 보였다.

<표 43> 민영주유소 참여 기업명단(2010.8 현재)

연번	기업명	연번	기업명
1	Shwe Than Lwin Trade Co.,Ltd.	11	Grand Asia
2	Annawar Hlwam Co.,Ltd.	12	Kay Tu Madi
3	Htoo Trading Co.,Ltd.	13	Yuzana Company
4	Fisheries&Marine Products 2000 Ltd.	14	UMEHL
5	Max Myanmar Co.,Ltd.	15	Zay Kaba
6	IGE Co.,Ltd.	16	Dagon Int'l
7	Aye Shwe War	17	Kaung Zaw Hein
8	Myat Myittar Mon	18	Pyay Khaing Phyone
9	Nilar Yoma	19	Myanmar Naing Group
10	Shwe Taung	20	Eden Group

※ 필자 작성.

2010년 들어 투트레이딩(Htoo Trading)[7], 맥스미얀마(Max Myanmar)[8], IGE, 에덴그룹(Eden Group) 등 4개 기업이 100% 자회사 자본으로 민간 은행을 개설하였다. 깐보자은행(Kanbawza Bank)의 경우 미얀마 국영 항공사인 Myanmar Airways International의 지분 80%를 매입하고, 국내 항공사인 에어 깐보자(Air Kanbawza)를 설립함으로써 항공분야 로 사업영역을 확장하기도 했다.

---

7 2010년 8월, 네삐도에 Asia Green Development Bank로 개설했다(*Xinhua* 2010. 8.12).

8 은행명은 에야워디따(Ayeyarwaddy Thar)로 알려졌고, 양공을 비롯해 국내 11개 에 지점을 개설할 예정이다(*Myanmar Times* 2010.7.5-11)

<표 44> 민간은행 명단

연번	은행명	연번	은행명
1	Myanma Industrial Development Bank	11	Myawaddy Bank Ltd
2	Myanmar Citizen Bank	12	Si Pin Thar Yar Yay Bank
3	Co-operative Bank	13	Tun Foundation Bank
4	First Private Bank	14	Yangon City Bank
5	Innwa Bank	15	Yoma Bank
6	Myanma Livestock and Fisheries Development Bank	16	Asia Green Development Bank Ltd.
7	Myanmar Oriental Bank	17	Ayeyarwaddy Bank Ltd.
8	Kanbawza Bank	18	United Amara Bank Ltd.
9	Yadanabon Bank(Mandalay)	19	Myanmar Apex Bank Ltd.
10	Asia Yangon Bank		

※ 자료: Sandar Oo(2010), p.158.

민영화에 주도적으로 참여하는 주요 기업으로는 현역 및 퇴역군인이 직접 운영하는 미얀마경제지주공사(UMEHL), 투트레이딩(Htoo Trading), 아시아월드(Asia World), 맥스미얀마(Max Myanmar), 유자나(Yuzana), 더공인터네셔널(Dagon International), 제거바(Zaygabar) 등 민간업계 10위 이내의 기업들이며, 업종에 상관없이 민영화를 통해 사업 영역을 확장하고 있는 추세이다.

정부의 국영기업 민영화는 향후 5년 내에 모두 완료될 방침이다(Khin Maung Nyo 인터뷰 2011.8.25). 그러나 정부 관계자(익명 인터뷰 2011. 8.20)에 따르면 2011년 말까지 공기업 및 정부자산의 90%를 민간으로 매각하고, 10%는 정부가 보유할 계획이라고 한다. 구체적으로 봉제, 소비재, 전기제품, 일부 제철소, 부동산 및 건물, 극장 등 15개 정부 부서 소유 75개 국영기업을 민영화할 계획이다(*Beijing Time*

2011.2.15.).

2011년 1월 현재 민영화는 70% 수준까지 달성되었다고 보고되었고,[9] 2월 15일 정부는 총 288개 국영기업 중 268개 기업이 민영화되었다고 발표했다(*New Light of Myanmar* 2011.2.15). 3월에는 양공소재 157개 정부 부동산이 경매에 붙여졌고, 대부분의 부동산은 수도이전에 따른 정부 청사, 관사, 자투리땅으로 매입에 성공한 기업들이 아파트, 레지던스 등 거주지로 개발할 계획이다. 한편, 정부가 정한 12대 수입금지품목[10]은 당분간 정부가 독점할 것으로 예상되지만 자동차 품목에 한해 일부 수입이 자유화되었다.

또한 양공시내 철도에 한해 민영화를 추진한다는 정부의 계획이 발표되었다(*Xinhua* 2011.7.22). 2012년 9월에는 축산, 낙농, 수산업 관련 26개 기업에 대한 민영화 계획이 발표되었고(*Xinhua* 2012.9.18), 체신 및 통신 분야도 단계별로 민영화될 전망이다(*Xinhua* 2012.9.11).

필자가 면담한 한 경제전문가는 정부의 독점적 구조에 대해 일침을 가했다. 현재 공업부는 국영상점인 윙뚜자(Winthuza)를 개설 및 운영하고 있는데, 이는 1950년대 군부가 자체 생존을 위해 개점한 영리기관을 모체로 하고 있다. 사회주의시기에는 군부만 출입할 수 있는 빠돔마(Pardommar)가 운영되었고, 이 상점을 통해 그들의 독점적 경영권과 이득이 보장해 왔다. 신군부정권에 들어서는 윙뚜자가 그 역할을 대신해 왔다.

---

9 1월 들어 주요 3개 도시 10개 영화관이 민영화되었고, 27일 정부관청 등 76개 기업체가 경매에 붙여졌으나 이에 대한 결과는 발표되지 않았다.
10 티크, 석유, 천연가스, 진주 및 옥 등 보석류, 정부 소유의 수산물, 통신사업, 철로 및 항공사업, 은행 및 보험, 방송, 금속산업 등이다.

그러나 중국, 인도, 태국산 제품이 물밀듯이 수입되는 현실에서 윙뚜자를 이용하는 고객은 전혀 없는 상황이다. 나아가 전면적인 시장 개방이 될 경우 정부 소속의 국영기업은 제품의 질적 경쟁력이 저하되어 적자생존원칙에 따라 자연적으로 도태되거나 소멸될 것으로 단언했다(Aung Tun Thet 인터뷰 2011.8.24.).

아웅뚠뗏 박사는 퇴역 군인으로 구성된 관료들은 일정 부분 경제 자유화와 무관하게 신정부에서도 그들이 누려온 특권을 보호하는 다양한 방안을 고안 중이라고 언급했다. 일례로 퇴역 군인들이 운영하는 미얀마경제지주공사(UMEHL)의 기능을 더욱 강화하기 위해 거금이 투입되는 외국인 투자시에는 반드시 본 기업이 참가할 수 있도록 조치할 것이라고 전망했다. 또한 천연가스, 광물자원 등 장기적 개발과 고수익이 보장되는 사업은 국영기업이 독점한다는 원칙을 유지할 것으로 확신했다(Aung Tun Thet 인터뷰 2011.8.24.).

정부는 국영기업의 경쟁력이 낮다는 사실을 간접적으로 인정하고 있는 듯하다. 2011년 9월 제 1공업부와 제 2공업부 산하 음료수 공장 2곳, 설탕 공장 2곳, 방직공장 2곳, 포장 공장, 종이제조 공장, 우산 제조 공장 등 9개의 공장을 민간 기업에게 장기 임대했다(*Xinhua* 2011. 9.18).[11] 2012년 9월 발표된 26개 국영기업의 민영화 계획에서도 10개 기업은 외국기업과 합작투자, 10개 기업은 임대, 나머지 6개 기업만이 경매 대상으로 지정되었다.

아웅뚠뗏 박사의 지적처럼 정부는 지속적인 수익을 보장할 수 있는 사업권에 대한 경영권을 완전히 포기할 의향이 없어 보인다. 일례로

---

11 제 1공업부는 산하에 106개 공장과 해당 공장 산하에 57개 공장 등 총 163개 공장을 경영 중인데 그 중 52개 업체는 식품 생산을 담당한다.

민영화위원회에 따르면 2011년 1월- 2월 사이 실시된 총 344개 국영 자산의 경매에서 총 291개 자산의 매각 금액이 80천 억 짯(8억8,800 달러)라고 발표했다(Staff Writers 2011.4.4-10).

급속한 민영화는 퇴역 군인, 정치인과 결탁하는 정실자본을 확대하 는 부작용도 발생시켰다. 2011년 3월 발표된 금년 국영자산 매각에서 민간기업 5위 이내 기업들이 대부분의 자산을 매입했다(Staff Writers 2011.4.4-10). 경매 과정에서 투명한 입찰 절차가 보장되지 않고, 주요 기업을 제외하고 민간 기업이 국영자산을 매입할 수 있는 자금력이 부족하기 때문에 향후 소수의 민간 기업만이 국영기업을 인수할 가능 성이 크다.

경제 민족주의적 성향이 강한 미얀마 경제운영 원칙상 외국기업이 인수에 참여할 가능성은 낮다. 또한 소수의 정실기업들은 향후 시장 에서 독과점을 형성할 가능성이 높은데, 일례로 민영화된 LPG 주유소 를 인수한 4대 민간기업(Asia World, Universal Energy, UMEHL, Infinite Benevolence)은 수입 허가증을 독과점하는 이유로 LPG 가격 을 높게 유지하고 있다(Juliet Shwe Gaung 2011.10.10-16).

2011년 8월 19-21일, 3일 간에 걸쳐 정부 부처 실무진급(국장) 담당 자들이 경제발전을 위한 개혁 프로그램 세미나를 개최했다. 총 32편의 논문이 발표되었는데, 경제개혁과 발전을 위해 인프라 확충, 인적자원 개발, 부정부패척결 등을 공통적인 과제로 제시했지만 정책 수립에 필 요한 구체적 액션 플랜은 부족했다. 그러나 지난 50년 간 군부 또는 군 출신 관료가 정책을 결정하여 경제정책을 파탄에 몰았던 관행이 사라 지고, 경제계획과 정책입안을 민간관료와 학자들에게 위임하려는 의지 를 확인했다는 측면에서 진일보한 변화를 감지할 수 있다. 인적 구성의 변화가 향후 미얀마 경제개혁의 방향을 가늠할 것이다.

민영화 평가와 전망

2010년 초 진행된 국영기업에 대한 공개입찰은 군부의 총선비용 마련을 위한 변칙행위라는 주장이 제기되었다(*New York Times* 2010.3.7). 그러나 기업 입찰금액이 총선을 위한 정치자금으로 흘러들어갔다는 정황은 포착되지 않았다. 오히려 민영화 품목이 수도 이전에 따른 정부 소유의 자투리땅이나 노후하여 교체가 시급한 각종 기계류와 같은 장비, 개보수가 필요한 관사 등으로 해당 기업의 자산을 인수할 경우 유지보수 비용이 발생될 것이다.

288개 국영 기업[12] 중 2010년 1월까지 민영화된 256개 기업의 현금 구매는 30%에 해당되지 않기 때문에 민영화의 목적은 선거를 위한 군부의 정치자금화로 보이지 않는다. 대신 총선 이후 민간기업인과 결탁하여 군부의 경제활동을 보장받기 위한 이른바 정실자본주의를 강화하는 선조치로서 민영화를 이해해야할 것이다.

향후 대기업 중심의 민영화가 이뤄질 것이라는 사실은 명백하다. 민영화위원회는 단계적인 민영화, 일정수준의 기술을 가진 기업으로

---

12 통상 1개 중앙부처 산하의 1개의 국영기업이 편재하면 하위에 자회사 개념으로 적게는 수십 개에서 많게는 수백 개에 이르는 중소기업이 존재하기 때문에 실제 편재하는 국영기업의 수는 288개가 아니라 그 수의 몇 배에 해당된다. 일례로 양공 시내 정부 관청 중 거주지로 사용될 수 있는 건물은 113개이고, 샨주, 까친주, 저가잉주, 만달레주 등 4개 지역의 광산 수만 해도 1,000여 개에 달하는데, 이를 하나의 회사로 분류하기도 한다.

민영화, 국영기업에서 국영경제기업으로 자산의 이전, 일정기업이 민간영역을 독점하는 것을 방지하는 민영화, 민족주의적 정신에 바탕을 둔 민영화 등 총 5가지의 가이드라인을 마련해 두었다. 이 중 네 번째 가이드라인은 현재 정부의 민영화정책과 상치된다고 할 수 있다.

대표적인 민간기업은 떼자(Tay Za)가 운영하는 투트레이딩으로 현재 관광 및 호텔, 목재, 보석, 식품, 부동산, 건설, 항공업 등 다분야에 걸쳐 민간경제를 장악하고 있으며, 별도로 에어버강(Air Bagan)이라는 항공사를 운영 중이다. 투트레이딩은 2006-2007년 회계연도 기준 국영기업 및 합작기업을 포함한 미얀마 총 수출의 5위, 민간기업 분야에서는 1위를 차지했다(*Myanmar Times* 2007.6.4-10). 최근 몇 년간의 민영화과정에서도 투트레이딩은 공개입찰과정 없이 중북부지방의 옥 광산과 각종 삼림 벌목권을 낙찰 받았다. 딴쉐 전 의장과 떼자와의 각별한 관계로 인해 국가의 자산이 투트레이딩으로 이관되는 것과 다름없는 형국이다.

〈표 45〉의 2위에 오른 에쉐와는 쉐망 하원의장의 장남 아웅텟망(Aung Thet Mann)이 운영하는 회사로서 미곡 수출을 독점하는 투트레이딩의 자회사이다. 4위에 해당하는 유자나(Yuzana)는 전 군사평의회 부의장 마웅에와 결탁한 기업이자 깐보자은행의 모그룹으로 알려져 있다. 8위, 9위, 10위는 군부가 직접 경영하는 기업인데, 10위인 반둘라교통은 UMEHL의 자회사로 기업 내 가장 큰 수익을 창출한다.

따라서 향후 국영기업의 민영화는 내국인 기업에게 우선권을 부여할 것이지만 소규모 민간기업일지라도 군부와 결탁 또는 군부가족이 경영하는 기업이 투명한 매각 절차가 없이 낙찰 받을 가능성이 더 크다.[13]

<표 45> 미얀마 10대 민간기업 명단

순위	성명	기업명
1	Tay Za	Htoo Group
2	Aung Thet Mann	Ayer Shwe War Co., Ltd.
3	Zaw Zaw	Max Myanmar Groups of Companies
4	Htay Myint	Yuzana Construction Group Co., Ltd.
5	Win Khaing	UNOG Pte., Ltd.
6	Khin Khin Lay	Forever Group Co., Ltd.
7	Maung Weik	FISCA Security & Communication Co., Ltd.
8		Myanmar Economic Corporation (MEC)
9	Khin Zaw Oo	UMEHL
10	Myo Myint	Bandoola Transport Co., Ltd.

※ 필자 작성.

　현지 경제전문가는 민영화 이후 기업의 사업 수행능력을 국영기업의 민영화에서 가장 중요한 점이라고 지적하면서도 민간기업의 역량이 검증되지 않았기 때문에 상시 위험성이 내포된다고 경고했다. 공정하고 투명한 매각절차보다 권력과의 밀착정도에 따라 사업권이 결정되기 때문에 허약한 자본력이나 경영능력을 가진 기업에게 새로운 사업 분야의 확장은 부담일 수밖에 없을 것이다(Maung Aung 인터뷰 2010.8.11). 무엇보다도 향후 여당이 현재와 같은 경제정책을 고수할 경우 경제의 개방과 자유화는 별다른 소득을 얻지 못할 것이다. 심지어 국민적 봉기와 같은 극적인 체제변동이 발생할 경우 군부와 결탁

---

13 일례로 도시개발과 같은 대규모 장기프로젝트는 국내 건설업자에게 100% 위임하므로 외국기업은 컨소시엄이나 합작투자의 형태로 참여할 수 있는데, 현재 미얀마 내 대표적인 화교기업인 쉐따웅(Shwe Taung)은 자회사인 International Business Promotion Centre를 통해 주요 도시의 도시계획에 주도적으로 참여하고 있다.

한 대기업도 위험부담에 노출될 것이다. 2004년 킨늉 총리가 축출된 후 그와 관계를 유지했던 기업들 대부분이 부도처리된 사실도 정경유착의 폐해를 보여주는 사례이다.

3. 경제 자유화와 제도 개혁

경제특구 지정 및 경제특구법 제정

경제 분야의 개혁개방은 총선 실시 직후 시작되었다. 2010년 11월 10일, 태국 건설업체인 이탈리안타이개발사(ITD)는 향후 10년 간 더웨 (Dawei 또는 따보이 Tavoy) 심해항구 개발을 위한 인프라구축 독점 사업을 미얀마정부와 합의했다.[14] 미얀마 하부에 위치한 항구도시 더웨 는 떠닝다이주의 주도(州都)로써, 일찍이 해상자원이 풍부하고 선박의 자유로운 이동이 가능한 무역항으로 우수한 입지를 갖추었다고 평가되 었다. 심해항구 개발발표 발표 2개월 전인 2010년 9월, 딴쉐 SPDC 전 의장이 중국을 방문하여 심천(深圳)항 개발에 지대한 관심을 표명했고, 이를 모델로 더웨 항구 개발 프로젝트가 본격적으로 추진되었다.

BOT(Build-Operate-Transfer) 방식으로 10년에 걸쳐 3단계로 진행 될 본 프로젝트의 총 투자 금액은 580억 달러, 총 부지는 10만 에이커 (4만 헥타르)이다. 제1단계 사업은 총 86억 달러 규모로 2012-22년 기 간 중 지역 내 심해항구를 신축하고, 태국 깐짜나부리를 연결하는 철 로 및 기타 대륙부동남아국가를 연결하는 250km의 8차선 고속도로

---

[14] 본 사업은 2008년 5월 19일 미얀마 및 태국 외무장관의 더웨 심해항구, 공업지대, 태국에 이르는 철로 및 도로 건설 등에 관한 양해각서를 체결한 후속조치이다 (*New Light of Myanmar* 2010.11.3).

건설할 예정이다.[15] 또한 캄보디아, 라오스, 베트남 등 동남아국가와
도로망을 연결하고 중국 윈난에서 미얀마 만달레-버고(Bago)를 거쳐
더웨까지 이르는 도로도 건설된다.

　제2단계 및 제3단계에서는 심해항구 개발과 산업단지 조성으로 이
뤄지며, 본 프로젝트가 마무리되면 미얀마에서 말라카해협을 거치지
않고 태국, 중국, 베트남, 라오스 등으로 물류 수송이 가능해지며, 기
간도 10일 이내로 단축될 전망이다(Thein Linn 2010.11.15-21).[16]

<그림 8> 더웨 개발 파급 효과

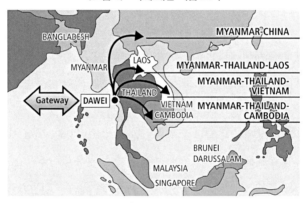

※ 자료: Kyaw Kha(2011.10.7).

---

15 건설 분야별 투자금액은 다음과 같다. 심해항 건설 13.7억 달러, 철강, 석유화학,
　　조선소, 비료, 발전소, 생수 등 중화학공업단지 조성 비용 24.1억 달러, 태국-미얀
　　마 국경 도로(170km, 8차선) 및 철도, 파이프라인 건설비용 33.9억 달러, 주거 및
　　상업지구 개발 1.37억 달러로 나눠진다(정재완 2010, 19).

16 2012년 7월 필자는 더웨항구 개발을 진척도를 확인하기 위해 더웨를 방문했다.
　　더웨시에서 서쪽으로 약 36마일 떨어진 곳에 위치하고 있으며, 현재로선 조감도
　　에 따른 구획 확정만 해 두었고 태국으로부터 건설자재를 수급받아 둔 상황이다.
　　도로 포장을 비롯하여 사업에 필요한 기초 공사가 전혀 진척되어 있지 않고, 지형
　　상 다른 지역보다 우기철이 길기 때문에 사업기간은 예상보다 길어질 가능성이
　　높다. 미얀마정부 사무실이 개설되어 있지 않는 것으로 보아 본 사업은 ITD가 독
　　점으로 시행하는 것처럼 보였다.

2011년 10월과 12월, 2012년 7월 세 차례에 걸쳐 미얀마를 방문한 잉락 친나왓(Yingluck Shinawatra) 태국 총리는 더웨 항구 개발에 관심을 표명하며 미얀마정부의 적극적인 지원을 요청했다. 최근 방문에서는 양자 간 사업에 관한 양해각서를 교환하고, 이 지역 개발에 고위급 관료가 상시 관여하는 개발 체제를 도입하는 등 태국 정부는 뜨거운 관심을 표명했다. 나아가 태국은 본 더웨 개발을 성공리에 이끌어 태국 램차방(Laem Chabang) 심해항구와 연결하는 방안도 적극 추진 중에 있다(*Mizzima* 2012.8.29). 2012년 9월 19-21일 간 잉락 총리는 다시 미얀마를 방문하여 본 사업에 관한 태국의 강한 의지를 피력함으로써 정부 대 정부 간 공동 개발 의지를 확인했다.

〈표 46〉 더웨 심해항구 공사 개요

예상 완공연도	2020-21년
심해항구 규격	25척의 선박(2만-5만 톤) 접안 가능
태국-미얀마 철도, 도로 건설 총거리	170km, 8차선
입주 공장	산업공단, 주택 개발, 발전소, 생수공장, 철강, 석유화학, 조선소, 비료공장 플랜트 포함
프로젝트 비용	U$ 86억
심해항구 및 산업공단 프로젝트 비용	U$ 20억
수주	태국 Italian-Thai Development(ITD)
계약 기간	60년

※ 자료: *New Light of Myanmar*(2010.11.3)에서 정리.

2012년 초부터 ITD사에서 사업 타당성 조사를 마쳐 본격적으로 도로와 심해 항구공사를 시작했다. 더웨항이 본격적으로 개발되면 이

지역은 야다나와 예더궁 가스전의 집산지로서 추가의 산업개발이 유발되는 파급효과를 기대할 수 있다. 따라서 향후 태국 최대 에너지 기업인 국영에너지공사(Public Company Limited), 태국전력공사(EGAT), 말레이시아 최대 에너지기업 Petronas, 일본의 신일철(Nippon Steel)이 추가 투자자 및 사업자로 참여할 전망이다.

2011년 2월 18일에는 본 항구 개발과 관련된 특별법이 제정 및 공포되었다. 동 특별법은 총 12개 장으로 구성되어 있으며, 특히 3장에는 첨단기술, 정보 및 통신, 수출제품, 해상항구, 포워딩, 과학 및 기술연구, 서비스업 등 10개 분야 사업체 운영을 명시해 두었다. 또한 특별경제지역 의장에 의해 직접 관할되며 이 의장은 대통령의 직접 통제를 받음으로써 정부가 직접 본 사업에 관여한다는 규정을 성문화했다.

더웨항 개발계획에 이어 2011년 1월 27일, 정부는 본격적인 경제자유화를 위해 경제특구법을 공포했다(*New Light of Myanmar* 2011.1.28). 총 12개 장[17]으로 구성된 된 동 법령은 투자자의 실질적인 소득세 감면을 포함하여 경제특구(SEZ)내 투자자에 대한 특권 및 의무, 토지이용, 은행, 재정 및 보험사업 운영 등에 관한 내용으로 이뤄진다.

법령의 주요 목적은 외국인투자 사업 운영허가와 관련한 국가자치권 보호 및 유지를 위한 기틀 마련, 경제특구 설립과 운영을 통한 국가경제력 발전, 국가산업 및 첨단기술 발전 등이다. 또한 산업단지는 첨단기술, 정보통신기술, 수출가공, 항구, 물류수송, 과학기술연구개발,

---

17 제 1장 법령 명칭 및 정의, 제 2장 목적, 제 3장 경제특구, 제 4장 동 경제특구법과 관련된 중앙위원회, 중앙작업반, 관리 위원회 설치, 제 5장 투자자 특권, 제 6장 개발자 또는 투자자의 특별 임무, 제 7장 토지사용, 제 8장 은행 및 재무관리 및 보험, 제9장 관세청에 의한 상품 관리 및 검사, 제 10장 검역 검사 및 전염병 확산 방지를 위한 격리, 제 11장 노동관련 사항, 제 12장 기타 등이다.

서비스사업, 부대시설 등으로 구성된다.

〈표 47〉 경제특구법(2011) 주요 내용

내용	주요 내용
투자자의무 및 특권	• 생산된 상품은 국제시장에만 판매해야 함. • 수익의 50%를 넘지 않는 범위에서 중앙조직에서 규정한 금액을 국가에 납부해야 함. • 가공산업의 경우 면세로 원료, 기계, 장비 등을 수입할 수 있음. 단 기계류 및 자동차 품목은 다음 5년에는 세금의 50% 감면받음.
토지임대	• 기본 30년 + 30년 + 15년 연장 가능 (대규모 투자 기준)
소득세 면제	• 최초 5년간 소득세 면제, 두 번째 5년간 소득세 50% 감면 신청 가능. 세 번째 5년간 이익 재투자 시 재투자한 이익에서 기존 수입세율의 50% 감면신청 가능. • 미얀마에서 생산, 수출할 경우 첫 5년간 수출액의 수입세(Income Tax) 면제 가능함. 두 번째 5년간 정해진 수입세 30%의 절반만 부과함. • 수출품에 대항 상업세 및 부가가치세 면제 신청 가능
고용	• 현지 숙련공, 기술자, 직원 채용시 사업 개시 연도부터 최초 5년까지 최소 25%, 두 번째 5년 만료 시점까지 50%, 세 번째 5년 만료 시점까지 75%의 내국인을 채용해야 함.
외환 송금	• 상품의 생산과 사업의 운영 기간 내에는 중앙조직에 의해서 결정된 통화에 따라 평가하고 지불할 수 있음. • 투자자 외화로 경제특구 내 또는 해외로 환전 및 송금할 수 있음.

※ 자료: 경제특구법령(2011.1.27)을 기초로 필자 작성.

경제특구 법령에는 특정 지역이 언급되어 있지 않았지만 띨라와(Thilawa, 양공 인근 항구), 무세(Muse, 중국국경지대), 먀워디(Myawaddy, 태국국경지역), 짜욱퓨(Kyauk Phyu, 남서해 천연가스 시추지역), 더웨(Dawei, 남부지역 심해항구 개발지역) 등 5개 지역이 경제특구로 우선 선정되고 개발될 예정이다. 양공 인근 3개 항구 중 최대 규모인 띨라

와(Myanmar International Terminal Thilawa)는 양공에서 동남쪽으로
약 25㎞ 떨어져 있는데, 길이(LOA) 200m, 높이(draft) 9m, 2만t(DWT)
정도 선박이 5대가 동시에 정박할 수용력을 갖추고 있으며, 현재 허치
슨포트(Hutchison Port Holding)가 운영하고 있다.

본 경제특구는 2007년 계획되었기 때문에 신정부의 정책이라고 단
언할 수 없다. 당시 정부는 국내 20여 개의 기업들이 공동으로 투자하
는 경제특구를 지정하고 이 지역과 연계하여 최소 1년에서 8년까지
세금을 감면해 주는 6개 자유무역지대를 창설할 계획을 수립했다
(*Xinhua* 2007.3.13).

양공의 한 경제전문가는 본 경제특구법 공표는 중국, 태국 등 미얀마
의 최대 투자국이 아니라 유럽과 미국 등 신흥 투자국을 겨냥한 조치라
고 언급했다(Aye Thidar Kyaw and Stuart Deed 2011.2.7-13). 즉 정부
는 기존의 미얀마 중점 투자국과 별도로 해상과 연결되는 주요 거점
에 경제특구를 지정함으로써 경제적 이득을 취함과 동시에 미국과 유
럽연합 등 안다만과 말레이반도 해상권 장악을 희망하는 국가들이 상
호 경쟁할 수 있는 구도를 열겠다는 두 갈래 의도를 내비친 것이다.

외국인투자법의 개정과 외국인투자 추이

1988년 신군부는 외국인투자를 유인한다는 명목으로 외국인투자법
을 도입 및 시행해 왔으나 서방세계의 제재 강화로 인해 중국, 태국 등
주요 국경무역 국가를 제외하고 외국인투자는 중단된 상태나 다름없
다. 그러나 추가의 개혁을 추진하기 위해서 미얀마정부는 외국투자를

유치할 수밖에 없고, 이를 위해 외국인투자법의 전면 개정이 절실한
상황이었다. 구 외국인투자법은 도입된 법령과 달리 수출세와 상업세
등 각종 세금이 과다하게 부과되고, 신규 투자를 희망하는 기업은 법
령보다 해당 부서 및 관료의 통제를 받는 등 법 조항이 유명무실해졌
거나 이미 사문화되었다.

외국인투자법을 대대적으로 개정하는 준비단계로서 2011년 4월 20
일 대통령의 명에 따라 외국인직접투자를 관리 감독하는 미얀마투자위
원회(Myanmar Investment Commission: MIC)가 재정비되었는데, 쏘떼
잉 대통령실 장관을 비롯하여 7명의 위원이 위원회를 구성했다.

〈표 48〉 미얀마 투자위원회 주요 인사(2012)

성명	직위	비고
쏘떼잉(Soe Thein)	위원장	대통령실
띤나잉떼잉(Tin Naing Thein)	사무총장	대통령실
따웅르윈(Thura U Taung Lwin)	합동서기	철도부 차관
아웅민(Aung Min)	위원	대통령실
저밍(Zaw Min)	위원	퇴역
흘라뚠(Hla Tun)	위원	재무부
뚠신(Dr. Tun Shin)	위원	법무부 장관

※ 필자 작성.

인사이동과 보직 발령보다 중요한 점은 본 투자위원회가 지금까지
미얀마의 수출입 허가를 담당하던 무역위원회(Trade Council)의 기능
을 대체하게 되었다는 점이다(*The Irrawaddy* 2011.5.31).[18] 상무부 원

---

18 군사평의회 당시 마웅에 부의장이 본 위원회의 의장이었고, 2007년부터 당시 제
  1서기이자 전 부통령인 띤아웅믠우가 의장직을 승계했다. 그는 모든 외국인 투자

뮌(Win Myint) 장관은 무역평의회가 외국투자를 감소시키는 역할을 해 왔다고 평가하면서 해외자본 유치를 위해 본 기구를 폐지할 것이라고 선언했다(Yan Pai 2011.4.27).

2011년 제 2차 정기국회부터 외국인투자법의 전면적인 개정에 착수했다. 주요 개정 내용은 개인 소유 토지에 대한 외국인의 임차 허용, 투자액에 대한 공식 환율 적용 규정을 삭제한 (암)시장 환율 적용, 기타 불필요한 규제 폐지 및 친기업적 투자환경 구축 등이다.

필자가 2010년 총선 전부터 본 법령 개정과 관련하여 관계자들과 면담을 실시한 바에 따르면, 이미 법령은 신정부 출범 당시부터 골격이 완성되었고 언론을 통해 몇 차례 대통령의 인준만을 남겨 두었다고 발표되었다. 그러나 2년 가까이 개정 및 공포가 지연된 이유는 기존 법령과 비교했을 때 시장 친화적 법령이 주를 이루는 파격적인 내용 때문이다. 즉 전면적으로 시장을 개방할 경우 국내 기업은 외국기업과 경쟁할 수 없게 되며, 종국에는 군부와 정치인들이 우려하는 경제적 식민지가 될 것이다. 그러나 이러한 논리는 변명일 뿐 실제로는 군부가 개입된 민간기업의 자생력이 약해져 군부가 일정 수준의 부를 독식할 수 없는 상황에 처해지는 것을 경계하기 때문이다.

여전히 경제제재가 유효하고, 외국의 유무상 원조가 가시화되지 않는 상황에서 미얀마정부의 가장 현실적인 대안은 외국인투자법을 대대적으로 손질하여 외국자본이 자발적으로 유입되는 환경을 조성하

에 대해 건당 5%의 수수료를 받아야 한다고 주장함으로써 외국인 투자환경을 불리하게 조성해 왔다. 또한 본 위원회는 군부와 결탁한 정실자본가들에게 수출 허가권을 무상으로 제공하는 등 부패를 일삼았다. 따라서 수출입과 외국인투자관련 업무를 투자위원회로 일원화함으로써 불필요한 행정력의 소모와 해당 관료들의 부정부패를 미연에 방지할 수 있게 되었다.

는 것이다. 그러나 국내 이해당사자 간의 조율이 필요했고, 이는 의회
내에서도 장기간 수정과 재수정을 반복하는 적지 않은 진통이 목격되
었다. 전면적인 수정을 희망하는 떼잉쎄인 대통령도 국내 기업가들의
의견도 수렴해야 하는 딜레마에 빠져 있는 형국이었다.

2012년 7월 4일 국가계획 및 경제발전부는 개정된 외투법을 의회
에 제출했는데, 여기에는 재무, 세금, 무역, 투자, 규제 등 총 94개 항
목에 걸친 수정안이 포함되었다(Aye Thidar Kyaw and Juliet Shwe
Gaung 2012.6.25-7.1).

8월 말 양원의 합의와 대통령의 재가를 얻어 수정된 외투법이 공포
될 예정이었으나(Soe Than Lynn 2012.8.13-19), 최소 500만 달러의 투
자 자본금 요구, 합작회사의 외국인 지분을 최대 49%로 제한한 점, 농
업, 축산업, 어업 등 정부가 지정한 11개 민감 분야에 대한 외국자본
진입의 원천적 차단 등 외국기업의 진출을 가로막는 장애물이 제거되
지 않아 대통령은 수정안을 반려시켰다.

의회 내에서도 의견이 분분했던 것 같다. 일부는 외국기업에게 10년
간 면세 혜택을 부여하고, 일부 분야에서 외국기업이 지분을 100% 보
유할 수 있는 조항과 합작회사의 외국인 지분을 35%로 축소해도 무방
하다는 입장을 개진했다. 이에 대해 떼잉쎄인 대통령과 가까운 인물인
쏘떼잉 MIC 위원장은 5만 달러의 최소 투자 자본금은 중소기업들이
진출할 수 있는 환경이 보장되지 않는다며 일각의 비판에 제동을 걸었
다(Robinson 2012.8.28).

결국 의회는 최소투자금액 조항을 삭제하는 선에서 개정안을 통
과시켰으나 대통령은 승인하지 않았다. 쏘떼잉 대통령실 장관의
언급을 참조했을 때 의회에서 수정 통과된 개정안은 여전히 외국기

업들이 진출하기에 다양한 장벽이 있다고 결론이 난 것 같다. 즉 떼
잉쎄인 대통령이 경제발전을 중심으로 한 2차 발전전략을 발표한
상황에서 더 이상 국내기업가, 이들과 결탁한 군부 및 관료들의 요
구를 전적으로 수용할 수 없는 환경이다. 외투법이 통과되었으나
외국기업의 현지 진출을 방해하는 규제는 여전히 만만치 않고, 애
매한 조항도 발견된다. 예를 들어 정부가 규정한 11개 분야 사업[19]
은 진출이 불가능하고, 기술관련 투자분야는 현지인 기술자를 투자
시기와 기간에 따라 일정 수준 충족시켜야 한다.[20] 특히 후자는 경
제특구법에도 고시되어 있는데, 외국 자본과 기술의 도입을 통해
국내 노동자의 일자리 창출뿐만 아니라 특별한 재화와 기간을 투입
하지 않고 숙련공을 배출하려는 의도가 있다.

〈표 49〉 외투법(1988)과 개정 외투법 비교

내용	현 외투법	개정안
토지임대	• 기본 30년, 10년+5년 연장 가능	• 기본 50년+10년+10년 연장 가능 (투자 규모에 따라 계속 연장 가능)
토지 임대 가능 부분	• 정부 및 국경기업 소유 용지와 건물만 가능	• 정부 및 국경기업 소유 토지와 건물, 민간인 토지와 건물 임대 가능 • 농장 투자에는 민간인 소유한 농장에 곡물 농장 운영 시 합작으로만 투자 가능

---

19 소수민족들의 문화, 풍습 등을 해하는 사업, 환경 또는 주민을 해롭게 하는 사업,
국민의 건강에 해로운 사업, 자원과 자연환경 등에 해로운 사업, 국가 내 동식물
및 문화유산 등에 해로운 사업, 국가 안보 및 환경 파괴 등 폐기물이 발생할 수 있
는 사업, 국제적으로 합의된 위험 화학제품 생산 공장 또는 제품 사용 사업의 경
우 정부와 협의를 통해 승인될 수 있다.
20 현지인 기술자와 직원을 최초 2년 간 전체 채용인원의 25% 이상, 두 번째 2년간
은 50%이상, 세 번째 2년간은 75%이상으로 채용해야 한다.

토지 임대료		• 양쪽 협의 후 추진(임대료 기준은 365일)
외환 송금과 환전		• 투자자는 국내에 외화 송금기능이 있는 은행에서 달러 계좌 허용함 • 투자자는 연도별 투자 금액과 계획안을 MIC에 통보함 • 투자자는 외환계좌 개설 후 은행명, 통장 사본, 주소, 계좌번호, 인출자 성명 등 제 반 서류를 1주일 내 MIC에 송부함 • 투자자는 본인 계좌 또는 국내 합작 파트 너의 계좌를 동시에 이용할 수 있음. • 투자자는 투자액 증액을 위해 반입된 외 화를 MIC에 신고함 • 투자자는 1년 1회 사업별 감사를 받고, 결과를 30일 내 MIC에 보고함 • 투자자는 사업 순이익을 비롯하여 MIC가 허가한 수익금에 한해 외국으로 송금 가 능함.
참고		투자자는 사업 손실이나 철수를 결정할 때 6개월 전 통보함

※ KOTRA 양곤사무소.

〈표 47〉에서 보는 바와 같이 개정 외투법은 1988년 법령에 비해 상
대적으로 자유화의 수준이 높은 편이다. 토지 임대의 경우 투자자가
원할 경우 지속적으로 임대할 수 있으며, 정부 및 국영기업 소유 토지
에만 국한되었던 부동산 임대도 민간영역으로 확장되어 투자자의 선
택 폭이 넓어졌다. 미얀마정부는 국내에서 생산되는 재화는 모두 국
내에서 재투자되는 것을 원칙으로 해 왔으나 금번 개정된 투자법에서
는 과실송금을 공식적으로 허락했다. 다만 '커피값', '과자값'을 운운하
며 수수료를 챙기려는 해당 관료의 지재 추구는 이어질 전망이다.

개혁개방이후 외국인 투자는 뚜렷한 증가세를 보였다. 〈표 50〉에

서 보는 바와 같이 신정부 출범 이후 1년 만에 중국의 대 미얀마 직접
투자 금액은 9배, 홍콩 12배, 한국 10배가량이 증가했다. 2011년 말
기준 중국, 태국 등 전통적으로 미얀마 직접투자 금액이 많았던 국가
들을 비롯하여 신규로 홍콩과 싱가포르 등 화교자본이 크게 증대했음
을 알 수 있다.

향후 대만, 말레이시아 등 화교네트워크를 중심으로 한 미얀마 진출
이 가시화될 것으로 보이며, 중국 정부의 이들에 대한 지원이 있을 경
우 중국을 제외한 해외 화교의 투자금액이 태국을 앞지를 수 있을 것
으로 전망된다.

〈표 50〉 국가별 외국인투자현황

(단위: 백만 달러)

국가명	금액(2010.3.31.)	금액(2011.3.31.)	금액(2011.4.31.)	금액(2011.12.31.)
중국	1,849	9,603	9,603	13,947
태국	7,422	9,568	9,568	9,568
홍콩	510	6,308	6,308	6,308
한국	239	2,915	2,930	2,939
영국	1,861	2,659	2,660	2,661
싱가포르	1,592	1,809	1,809	1,804

※ 자료: KOTRA 양곤 사무소.

〈표 51〉처럼 1988년 외국인투자법이 도입된 이래 2012년까지 외
국인 투자금액은 약 400억 달러 정도였는데, 그 중 중국(홍콩 포함)이
193억 달러로 제 1의 투자국이었다. 또한 2012년 5월까지 외국인 직
접투자금액은 1억3,300만 달러로 집계되었다(Aye Thidar Kyaw
2012.7.9-15).

<표 51> 외국인투자 품목 및 유치금액

(2012년 5월까지 누적금액, 승인 기준)

품목	투자건수	금액(백만 달러)	%
원유 및 가스	62	1,377.728	43.74
전력	4	12,843.720	41.88
광산	8	2,289.162	7.46
호텔 및 관광	30	814.475	2.66
제조업	80	572.964	1.86
부동산	7	275.000	0.90
산업단지	2	179.113	0.58
농업	4	144.420	0.47
교통 및 통신	7	137.676	0.45
축산 및 수산	7	64.946	0.21
기타	4	7.061	0.02
합계	215	30,803.265	100.00

※ 자료: Directorate of Investment Company Administration, MNPED

〈표 51〉에서 보는 바와 같이 1988년 이래 2012년까지 외국인투자 분야는 제조업이 가장 많고, 금액은 전력이 최다였다. 주로 봉제나 제화 등 노동집약적 산업이라는 특징상 제조업은 투자 건수에 비해 투자금액은 5억7천만 달러에 그쳤는데, 이와 반대로 수력발전은 4건에 그쳤지만 투자금액만 128억 달러 이상이었다. 초기 개발비용이 높은 수력발전의 특징이 그대로 나타나는 투자 특징이다. 중국과 태국 등 국경지역의 만성적인 전력 부족난에 허덕이는 국가들의 진출이 대부분이었는데, 생산된 전력은 모두 투자한 국가로 수출되는 형태였다.

다양한 광물 자원에 대한 외국인 직접투자는 1988년 이래 지속적으로 이어져 왔고, 1990년대 중반부터 본격적으로 시추되기 시작한 원유 및 천연가스 분야에 대한 투자가 두드러진다. 전체적으로 24년 간

외국인 투자가 215건에 불과했던 사실은 외국인 자본을 도입하겠다
는 신군부정권의 목적이 무색할 정도이다.

〈표 52〉 부문별 외국인투자 금액

(단위: 백만 달러)

	05/06	06/07	07/08	08/09	09/10	10/11	05-10 누적
원유 및 가스	229.9	417.2	478.4	743.2	750.0	287.9	2,906.6
광산	2.2	2.6	3.2	46.6	200.1	160.3	415.0
전력	0	0	220.0	170.0	0	0	390.0
제조업	1.1	1.6	13.2	14.2	11.6	1.5	43.2
호텔 및 관광	2.7	6.3	0.1	1.0	0	0.3	10.4
축산 및 수산	0	0	0	0.6	1.6	0.2	2.4
합계	235.9	427.7	714.9	975.6	963.3	450.23	767.6

※ 자료: ADB(2012a), p.32.

　　그러나 〈표 52〉와 같이 최근 2005년부터 2010년까지 외국인투자
분야는 전력을 제치고 원유 및 가스분야가 절대적 우위를 차지했다.
광산분야도 2위를 차지했지만 전력분야와 마찬가지로 연도별 투자량
의 부침이 심한 편이다. 향후 중국, 태국 등을 중심으로 수력발전 등
전력분야에 대한 외국인투자가 지속될 전망이지만 지금까지와 다르
게 생산 전력의 일정 부분을 미얀마 국내로 도입하는 방안을 실현할
것이다. 또한 지리적으로 국경지역에 집중된 수력발전소도 대도시 인
근이나 전력이 부족한 지역 주변에서 개발될 수 있다.
　　제조업은 가용한 수준에서 포화된 것으로 보이는데, 이는 자유로운
노동력의 이동을 방지하는 정부의 정책과 생계를 해결하기 위해 이미
태국, 홍콩, 대만, 일본, 한국 등 아시아로 이주한 이주노동자들의 공

백으로 인해 노동력을 적소적기에 수급할 수 없는 한계에 따른 것으로 보인다. 그러나 미국과 유럽연합 등 서방세계의 노동집약적 산업체들이 미얀마로 진출할 경우 노동력 수요가 급증하여 투자금액은 늘어날 수 있지만 산업의 특성상 원유 및 가스분야, 광산분야 등에는 미치지 못할 것이다.

축산 및 수산의 경우 정부의 수출 억제 정책과 국내 인프라 부족으로 인해 투자환경이 좋지 않다. 호텔 및 관광 분야도 감소추세를 보였다가 2010년 소폭 증가했으나 역시 인프라가 일정 수준 구축될 때 연쇄적인 투자가 달성될 것으로 보인다.

환율 및 금융개혁

미얀마의 환율은 매우 복잡한데, 정부가 정해 놓은 고정환율과 암시장환율, 그리고 기업이나 정부의 수출 당시 임시적으로 계산되는 변동환율 등 세 가지가 있다. 경제개혁을 실시하는 초기 단계로 복잡하고 난해한 환율 개혁이 시급한 과제로서 신정부는 출범과 동시에 국제통화기금(IMF) 작업반을 초청하여 본 문제 해결에 착수했다.

국제통화기금 관계자들은 일반적으로 통용되는 1달러(US) 당 800-900짯 수준인 암시장 환율을 단일환율로 1달러 당 550짯을 제시했다 (Khin Maung Nyo 인터뷰 2011.8.25). 기대심리가 악화되자 2011년 8월까지 환율은 최저치인 1달러 당 660짯까지 하락했고, 10월 들어 이보다 100짯 가량 상승했다.

국제위기관리그룹(ICG 2011, 9)에 따르면 짯 수요 급증, 투기자본

증가, 외환 보유고 증가 등을 짯화의 하락 원인으로 꼽았다. 신정부의 민영화 정책으로 인해 시장에 짯화 수요가 증가했지만 공급량이 만족스럽지 못한 기업가들이 달러를 사용하게 되면서 달러 유통량까지 증가한 것으로 해석된다.[21] 또한 2011년 들어 중동 및 동아시아 자본이 유입(12% 증가)되었고, 천연가스 수출로 인한 외환 수익이 증대되면서 정부의 외환 보유고가 증가했다.

환율 개혁에 관해 본 필자는 현지조사기간 동안 모든 면담자에게 고견을 청취했다. 대통령 경제자문단장인 우 뮌(U Myint 인터뷰 2011. 10.22)박사는 통계의 투명성, 금융제도 및 무역제도의 발전 등 경제전반에 걸친 개혁과 함께 환율제도도 개혁되어야한다고 주장하면서 단일환율제도가 가장 이상적이라고 주장했다. 그는 고정환율이나 단일환율도 중요하지만 시장 자체가 환율을 결정할 수 있는 제한적인 방임정책이 필요하며, 경우에 따라 정부가 개입하는 구조로 개혁되어야 한다고 덧붙였다.

2012년 4월 1일부로 미얀마정부는 공식적인 고정환율제를 폐지하고 관리변동환율제(managed floating exchange rate system)를 전격 도입했다. 미얀마 중앙은행(Central Bank of Myanmar)은 6개의 은행이 참가한 경매시장(inter-bank auction)에서 ±0.8%의 밴드 적용을 거쳐 기준환율(reference rate)을 결정하고 고시하는 방식이다. 첫 영업일인 4월 1일에는 달러 대 짯 환율은 818 짯, 5월 말까지 평균 832짯이었다

---

21 2011년 1월까지만 하더라도 1천 짯 이상의 고액권은 대부분 최근 발행된 신권이 유통되었는데, 8월부터 크기가 크고 보관상태가 좋지 않은 구 화폐들이 통용되었으며 그 수도 신권보다 많았다. 이 사실로 미루어보아 시장 내 짯화 수요는 급격히 증가하고 있으며, 잠자던 유동성 자본도 시장으로 나온 것으로 보인다.

(EIU 2012b, 8).

이로써 신정부의 경제제도를 현대화하기 위한 개혁의 일환으로, 지난 35년 동안 고정환율제 아래 존재했던 복잡한 환율시스템을 통합하고 국제자본거래와 해외송금에 대한 규제를 완화했다. 미얀마 국내 은행 간 금융시장 육성과 2013/14년까지 비공식외환시장(informal currency market) 제거를 위한 선조치로도 해석된다. 환율개혁은 향후 미얀마의 금융 및 외환개혁의 급진전을 유도하고, 외국인 투자제도를 개선하는데 일조할 것이다. 그동안 투자나 수출입에 적용되던 공식환율과 정부공인환율이 실제 화폐가치를 반영하지 못함에 따라 외국기업들은 미얀마에 대한 투자진출이나 수출입을 꺼리는 경향이었다(정재완·박나리 2012, 5-6).

외자가 추가로 유입될수록 환율은 하락세를 보일 전망이다. 일정 환율수준을 초과하거나 낮아질 경우 정부가 개입한다는 의미에서 관리변동환율제로 명명되었듯이 현재 환율은 정부가 직접 통제하고 있으므로 엄격히 시장원리대로 작동되는 것은 아니다. 따라서 해외 투자자들은 현재 환율에 대한 신뢰감이 높지 않고, 상품이나 원자재 수입 수요가 증가할수록 환율은 하락할 수밖에 없어 보인다. 2012/13년과 2014-16년간 환율은 달러대비 각각 881짯, 933짯을 보일 전망이다(EIU 2012b, 9).

단일환율제도 개혁을 위한 금융 부문의 개혁은 2011년부터 시작되었는데, 그 조치의 일면은 이미 미얀마정부가 암시장환율을 공식환율로 인정하고 있다는 점이다. 2011년 10월 1일부터 6개 민간은행 (Myawaddy Bank, Innwa Bank, Myanmar Oriental Bank, Co-operative Bank, Kanbawza Bank, Myanma Industrial Development Bank)이 양공

시내에 공식 환전소 개설하고 영업을 개시했다. 최소 1천 만 달러 이상의 외환을 보유한 6개 민간은행은 미국 달러, 싱가포르 달러, 유로화, 태환권 등 4개 화폐에 관한 환전을 실시하고 있다. 환율은 중앙은행에서 오전, 오후 하루 두 차례 결정된다. 2011년 10월 19일부터는 19개 모든 민간은행에서 정식 환전 기능을 부여받았다.

또한 외국인 투자와 교역 확대를 위해 미얀마무역은행(Myanmar Foreign Trade Bank), 미얀마투자상업은행(Myanmar Investment and Commercial Bank), 미얀마경제은행(Myanmar Economic Bank) 등 3개 국영은행은 해외지점을 개설할 예정이다. 해당 은행들은 2012년부터 싱가포르, 말레이시아, 태국 등 주변국에 지점을 개설하고 국제 결제 업무를 개시했고, 해외 미얀마 근로자의 송금 업무도 담당한다. 그 밖에 미얀마 민간은행에도 국제은행들과 거래를 해 신용장(L/C), 전신환 송금(TT)이 허용될 전망이다.

마웅마웅윈(Maung Maung Win) 미얀마 중앙은행 부총재는 월스트리트저널(WSJ, 2012.8.23)과의 인터뷰에서 "이르면 내년부터 외국 은행들이 미얀마 내에서 영업을 할 수 있도록 관련 방안을 연구하는 중"이며, 현재로선 "규모와 자금력을 감안하면 아직 국내 민간은행들이 외국은행과 경쟁할 수 없는 수준"이라고 언급했다. 따라서 국내은행들의 사업 보장환경이 구축되지 않은 채 외국은행이 진출하는 방안에 대해서는 부정적이며, 올해(2012) 중에는 영업을 허용하지 않을 것이라고 했다. 그에 대한 대안으로 국내은행과 외국은행의 합작투자방식을 고려 중이며, 미얀마 금융체계의 선진화를 구상 중이라고 했다.

현재로서 미얀마 금융체제는 기초적인 전산망도 구축되지 않아 시장을 전면 개방할 경우 외국계 은행이 모든 금융을 장악할 것이 확실시된다. 국내 기업을 적극 보호하려는 정부의 목적도 명확하기 때문에 2013년 들어 해외은행이 지점을 개설하고 금융 업무를 실시할 가능성은 희박해 보이지만 기초 업무를 수행하는 연락사무소 개설은 가능할 것이다. 현금자동입출금기(ATM) 도입, 2013년 일부 신용카드사 영업 허용 등 정부에서 발표한 금융개혁 방안은 현 정부의 역량 내에서 수용 가능한 사업부터 시행하며, 추후 외국은행의 기술 전수 등을 통해 점진적 확장이 예상된다.

4. 미얀마 경제의 개혁 과제

시장친화적 제도 도입과 의식적 전환

2012년 6월 19일, 떼잉쎄인 대통령은 집권 1년차를 회고하고, 향후 국가발전 전략을 공표했다. 그는 미시경제정책을 포함한 국가경제발전계획 초안 완성, 공적원조자금을 포함한 해외 원조의 확대, 토지개혁 및 도시개발, 전력수급 문제 해결 등 4대 현안에 대한 구체적 전략과 해결책을 제시했다. 그 뿐만 아니라 농업을 기반으로 한 산업 발전, 지역 간 균형발전, 삶의 질 향상을 위한 경제지표 발전, 정확한 통계 축적 등 국가의 전환기에 적합한 4대 경제정책도 포함되었다.

대통령에 따르면 1년 차 정부 역량은 정치개혁과 국민통합에 집중되었고, 2년차에는 국민통합과 법치(法治)에 근거하여 국민의 실익을 증대시키는 경제발전에 집중된다. 특히 경제발전과 관련하여 구체적인 달성 목표치까지 제시하는 등 신정부의 개혁의지는 군사정부와 상이한 면모를 드러냈다.

대통령의 의지가 실행에 옮겨진다면 국회를 통과한 거시 및 미시경제발전계획에 따른 경제발전 프로그램이 본격적으로 가동될 것이며, 국제기구들의 낙관적 전망은 현실이 될 수 있다.

그러나 현재로선 장밋빛 미래보다 헤쳐 나가야 할 다양한 과제가 더 많은 것 같다. 경제발전을 위한 기초단계로서 취약한 사회간접시설 구축, 경제발전을 도모할 수 있는 정치 및 사회적 안정 등 제도적 측면이 그 첫 번째 시급한 과제이다. 전기와 인터넷을 사용할 수 있는 인구는 전체 국민의 1/4에 불과하고, 이도 대부분 대도시에 집중되어 있다. 일례로 2011년 기준 양공의 전력 수급은 67%에 불과할 정도 (MNPED et.al. 2011)이니 기타 지역의 전력난은 심각한 수준으로 사료된다.

2012년 7월 27일, 미얀마 중앙은행의 독립권과 자치권을 보장하는 법안을 통과시켰지만 재정 및 조세부의 통제를 받지 않는 완전한 독립권이 보장되어야 한다 그럼으로써 정부의 통화정책이 일관성과 전문성을 유지할 수 있다. 또한 세수를 늘리고 국방을 제외한 공공분야, 이를테면 공공보건과 교육 등에 예산안을 늘려 양질의 노동력을 생산하는 방안을 강구해야 하며, 농업 중심의 산업구조도 다양화할 필요가 있다.

현재 국가가 정상화되는 과정이다 보니 국내외적으로 요구되는 다양한 개혁 분야에 대한 종합적인 수용과 미얀마식의 처방전을 제시하고, 이를 바탕으로 각 분야의 개혁을 추진하는 것이 경제발전을 앞당기고 삶의 질을 향상시키는 첩경이 될 것이다.

필자가 보기에 이보다 더 중요한 과제는 경제정책을 입안하고 결정하는 관료 및 엘리트의 의식구조 개혁이다. 개인적 사리사욕을 보호하려는 일부 퇴역 군부와 결탁한 정실 자본가의 이권 포기, 위계화된 관료사회의 불합리한 정책 결정 구조 청산, 광활한 형태로 성행하는 부정부패의 청산 등이 그 핵심들이다. 1988년 시장경제체제 이후 권력의 비호를 받은 재계 거물(tycoon)이 등장했고, 이들은 문어발식으로 사업영역을 확장해 왔다. 이와 더불어 군부 가족이 직접 사업체를 설립하고 시장에 뛰어 들면서 민간경제의 영역은 두 집단으로 양분되

었다. 1997년 외환위기에서도 목격했듯이 정치와 결탁한 대기업 중심
의 경제구조는 부정부패의 온상이며, 건전한 경제발전을 위해하는 요
소이기도 하다. 1997년 외환위기 당시 한국의 대기업이 정경유착으로
도산한 사실을 미얀마 공무원들은 이해하지 못한다.

2012년 6월, 필자는 이명박 대통령 미얀마 방문 후속조치를 위해
미얀마를 방문하여 해당 부서 국장급과 면담을 실시한 적이 있다. 결
론부터 언급하자면 관료사회는 여전히 구체제의 유산이고 이들의 의
식구조를 완전히 바꾸지 않는 이상 대통령이 추진하는 개혁은 정상적
으로 시행될 가능성이 없어 보였다.

오히려 관료사회는 전례 없이 가중된 업무로 인해 피로감이 누적되
었고, 새롭게 부과된 과제는 전문성과 경험의 결여로 추진 방향을 잡지
못하고 있다. 예를 들어 공적개발원조 자금을 두고 관련 부서끼리 이
전투구(泥田鬪狗)를 벌일 정도로 업무 체계가 수립되어 있지 않고, 심
지어는 이와 관련된 사업을 실시한 적이 없기 때문에 공적개발원조의
개념조차도 이해하지 못하는 상황이었다. 따라서 정부의 경제발전 의
지와 개혁의 성공적 완수를 위해서는 시장경제체제에 부합되는 제도의
도입과 함께 이를 효율적으로 시행할 수 있는 관료 및 엘리트들의 의식
적 전환과 자본주의 학습에 필요한 교육 여건 마련이 시급해 보인다.

산업구조의 전환과 근대화

2015년 아세안은 안보, 사회문화, 경제공동체 창설을 앞두고 있다.
특히 역내 자유무역협정(FTA)을 통해 상품과 서비스의 자유로운 이동

을 보장하는 단일 시장의 출범은 아세안 회원국의 자발적인 생존전략과 경쟁이 예고된다. 풍부한 인적 및 천연자원을 보유하고도 상황의 잘못된 판단과 오류로 점철된 정책으로 인해 미얀마의 경제는 파탄지경까지 이른 것은 자명한 사실이다. 역대 미얀마 지도자들은 미얀마가 식민시기를 거치며 자원공급국으로만 전락한 사실을 무척이나 개탄했고, 독립 이후 문호를 닫을 때까지 원자재를 수출하는 추출산업에만 주력해 왔다. 이에 따라 국내 산업은 위축되었고, 자발적 고립 이후 외국 기업의 국내 진출은 원천적으로 차단되었다.

그럼에도 불구하고 미얀마 경제정책의 근간은 1970년대 입안된 농업중심의 산업구조에서 2차 및 3차 산업으로 파급효과를 통해 경제발전을 도모하는 것이며, 이는 현 정부에서도 유효한 기초정책이다. 그러나 지난 40년 동안 농업 기반을 마련하기 위한 정부의 정책은 현실과 괴리감만 형성하는 구호로만 그쳤고, 국민 대다수가 종사하는 농업분야의 양적·질적 근대화와 발전은 도모되지 않았다(U Myint 2010, 44-45).

이에 따라 미얀마정부는 농업 발전의 필요성과 타당성을 면밀히 조사 및 검토할 필요가 있으며, 이를 위해 필요한 사회간접시설의 확충에 전념해야 한다. 한국의 새마을운동이 보급되는 초기단계에 있으므로 주로 농촌 인구들을 중심으로 공감대를 형성하고, 자발적으로 참여할 수 있는 환경을 조성함으로써 농업 생산량의 극대화도 동시에 달성될 수 있을 것이다.

한편, 자원의 적출을 통한 추출경제를 과감히 폐기하고 개도국의 경제발전 전략으로 채택되어 온 수입대체산업(Import Substitution Industry: ISI)으로의 전환이 필요하다. 미얀마는 중국, 인도, 아세안 국가 등 주변국들로부터 저렴하고 노동집약적인 제품을 다량 수입하고 있는데, 이들 수입품에 대한 국산화에 유리한 조건을 가지고 있다. 또한 수입 자유화를 통해 고용문제를 해결하고, 정실자본가들에게 타격을 줄 수 있어 경제적인 측면에서 일정 수준 평등을 지향할 수 있다.

2015년부터 역내 관세가 사라지게 되어 무역장벽이 해소됨에 따라 미얀마의 산업화는 빠른 속도로 진행될 것이다. 다만 수입대체산업정책을 두고 정부는 경제 전체를 통한 생산의 상호의존성이나 투자유형, 생산효율, 국제수지를 적극적으로 평가할 필요가 있고, 정책의 지속성을 유지하기 위한 관계 법령의 도입과 탄력적 적용, 관료의 역할 강화 등 제도적 측면에 주력할 필요가 있다.

서비스산업 중 호텔 및 관광업은 미얀마 미래 산업의 대표로 손꼽히지만 열악한 사회간접시설로 인해 파급효과가 크지 않다. 그러나 2012년 한 해에만 100만 명 이상의 관광객이 입국할 것으로 전망되는 가운데, 문화적 가치가 높은 미얀마의 관광자원이 발굴되고 홍보될 경우 태국, 캄보디아, 베트남 등 주변국에 집중되는 관광객의 발걸음을 돌려놓을 수 있다.

관광산업을 육성하기 위해서는 예산부족과 관심 결핍으로 인해 방치된 유적지와 문화재 복원과 발굴사업이 선행되어야 할 것이며, 이를 위해서는 외국정부와 기업들이 주도적으로 참여할 필요가 있다. 미얀마 국민들은 자신들이 이룩한 과거의 영화에 대해 절대적인 자부심을 보이고 있으므로, 저비용으로 문화재 복원과 발굴사업에 참가하는 외국과 외국기업들에 대한 미얀마정부와 국민의 친화력은 높아질 것이다.

제5장

한국―미얀마 관계와 진출전략

미얀마의 정치경제와 개혁개방

정치 및 외교동향

한국과 미얀마는 1975년 외교관계를 수립하여 곧 40년 관계사를 맞을 예정이지만, 냉전시기 미얀마의 외교정책이 비동맹중립노선으로 정해지면서 양국관계의 교류는 가시적이지 않았다. 한반도가 남북으로 분단된 뒤 1949년 12월, 미얀마는 신탁통치 된 두 국가를 공식 정부로 인정하지 않았다. 그러나 한국전쟁이 발발하자 미얀마는 북한의 남침을 인정하고 지원군을 파병했다.

한국전쟁은 미얀마 외교정책을 재정립하고 확인시키는 계기였다. 1948년 독립 당시 미얀마는 비동맹중립노선을 외교정책의 기조로 설정했으나 전후 피해 복구, 내란 등으로 인해 해외 원조를 수용함에 따라 균형 잡힌 외교정책을 실시하지 못했다. 그러다가 한국전쟁은 동서 이념 대립의 대리전으로서 우 누 총리는 어떠한 진영에도 가담하지 않겠다는 취지로 비동맹중립노선을 재확인했다(Liang 1990, 62).

1962년 한국 문화사절단이 미얀마를 방문한 이후 1964년 양국은 무역협정을 체결했다. 이 시기 한국은 만달레 근처 7,500만 달러 상당의 수력발전소를 건설했는데, 이는 미얀마 국내 최대 건설공사였다. 한편, 1960-70년대 미얀마는 연간 1백만 달러어치의 상품을 한국에 수출할 정도로 교역량은 크지 않았다.

1983년 아웅산묘소 폭파사건을 계기로 미얀마는 북한과 단교하고 북한정부 승인을 철회하는 등 단호한 외교조치를 단행했다. 1984년 7월에는 이원준 외교장관이 아웅산묘소 테러사건이후 최초로 미얀마를 방문했고, 1988년 6월에는 대통령 특사로 김용주가 미얀마를 방문했다. 1980년대 들어 양국 교역량은 증가했으나 1980년대 후반에는 약 500만 달러 수준으로 하락했다.

1988년 집권한 신군부는 지금까지의 중립적인 원칙을 철회하고 한국과 경제협력 증진을 희망하며 양국 간의 우호협력을 개선하기 시작했다. 1989년 3월 서울 한남동 소재에 주한 상주대사관 설치하고, 같은 해 10월 원유탐사권의 대아국업체(유공) 자격을 부여했다. 또한 제44차 유엔총회에서 미얀마 대표가 최초로 아국입장 지지를 표명함으로써 친한(親韓)정책으로 선회하는 계기가 되었다.

한편, 냉전시기 미얀마와 북한은 한국과 비교하여 상대적으로 교류가 많았다. 1961년 양국은 무역협정, 문화교류협정에 이어, 인도네시아를 방문하던 김일성 전 주석은 1965년 4월 미얀마를 잠간 들러 양국의 뉴스 교환협정에 합의했다. 1977년 9월, 네윈은 북한을 공식 방문하여 양국의 우호협력 방안에 대한 공동성명서를 채택했다. 특히 금번 방문에서 북한 노동당과 버마사회주의계획당은 교류 협정을 체결했다. 북한 노동당의 최초의 국제협약이었다.

1983년 아웅산묘소 폭파사건으로 인해 단교했던 미얀마와 북한은 2006년 복교를 단행했는데, 핵무기 개발과 무기거래를 포함한 군사교류 의혹이 제기되었다. 2008년 쉐망 당시 군합동참모장을 위시하여 군 수뇌부가 북한을 방문하여 군사협력을 했다는 의혹이 본격적으로 제기되었고, 2009년에는 대량살상무기(WMD)를 선적한 북한 선박 강남 1호가 미얀마로 입국하려다가 미국에 발각되자 북한으로 회항했던 사건도 발생했다. 미얀마와 북한의 군사교류는 기정사실처럼 보이지만 북한 입장에서는 미얀마의 잉여 식량을, 미얀마 입장에서는 북한산 무기를 구매함으로써 상호 수요를 충족시킨 것으로 보인다.

미얀마와 북한의 군사교류를 물물교환이 아니라 다른 측면에서도 평가할 수 있다. 미얀마는 북한과의 군사교류를 기정사실화함으로써 군부정권을 반대한 국가들에 대한 협상카드로서 안보 위기감을 증대시켰을 가능성도 배제할 수 없다. 이른바 안보딜레마를 자극시켜 미얀마에 대한 국제사회의 억압을 회유로 전환하려는 것이었다. 2011년 클린턴 장관과 2012년 이명박 대통령의 방문 당시 북한과의 교류 단절 요구에 미얀마가 어떠한 저항도 하지 않았던 사실은 물리력보다 대화를 통한 평화적 관계 개선의 실효성이 더 높다는 판단에 근거한 것이었다. 즉 미얀마 입장에서는 군비확충을 통해 지역안보질서를 위협할 의도가 애초부터 없었던 것 같다.

미얀마 신정부는 한국의 새마을운동과 경제발전 경험에 지대한 관심을 가지고 있으며, 한국의 경험을 적극적으로 도입하고자 한다. 군부정권 당시 필자가 만난 고위 군부 및 관료는 개인적으로 다양한 박정희 전기를 읽고 여기서 그들의 미래를 구상했다고 했다. 인도네시아 수하르토 정권에서도 그랬듯이 미얀마 신정부는 퇴역한 군부가 중심이 되어 경제발전을 견인하고, 그들에 대한 국민들의 자발적 지지를 유도함으로써 장기집권의 토대를 마련한다는 전략이다.

이러한 구상은 2012년 5월 이명박 대통령의 방문 당시 구체화되었다. 본 방문에서 대 미얀마 ODA 금액을 최대 4배까지 확대하는 등 경제적 지원, 한국 기업의 현지 진출 장려 등을 포함하여 한국의 개발경험 전수가 주요 의제였다. 그 중 한국의 경제발전을 전수하고 이를 토대로 미얀마의 개발환경을 수립하는 임무가 부여될 국책연구소 설립이 최우선 과제이고, 이 글을 쓰는 시점에서 상호 의견 교환 중에 있다. 또한 2011년부터 "New Village Movement"가 아니라 미얀마 공무원과 촌락지도자들을 대상으로 "새마을운동"이라는 한국 명칭 그대

262 · 미얀마의 정치경제와 개혁개방

로 우리의 경험을 전수하고 있다.

2012년 10월에는 떼잉쎄인 대통령이 한국을 국빈 방문했다. 지난 5월 이대통령의 방문에 대한 답방형식으로 주로 경제 분야 교류 및 협력에 방문의 초점이 맞춰졌다. 떼잉쎄인 대통령의 지난 1년간 방문 궤적을 보면 미얀마가 한국을 얼마나 중요시 여기고 있는지 알 수 있다. 취임후 떼잉쎄인 대통령은 중국, 인도, 일본, 태국, 미국을 순방했는데, 중국이 미얀마 외교정책의 최우선적인 국가라는 점은 부인할 수 없다. 인도와 미국도 미얀마에게 중국을 견제하거나 제재 해제를 위해 반드시 중요한 국가이며, 태국에는 가장 많은 미얀마 디아스포라들이 거주한다.

미얀마 외교정책에도 나타나듯이 미얀마는 주변국 중심의 양자관계 강화와 발전에 천착하고 있는데, 특히 지리적으로 이격된 한국의 경험을 공유하고자 하는 신정부의 의도는 금번 떼잉세잉 대통령의 방문에서 충분히 확인되었다. 한국은 미얀마를 둘러싼 미국과 중국의 패권경쟁에 가담할 수 없고, 일본처럼 미얀마가 국제기구에 진 대규모의 채무를 탕감해 줄 여력은 없지만, 국가 발전사에 있어서 세계사적으로 이례적인 국가라는 점에 미얀마는 주목한다. 한국의 산업화가 군부 주도에 의해 달성되었다는 점에 미얀마 군부는 더욱 고무된다. 즉 미얀마가 의지하는 주변강대국에서 찾을 수 없는 한국의 경험을 바탕으로 새마을운동을 비롯하여 민간전문가를 참여시킨 민-군 합동의 산업화 체제 구축을 통해 그들은 압축적인 성장을 추구하고자 한다. 미얀마의 미래를 한국의 과거에서 찾는다는 점에서 한국은 배타적 협력기회를 가지고 있다.

교역 동향 및 전망

한국 기업의 미얀마 진출은 1990년 대우(Daewoo)가 가전제품 생산에 투자한 것이 시초였다. 1990년대 중반부터 현대, 삼성 등 대기업이 현지진출을 타진했으나 시장성이 미약하다는 이유로 잠정적으로 진출이 보류되었다. 대우는 일본제품 일색이던 1990년대부터 가전제품 소비시장을 잠식하여 일본의 소니(SONY)를 위협하는 굴지의 기업으로 성장했다. 일반적으로 외국 브랜드를 영어로 표시하는 관행과 달리 대우는 미얀마어로 써질 정도로 대중적인 브랜드가 되었다.[1]

1997년 아시아외환위기의 여파로 대우그룹이 부도났으나 현재까지 천연가스 개발을 책임지고 있는 Daewoo E&P와 봉제업 중심의 대우봉제 등 '대우'라는 기업명은 일정 수준 이점을 얻고 있다.

〈표 53〉에서 보는 바와 같이 한국의 대 미얀마 투자는 FDI 중심으로 진행되어 왔다. 미얀마 중앙통계국(CSO)에 따르면, 1990년-2010년까지 한국의 대 미얀마 FDI는 15건, 1억4천만 달러이며, 2008년 1월 말 기준 한국의 대 미얀마 투자는 37건, 2억4,300만 달러로 미얀마 전체투자의 1.65%를 차지했다. 한국의 대 미얀마 FDI 현황은 2000/01년 정점을 찍은 후 투자가 거의 없는 상황이지만 미얀마의 전체 FDI 유치 건수도 2000년대 이후 급격히 줄어들었다.

---

1 양공 국제공항에서 시내로 들어가는 입구에 구 군사령부 내 대형 대우 입간판이 있는데, 미얀마의 시장경제체제 상징이라는 측면과 대우그룹 전 회장과 딴쉐 의장과의 친분이 여전히 유효하다는 것을 의미하는 차원에서 철거하지 않는다고 현지인은 전했다.

〈표 53〉 한국의 대 미얀마 FDI 유치 추이(허가 기준)

(단위: 백만 달러)

		1990/91[1]	1995/96[1]	2000/01[1]	2001/02[1]	2002/03[1]	2003/04[1]
한국	건수	1		9	1	-	2
	금액	3.288		47.220	5.000	0.300	34.900
합계	건수	22	39	28	7	9	8
	금액	280.573	668.166	217.688	19.002	86.948	91.170
		2004/05[1]	2005/06[1]	2006/07[1]	2007/08[1]	2008/09[1]	2009/10[2]
한국	건수			1	1		
	금액			37.000	12.000	-3.990	
합계	건수	15	5	11	7	5	7
	금액	158.283	6065.675	719.702	205.720	984.764	329.580

※ 자료: 1) CSO 2010(2012), pp.265-268. 2) 2)는 2010년 3월 31일 기준.

그러나 미얀마 외국인 투자 법규상 100% 외국인 투자는 사업 개시 후 높은 세금, 정기적인 감시 등 각종 규제가 많다. 따라서 현지 법인을 설립하거나 현지인을 명의로 100% 투자하는 경우가 있기 때문에 투자금액은 통계보다 더 많을 것으로 추산된다.

FDI는 모두 신고(허가) 기준이며 실제 집행기준에 관한 자료는 공개하지 않고 있어 이면 계약이나 기타 군부가 운영하는 기업과의 결탁 등 공식적인 통계에 포함되지 않는 암시장이 존재할 가능성을 배제할 수 없다. 이 경우 FDI 유치 건수는 많고, 군부영역으로 유입되는 외화가 통계보다 훨씬 많은 것으로 추정된다. 예를 들어 CSO 발행 자료에 따르면 2006/07년 중국의 FDI 투자 건수(금액)는 각각 4건(4억1,822만 2천 달러, CSO 2009), 1건(2억8,122만 달러, CSO April 2010)으로 괴리감

을 보이기도 한다. 한국기업의 경우에도 진출분야가 많은 봉제업은
대부분 현지법인을 설립해두고 있어 FDI에서 제외된다.

〈표 54〉 한국의 대 미얀마 투자 금액 동향

(단위: 백만 달러)

순위	국가	1989-2001	국가	1989-2012
1	영국	1,380	중국	13,947
2	싱가포르	1,351	태국	9,568
3	태국	1,187	홍콩	6,308
4	말레이시아	599	한국	2,938
5	미국	583	영국	2,659
6	프랑스	470	싱가포르	1,818
7	인도네시아	239	말레이시아	977
8	네덜란드	238	프랑스	469
9	일본	229	미국	243
10	한국	156	인도네시아	241
11	필리핀	147	네덜란드	238
12	홍콩	144	일본	211
13	중국	67	인도	189
14	캐나다	64	필리핀	146
15	기타	243	기타	472
합계		7,097	합계	40,424

※ 자료: Aung Naing Oo(2012), p.21.

2000년대 들어 한국의 대 미얀마 투자금액은 기타 국가에 비해 매
우 증가했다. 1989년까지 영국이 13억8천만 달러로 최대 투자국이었
으나 경제제재 가담으로 인해 2012년 기준 5위로 추락한 반면, 6천

700만 달러로 13위에 그쳤던 중국은 2012년 현재 139억4,700만 달러로 압도적인 1위 자리를 차지했다.

그럼에도 불구하고, 한국의 투자금액은 약 30배 가까이 증가했으나 금액은 29억3,800만 달러로 중국의 1/6 수준에도 미치지 않는다. 전통적으로 태국은 미얀마에 대한 꾸준한 투자를 유지해 왔고, 중국을 포함하여 홍콩, 싱가포르 등 화교자본이 미얀마로 진출했다.

<표 55> 한국의 대 미얀마 수출입 현황

(단위: 백만 달러)

연도	수출	수입	합계
2007-2008	73.816	107.541	181.357
2008-2009	63.227	189.401	252.628
2009-2010	76.073	224.065	300.138
2010-2011	148.390	304.234	452.624
2011-2012.2	198.026	426.782	624.808

※ 자료: Aung Naing Oo(2012), p.7.

한국의 대 미얀마 수출은 국제적 환경에 영향을 받는 특성을 보인다. 1990년 전년도 대비 수출은 108.1% 증가했는데, 이는 미얀마정부의 시장경제체제 전환에 따른 외국인 투자 증가에 영향을 받은 것이다. 그러나 1997년 미국 정부가 미얀마에 신규투자를 금지하는 것을 비롯해 경제제재를 강화함에 따라 한국의 대 미얀마 수출도 전년도 대비 한 자릿수 증가에 그쳤다.

그러나 <표 55>에서 보는 바와 같이 2010년도 이후 양국의 무역규모는 증가 추세에 있으며, 특히 미얀마 제품의 수입이 해를 거듭할수

록 증가했다. 이에 반해 한국 입장에서 수출보다 수입규모가 많은 무
역수지 적자를 보였다.

〈표 56〉 한국의 대 미얀마 연도별 수출입 추이

(단위: 천달러)

년도	수출		수입		년도	수출		수입	
	금액	증가율 (%)	금액	증가율 (%)		금액	증가율 (%)	금액	증가율 (%)
1988	21,169	49.6	4,771	-19.5	2001	232,054	-19.8	50,679	123.4
1989	18,130	-14.4	3,319	-30.4	2002	143,461	-38.2	56,225	10.9
1990	37,718	108.1	3,098	-6.6	2003	184,011	28.3	29,297	-47.9
1991	28,851	-23.5	4,863	57	2004	161,960	-12	30,093	2.7
1992	31,232	8.3	5,983	23	2005	120,013	-25.9	56,257	86.9
1993	41,661	33.4	14,816	147.6	2006	121,311	1.1	96,433	71.4
1994	56,768	36.3	11,365	-23.3	2007	291,981	140.7	80,689	-16.3
1995	86,698	52.7	12,876	13.3	2008	243,815	-16.5	116,254	44.1
1996	130,289	50.3	18,201	41.4	2009	406,153	66.6	78,350	-32.6
1997	136,504	4.8	16,929	-7	2010	478,809	17.9	159,892	104.1
1998	147,648	8.2	13,123	-22.5	2011	666,742	39.3	298,681	86.8
1999	186,880	26.6	15,542	18.4	2012	329,483	-14.9	157,132	28
2000	289,316	54.8	22,686	46					

※ 자료: KOTIS(2012).
※※ 2012년 자료는 7월까지임.

　　2007년 기준 대 미얀마 수출은 전년도 대비 140.7%까지 증가하여
사상 최고치를 기록하는 등 2000년대 들어 수출은 2008년과 2012년
을 제외하고 점증하는 추세이지만 전년도 대비 수출 증가율 등락이 심
한 편이다. 한편, 대 미얀마 수입은 1993년 기준 전년도 증가율 대비

147.6%를 돌파한 후 1990년대에는 증감을 반복했다. 2000년대 들어 2001년 수입 상승률 세 자리수 증가 등 꾸준한 증가세를 보였으며, 2008년에는 수입금액이 1억 달러를 돌파했다. 역시 최근 몇 년간 수입 물량은 점차 증가하고 있으나 금액이나 등락폭은 부침이 심한 편이다.

〈표 57〉 한국의 대 미얀마 주요 품목별 수출 추이(2009-2010)

(단위: 천달러, %)

순위	품목	2009		2010	
		금액	증가율	금액	증가율
1	철강	147,405	66.5	135,062	-8.4
2	원자로, 보일러, 기계류	45,769	42.4	111,546	143.7
3	플라스틱	32,405	7.1	41,915	29.4
4	원피와 가죽	13,591	20.4	20,900	53.8
5	의류와 부속품	7,506	17.9	19,460	159.3
6	인조장섬유	11,578	54.2	18,486	59.7
7	전기기기와 부분품	7,999	-4.3	16,656	108.2
8	철강 제품	66,405	16,416	13,066	-80.3
9	신발, 모자, 산류, 지팡이 등	7,728	61.6	11,356	47
10	철도 또는 궤도용 이외의 차량 및 그 부분품	4,468	36.6	10,587	137
	총계	406,153	66.6	478,809	17.9

※ 자료: KOTIS(2012).

한국의 대 미얀마 수출 품목은 철강, 기계류, 플라스틱 등 소비재 품목에 국한되면서 무역 흑자를 보이다가 2012년에 들어 적자로 전환했다. 특히 2009년 철강 제품의 수출이 엄청난 증가율을 보였는데, 이는 신규 수출 품목이었기 때문이다. 따라서 향후 지속적인 수출판로를

개척할 필요가 대두될 것이다. 한편, 2010년 들어 의류와 그 부속품의
수출이 증가했다는 사실은 현지 봉제공장의 원자재 수요 상승이라고
예측해 볼 수 있다.

〈표 58〉 한국의 대 미얀마 주요 품목별 수출 추이(2011-2012)

(단위: 천달러, %)

순위	품목	2011		2012(1-7)	
		금액	증가율	금액	증가율
1	원자로, 보일러, 기계류	174,957	56.9	50,652	-46.4
2	철강	124,465	-7.8	44,027	-22
3	플라스틱	66,524	58.7	40,157	-4.4
4	인조장섬유	45,080	143.9	29,111	-19.5
5	철도 또는 궤도용 이외의 차량 및 그 부분품	36,137	241.3	22,922	41.6
6	기타 동물성생산품	14,948	259.4	16,310	23.8
7	의류와 부속품	25,364	30.3	16,154	-12.3
8	전기기기와 부분품	18,221	9.4	13,152	15.5
9	원피와 가죽	16,427	-21.4	12,569	28.3
10	지와 판지, 제지용펄프	16,983	144.1	9,433	38.7
총계		666,742	39.3	329,483	-14.9

※ 자료: KOTIS(2012).

2012년의 경우 본격적인 시장 개방이 추진되면서 경쟁국가가 생겨
나 일시적으로 수출이 감소한 것으로 보이며, 또한 기계 및 운송장비
의 수입이 최다를 이루는 미얀마의 품목별 수입구조와 일치하기 때문
에 향후 수출시장은 안정적일 것으로 전망된다. 그러나 2009년 이후
수출 증가율이 정체 또는 감소하고 있으므로 주력 수출품목을 정할
필요가 있다.

〈표 59〉 한국의 대 미얀마 주요 품목별 수입 추이(2009-2010)

(단위: 천달러, %)

순위	품목	2009		2010	
		금액	증가율	금액	증가율
1	의류 및 부속품	51,948	75.2	117,956	127.1
2	채소, 과실, 견과류	2,616.00	1,386.60	9,961	280.7
3	고무와 그 제품	5,362.00	1,322.50	6,798	26.8
4	식용의 채소, 뿌리, 괴경	4,729	-7.3	6,554	38.6
5	메리야스 및 뜨개질 제품	1,990	235.3	6,021	202.6
6	각종 종자, 공업용 및 의약용 식물, 짚, 사료식물	1,843	46.8	3,198	73.6
7	목재와 그 제품 및 목탄	4,012	-17.3	2,844	-29.1
8	신발류, 모자류, 산류, 지팡이 등	2,092	118.8	2,410	15.2
9	어류, 갑각류, 연체동물 등	2,069	-49.3	1,850	-10.6
10	잡품	495	66.9	375	-24.2
	총계	78,350	-32.6	159,892	104.1

※ 자료: KOTIS(2012).

〈표 60〉 한국의 대 미얀마 주요 품목별 수입 추이(2009-2010)

(단위: 천달러, %)

순위	품목	2011		2012(1-7)	
		금액	증가율	금액	증가율
1	의류와 그 부속품	212,188	79.9	103,621	32.4
2	채소, 과실, 견과류	21,362	114.5	15,330	39
3	메리야스 및 뜨개질 제품	20,253	236.4	11,306	1.4
4	고무와 그 제품	13,158	93.6	8,294	10
5	식용의 채소. 뿌리, 괴경	9,057	38.2	5,541	-14.2
6	신발류, 모자류, 산류, 지팡이 등	4,607	91.2	3,404	105.5
7	목재와 그 제품 및 목탄	2,973	4.5	2,395	84
8	곡물	7,401	7401068.0	1,726	3834388.9
9	각종 종자, 공업용 및 의약용 식물, 짚, 사료식물	2,970	-7.1	1,500	-34.4
10	어류, 갑각류, 연체동물 등	1,852	0.1	1,451	17.2
	총계	298,681	86.8	157,132	28

※ 자료: KOTIS(2012).

한국의 대 미얀마 수입은 의류와 같은 섬유제품이 압도적으로 많
다. 그 다음으로 채소, 과실, 견과류를 비롯하여 곡물 등 농산물의 수
입이 급증했는데, 한-아세안 자유무역협정으로 인한 무관세 수입 증
가의 여파로 분석된다. 미얀마가 농업을 산업발전의 기반으로 채택하
고 있으므로 향후 농업 및 수산, 임업분야의 수입이 확대될 것으로 유
력시된다. 수출과 마찬가지로 2012년 수입물량이 다소 감소했는데,
이 역시 일시적 현상이다.

한국의 미얀마 투자동향은 제조업, 에너지자원 중심으로 이뤄지고
있다. 제조업이 미얀마 산업에서 차지하는 비중은 4%에 그치지만 이
중 대부분은 현지에 진출한 한국 봉제 및 제화업체가 담당하고 있다.
2010년 8월 필자가 현지 한국인 봉제업체 6곳을 방문하여 관계자와
면담을 실시했는데,2 미얀마는 봉제산업 진출을 위한 저렴한 인건비
와 우수한 노동인력을 갖추었다고 응답했다. 특히 관계자들은 미얀마
인들은 타 국가 국민들과 달리 기술을 배우고 익히는 능력이 탁월하
며 온순한 성격으로 회사 내 불화를 조장하지 않는다고 평가했다.

최근 들어 봉제업이 호황을 맞음에 따라 노동력 수요가 급격히 증
가했다. 그러나 미얀마는 인력이동이 자유롭지 않고, 노동력 수준이
차등화되어 있기 때문에 노동인력 확보가 용이하지 않다. 특히 태국
에만 250만 명에 이르는 노동자들이 체류하고 있을 정도로 인력의 해
외유출이 심각한 상황이다.

또한 지방 주민이 양공으로 이주할 경우 정부의 복잡한 이주절차를
받아야 하고 본질적으로 인구 이동을 정부가 통제하기 때문에 적시적

---

2 필자가 면접한 한인봉제업체는 Yangon Pan-Pacific International Co., Ltd., 무성
무역, 미얀마 대우인터내셔널, 신성통상, 미얀스타 등 6개 업체이다.

기에 인력 수급이 불가능하다. 현재 봉제공장의 일반노동자 인건비는 월 40달러 수준으로 주변국 봉제업체에 비해 상대적 우위를 점하고 있으나, 지속적인 노동력부족 현상이 발생할 경우 인건비 상승이 불가피할 것으로 보이며, 노동법 통과 이후 노사분규가 빈번하게 발생하고 있다.

에너지자원에 있어서는 2000년 이후 대우인터내셔널이 독점적으로 천연가스 탐사와 개발에 참여하고 있다. 대우인터내셔널은 A-1, A-3 광구 개발권 획득에 이어 2007년 AD-7 광구 생산물분배계약을 단독으로 체결했으며 동 가스전에 대한 LNG 방식을 통한 한국 도입을 시도했으나 무산되었다.

미얀마는 국내 모든 에너지 자원은 내수용으로 사용하고 여분에 한해서만 해외로 수출을 한다는 입장이다. 그러나 천연가스의 경우 정치적 보은의 차원에서 무기화하는 전략적 자원이다. 특히 미얀마 문제가 유엔과 같은 국제기구에서 상정될 때 중국과 러시아가 미얀마의 손을 들어 주었기 때문에 이들 국가가 자원개발권을 획득한 전례가 있었다. 이제 위와 같은 관행이 사라질 가능성이 높으므로 총 51개에 달하는 원유 및 천연가스 해상광구 개발권에 한국기업이나 국영공사가 진출할 가능성이 상존하며, 이 과정에서 자원 수급에 열을 올리고 있는 중국, 인도 등과 경쟁이 불가피할 것으로 보인다.

2003년 한국국제협력단(KOICA)에서 파견된 전문가들이 미얀마 내 물탐사 및 공동조사활동을 펼쳤는데, 당시 조사 결과 가장 유망한 광물로 니켈이 지목되었다. 그러나 복잡한 투자절차와 미얀마정부의 소극적인 태도로 인해 몇 차례의 컨소시엄 구성 계획이 무산되었다.

광물투자의 경우 탐사부터 생산에 이르는 과정까지 상당한 시간이 소요되기 때문에 일단 유망광구를 확보하고 개발에 필요한 인프라를 구축하는 것이 중요하다. 따라서 중장기적인 투자전략이 필요하며 영세한 중소기업보다 지속적인 투자를 유지할 수 있는 기업 간의 컨소시엄이나 국영기업이 참여하는 것이 바람직해 보인다.

2001년부터 시작된 미얀마의 한류는 문화콘텐츠의 수출뿐만 아니라 한국의 문화와 한국인의 생활방식에 대한 관심과 호기심을 유발시켰다. 기본적인 한국어 회화는 물론이고 공장노동자의 일터에는 한국 연예인들의 사진이 부착되어 있다. 한국의 영화나 드라마는 미얀마 영화나 드라마에서 보이지지 않던 한국의 자연경관, 발전된 도시 등 환경적 측면에서 이목을 받는데 충분했고, 다소 파격적인 남녀 간의 애정행각은 그들에게 매우 신선한 충격이었다. 또한 부모와 자식 간의 관계, 사제관계 등은 두 국가가 공유하는 예절문화는 공감대를 형성하는데 충분한 매개체가 되었다.

한류의 영향이 가장 직접적으로 나타난 분야는 요식업이다. 국영텔레비전에서 식생활 개선 캠페인을 전개할 정도로 미얀마에서 식용유가 식생활에 미치는 영향은 절대적이다. 드라마 〈대장금〉에서와 같이 한국 음식이 건강에 도움이 된다는 입소문이 전파되면서 양공시내 한국 식당을 찾는 미얀마인들이 증가했다.

1997년 기준 3개에 불과했던 한국식당은 2012년 현재 20여 곳에 달하고 있으며, 각 식당이 자체 개발한 김치, 닭고기 요리, 돼지고기 요리 등은 대형슈퍼마켓에서 판매 중이다. 현지인을 타깃으로 한 제과점과 분식점도 30여 곳 이상 개점했으며, 이 중 일부는 현지화에 성공하여 많게는 10개에 이르는 분점도 두고 있다.

한국의 대응 및 진출전략 설정

미얀마는 자원을 무기화하고 지정학적 중요성을 최대한 부각시키고, 주요국과 관계 다자화를 통해 특정국가에 편중되는 현상을 극복하면서 자국의 이익을 극대화하는 전략을 내세우고 있다. 그러므로 지난 20년 동안 정치·경제적으로 중국에 의존하거나 고립을 자처할 가능성은 희박하다.

어떻게 보면 2010년 총선은 지난 20년 간 군부가 준비한 정권연장 또는 항구화 프로젝트의 방점을 찍는 최종단계로서 정권을 이양한 신정부는 군사정권과 차별성을 두고, 경제발전에 집중하고 소기의 성과를 거둘 때 실패한 정부라는 오명을 벗을 수 있을 것이다. 또다시 민중봉기와 같은 사회혁명이 발생할 경우 신정부는 더 이상 무력을 사용하는데 큰 부담을 느낄 수밖에 없을 것이다.

규율민주주의라는 신정부의 이데올로기 명칭에서 발견되는 것처럼 군부는 세계사적 흐름을 인지하고 있다. 따라서 신정부가 선택할 수 있는 최선의 전략은 단계적인 정치 개혁개방과 함께 경제발전을 통해 국민에게 물질적 복지감과 혜택을 부여하는 것이다. 이를 통해서 정권에 대한 국민의 자발적인 지지를 유도하고자 한다. 왜냐하면 경제적 수준이 낮은 미얀마와 같은 저개발국의 경우 높은 경제성장은 정권이 민주적이지 않더라도 정권에 대한 지속적인 지지가 나타나기 때문이다.

현재 미얀마와 우호적인 관계를 맺고 있는 주변국들은 잠재적 또는 현실적으로 미얀마와 마찰 가능성을 안고 있으며, 패권 각축의 패해자로서 미얀마의 식민경험은 미얀마 정치엘리트뿐만 아니라 국민들의 기억 속에 뿌리내리고 있다. 이런 측면에서 초기단계에 머무르고 있는 한국-미얀마 관계는 불편한 관계를 청산할 때 별도의 시간이나 자원을 투입할 필요성이 없으며, 오히려 유사한 근대사를 공유하므로 상호 협력할 수 있는 가능성이 더 많다. 더군다나 2000년대부터 시작된 미얀마 내 한류 열풍은 한국기업이나 한국산 제품에 대한 좋은 이미지를 만드는데 바탕이 되고 있다. 한국에게는 '후발성의 이점'이 있다는 것이다.

양자 간의 관계가 일천하기 때문에 협력과 교류를 통한 상호 이해도 증진을 위한 시간이 다소간 소요된다고 비판할 수 있겠지만 일본의 사례에서도 보았듯이 역사는 어디까지나 과거의 사실일 뿐이다. 다시 말해 미얀마는 적극적인 외교관계를 개척하기보다 중립적인 성향이 강하기 때문에 미얀마에 대한 정책을 입안하고 실시하는 국가가 능동적이어야 할 필요가 있다.

한국의 대응과 진출방안은 개별국가적인 수준과 지역적인 수준 등 두 갈래로 접근해야할 것이다. 먼저, 정부대 정부간 관계에서는 정치적인 분야의 개입을 자제하여 경제적 실리를 극대화할 것인지, 아니면 그 반대의 정책을 펼칠 것인지를 결정해야할 것이다.

미국으로부터 자유로울 수 없는 일본의 사례처럼 대 미얀마 진출전략을 소극적으로 전개할 경우 시장 선점효과는 없을 것으로 보인다. 그러나 일본은 그들만의 원조방식에 따라 일본에 대한 지원을 지속적으로 이어가고 있다는데 의미를 부여할 수 있다. 즉 미국과 우방관계라고 할지라도 미얀마에 대한 원조를 실시했다는 이유로 제재 대상국이 될 가능성은 낮다는 의미이다.

따라서 한국이 취해야 할 대응은 미얀마 진출에 수수방관하거나 소극적으로 대처할 것이 아니라 적극적인 입장을 견지해야 한다. 그런 의미에서 2012년 5월 김성환 외교장관과 이명박 대통령의 방문은 큰 의미가 있었다. 특히 한국의 경제발전 경험을 공유하겠다는 양 정상의 약속과 함께 이대통령이 아웅산수찌와 회동한 점은 주목받아야 한다. 즉 한국은 미얀마를 두고 경제적 논리만을 내세우는 국가가 아니라 한국의 민주주의 발전과정이 미얀마에 교훈을 줄 수 있다는 점을 전시했다.

이미 지적했듯이 미얀마는 초기 개도국으로 개발수요가 풍부하고 천연가스, 티크, 보석, 농림수산품 등 미개발 자원이 산재한 국가이다. 또한 양질의 저임노동력을 보유하고 있으며, 치안이 안정적이고 영어소통도 가능하다. 6천만에 가까운 인구는 잠재적인 내수시장을 형성하고 생활 수준 향상에 따라 구매력은 점증할 것이다. 만성적인 정치 및 사회불안은 해소 단계에 접어들었고, 경제 제도와 법령 이외 위협요소들은 속속들이 제거되고 있다.

한국이 주요국에 비해 후발주자라는 측면에서 향후 5-10년을 내다보는 중장기적인 접근과 대응이 필요할 것 같다. 미얀마 국회의 한 임기가 5년으로 정해져 있고, 시간이 경과함에 따라 정치체제는 연성화될 가능성이 높다. 미국의 입장을 고려해야 하는 한국은 양자관계가 이미 정상화되었으므로 이에 대한 부담도 덜게 되었다. 따라서 한국은 다음과 같은 미얀마 접근 전략을 채택할 필요가 있다.

첫째, 정부 차원의 광범위한 무상원조가 필요하다. 현재 미얀마는 개발원조위원회(DAC)회원국으로부터 공여형식의 원조를 받고 있는데, 그 규모는 1년에 1억 달러를 조금 넘는 액수에 불과하다. 정권에 대한 비판에도 불구하고 미얀마가 유럽연합을 대상으로 로비스트를 고용하여 좋은 이미지를 심고자했던 사례만 보더라도 미얀마는 해외의 원조를 매우 중시 여긴다. 즉, 미얀마에 대한 무상원조는 한국에 대한 호의를 쌓는데 중요한 역할을 할 것이다. 2007년 대우인터내셔널이 불법으로 무기를 수출하여 국제사회의 맹렬한 비난을 받았던 사례에서처럼 군사 분야 지원은 지양해야 되며, 교육과 보건 등 인도주의적 지원에 초점이 맞춰져야 한다.

미얀마는 전통적으로 경제적 생활수준과 별개로 삶의 질에 있어서 교육에 대한 가치를 매우 높게 부여하며, 이는 전통시대부터 이어져 온 토착화된 관습이다. 그러나 1962년부터 공교육이 정상화되지 못했고, 1988년 이후 대학이 몇 차례 휴교령을 내리는 듯 교육제도는 파행을 겪어 왔다. 정상화된 교육은 질적인 측면에서 현저히 하락했고, 시골지역의 청소년은 생계적인 부담으로 진학을 포기하고 있다. 이에 따라 초등 및 중등교육에 대한 지원은 시골지역을 중심으로, 대학교육에 대한 지원은 군부가 개교한 특수 목적의 기관을 제외한 일반 대학 중심으로 진행될 필요가 있다.

현재 한국은 미얀마에 봉사단을 보내는 유일한 국가로서 국가 이미지와 위상 제고에 기여할 수 있도록 해외봉사단 파견규모와 분야를 확대할 필요가 있다. 이를 테면 한류와 연계하여 한국을 배울 수 있는 교육환경을 구축하고자 박사급 전문 인력을 파견하여 한국학 교육의 체계를 정립하고, 스포츠 분야의 지도자를 파견하여 체육 특기생을 발굴하는 사업도 진행할 필요가 있다.

군 수뇌부까지 한국의 역사 드라마에 대한 각별한 관심을 가지고 있듯이 한국의 정치 및 경제발전사에 정통한 지한파(知韓波)를 발굴하기 위한 중장기적인 인적 자원 교육 및 교환 프로그램이 필요하다. 2013년부터 일본이 다시 봉사단을 보낼 계획이 있다고 하니 경쟁체제 또는 비교우위체제를 구축하기 위한 다양한 방안을 연구해 볼 필요가 있다.

미얀마는 농업에 의존하는 산업구조 상 녹색성장을 위한 제반 여건을 갖추고 있기 때문에 농업과 관련한 한국의 기술 원조도 중요한 쟁점이 될 수 있다. 이와 함께 녹색혁명을 달성하기 위해 농기계류, 비료, 사료 등 농업 생산량을 늘릴 수 있는 방안도 강구해 보아야 한다. 이를 테면 '한·아세안 협력기금', '아세안 통합이니셔티브'(IAI), 한-아세안 FTA 이행 및 활용률 제고를 통한 경제적 지원 등을 들 수 있다.

둘째, 무상원조를 통한 한국의 인지도와 호감이 증가하면 유상원조국 또는 유상 중점지원국으로 미얀마를 선정해야 할 것이다. 이 분야는 한국이 절대 우위에 있는 인프라 구축산업과 연계할 필요가 있다. 현재 미얀마는 중국, 인도, 태국 등 주변국의 지원으로 도로를 건설하고 항만을 현대화하고 있으나, 이는 어디까지나 자국이 미얀마 진출에 유리한 분야와 지역에만 국한되는 제국주의적 발전전략에 의한 것이다. 중장기적 측면에서 주변국의 원조에 의한 인프라는 자원 수송의 기능이 종료되면 효용가치가 사라지기 때문에 국가 발전에 필요한 수송망을 재구축하는 경제적, 시간적 부담을 지게 될 것이다.

필자가 현지 경제전문가들과 면담한 결과에 의하면, 향후 10년 간 미얀마 내 도로, 항구, 통신시설 등은 별다른 문제점이 없을 것으로 보이지만, 중국과 인도산 제품의 질과 기술로는 그 이상의 시간을 버틸 수 없다는 의견이 지배적이었다(Aung Tun Htet, Dr. Kan Zaw, Lyn Lyn Tin Htun, Phone Win 인터뷰 2010.8.13). 그들이 제시한 대안은 한국산 제품과 기술의 도입이었다. 그들에 따르면, 한국산 제품의 우수성은 국내적으로 알려졌으나 가격이 상대적으로 비싸고 공급체계가 적절하지 않으며, 무엇보다도 한국 기술자들에 의해 사업이 진행되지 않기 때문에 조달에 어려움이 있다. 일본산 제품과는 질적인 측면에서 동일하고 가격이 상대적으로 저렴하기 때문에 한국산 제품과 기술이 시장성에서 앞선다고 평가했다.

유상원조와 관련하여 주목해야할 점은 미얀마의 에너지 자원 도입의 대가로 유상원조를 제시하기보다 향후 추가적인 분야에 대한 한국기업이나 공기업의 진출 기회보장을 요구하는 것이 더 이상적이다. 주지했다시피 미얀마는 한국뿐만 아니라 아세안, 중국, 인도 등으로부터 대규모의 유무상원조를 수원할 수 있는 국가이다. 그러므로 한국의 원조가 반드시 필요하지 않다면 그들이 대외 협상에서 가장 중요하게 간주하면서 동시에 국가 주요 수입원이 되는 에너지 자원을 협상의 대가로 내놓을 가능성이 낮다. 이는 2007년 AD-7광구 천연가스를 한국으로 도입하는 대가로 미얀마 전역의 통신망과 송전망 구축이라는 파격적인 제안에도 관심을 가지지 않았던 미얀마정부의 입장에서 명확히 드러났다. 간단히 말해, 한국측 수요보다 미얀마측 수요를 미리 파악할 필요가 있으며, 이에 따른 상호 절충이 협상의 무기가 될수 있다.

셋째, 민간부문의 투자는 정부의 중장기적 전략과는 별도로 제반 법령 도입 또는 규제의 완전한 해제가 있을 때부터 개시될 것이다. 미얀마는 노동집약적인 산업이 진출에 유리한 시장특성을 보이고 있기 때문에 베트남, 캄보디아, 방글라데시 등 사업 환경이 더 이상 양호하지 않은 국가에서 신흥 투자국을 모색하는 중소규모 사업가들에게 매력적인 곳이다. 풍부한 노동력뿐만 아니라 노동력의 질적인 수준도 우수하다는 것이 기 진출한 업체 관계자들의 지적이다.

현재 태국에만 약 250만 명 이상의 노동자가 체류 중이고, 국내적으로 이주의 자유가 허용되지 않지만 국내적으로 산업 수요가 증가하면, 해외 취업 불법 및 합법노동자들의 본국 귀국도 예상할 수 있다.

지역적 수준에서 미얀마에 대한 접근은 좀 더 복잡하고 다양한 변수를 고려해야 할 필요가 있으며, 미얀마 변수가 중요하게 작용할 것으로 예상된다. 첫째, 경제적 측면에서 중국, 인도, 아세안을 연결하는 거대 경제권의 등장이 예상되는데, 미얀마도 그 일원이 될 전망이다. 이미 2010년 1월부터 중국과 아세안은 FTA의 전면 발효를 개시했고, 인도와 아세안도 80%이상의 품목에 대해 2016년부터 완전한 관세철폐가 이뤄지는 등 경제통합에 박차를 가할 예정이다. 아세안은 2015년까지 아세안경제공동체(AEC)를 설립하는데 합의하여 역내 관세철폐 및 역외 관세 단일화 창구 설립 등 경제통합계획을 진행 중에 있다.

미얀마가 아세안 회원국에서 탈퇴하거나 회원국들에 의해 자격을 박탈당하는 가능성은 거의 없기 때문에 미얀마는 국내적으로 시장통합에 대한 제반 여건 마련, 국외적으로 자국 상품에 대한 경쟁력 강화 방안 마련 등 현재까지 임기응변식이던 경제정책에서 탈피해야만 한다. 2014년 아세안 의장국 수임으로 인해 아세안 내 미얀마의 역할이 대두되는 시점이기도 하다.

무엇보다도 지리적으로 미얀마는 중국, 인도와 국경을 맞대고 있기 때문에 두 국가의 동남아 진출은 미얀마를 교두보로 삼을 것이다. 특히 중국의 미얀마 의존도는 심화될 것으로 보인다. 베트남은 동남아와 인도로 진출하는데 지리적으로 원거리에 위치하고 태국은 미국으로부터 자유롭지 못할 것이며, 라오스는 인프라가 구축되지 않아 왕

래에 어려움이 예상되기 때문이다. 인도도 동아시아로 진출하는 첫
번째 관문이 미얀마이므로 미얀마의 지리적 가치를 평가절하할 수 없
다.

둘째, 경제적 측면과 함께 미얀마는 지역정치 측면에서 있어서도 중
요한 변수가 된다. 동남아 지역협력과 관련하여 중국은 미국을 배제
하고 동시에 정치부문의 개입은 지양하면서 고유 외교전략을 구사해
왔으며, 이러한 연성외교는 동남아뿐만 아니라 그 외 지역으로 확대
될 것으로 보인다. 미얀마는 경제적으로 중국에 편중되는 현상을 상
쇄시키고자 인도를 중국의 경쟁상대로 선택할 것이다. 그러나 인도가
단독으로 중국을 견제할 수 없으며, 인도에 대한 미얀마의 정서도 좋
지 않은 편이다. 즉 미얀마는 인도 이외에도 국내 경제문제를 해결하
고 지역적 수준에서 중국위협론을 상쇄할 수 있는 국가들을 유인할
것으로 보인다.

셋째, 안보적인 측면에서 미얀마의 가치는 증대될 수밖에 없다. 현
재 미얀마를 둘러싼 벵골만, 안다만, 말라카해역의 패권 장악을 두고
인도와 중국이 경쟁하고 있는데, 잠정적으로 이 지역은 한국의 전략
에도 중요하다. 중국은 남서실크로드의 부활, 인도는 동방정책을 통
한 자국의 지속적인 경제발전을 통한 국방력 강화라는 원칙을 수립하
고 있는바 대륙부동남아와 해양부동남아를 연결하고, 동북아지역까
지 연결되는 말라카해협의 해상권 장악은 두 국가의 항구적인 과제일
것이다. 특히 중국이 이 지역을 중국의 영향권 하에 두면 안전적인 에
너지 자원의 수송로를 확보할 수 있으며, 인도의 동아시아 진출을 봉
쇄할 수 있는 조건을 마련하게 된다. 한국도 중동에서 수입하는 원유
뿐만 아니라 해외로 수출입하는 상품의 중간 기착지가 말라카해협이

기 때문에 안보적인 측면에서 수수방관할 수 없다.

위와 같은 정치 및 안보적 쟁점을 바탕으로 한국은 중국, 인도 등 국가들과 패권경쟁을 할 수 없겠지만 균형론자로서의 역할을 수행할 수 있을 것으로 기대된다. 즉 한국은 아세안과 함께 중국의 연성외교에 대응하며, 미국의 강성외교를 완화하는 외교 전략을 채택함으로써 아시아 중견국가로서의 위상을 획득할 수 있을 것이다. 그러기 위해서는 미얀마와 관계 개선 및 발전과 같은 외교적 과제 이외에도 아세안과 더욱 긴밀한 관계로 발전하는 것이 중요하다. 이런 측면에서 2010년 10월 제13차 한-아세안정상회의에서 양측 관계가 '전략적 동반자 관계'로 격상된 점은 고무적이다.

향후 개발협력, 문화 및 인적교류, 안보 등에서 협력을 강화할 필요가 있을 것이다. 중국의 물량 공세적 선린우호정책보다 한국의 경제발전 경험을 전수하고, 인도적 차원의 무상원조와 중국보다 앞선 기술을 바탕으로 한 기술지원 등을 늘여야 한다. 즉 중국과 차별화된 전략으로 응수하여 아세안의 최대 우호국으로 한국이 설정될 수 있게 해야 할 것이다. 종국에는 동아시아 지역 질서 재편에 따른 한국의 배제를 원천적으로 차단하고 의사결정에 있어서 아세안과 중추적인 역할을 할 것으로 기대된다.

진출 유망분야 및 전략 점검: 투자자를 위한 제언

한국 기업들의 적극적인 해외투자진출로 중국, 베트남, 최근에는 캄보디아 등을 주요 투자처로 각광을 받았으나 현지 경영환경이 악화되면서 신정부 출범이후 미얀마는 이들 국가들의 대체투자처 또는 대안적 생산기지로 부상하고 있다.

먼저 현지 투자 리스크를 최소화하기 위해 소규모 진출과 단계적 진출 전략이 필요하고, 둘째 미얀마의 시장 특성상 중소기업의 투자가 유망하지만 자원 개발 분야는 대기업 또는 정부의 전폭적인 재정 지원 및 협상단 파견과 같은 배후 지원이 필요한 분야도 있다. 또한 미얀마의 농업을 중심으로 한 녹색산업, 제조업, 전력 및 통신 산업, 에너지 자원 개발 등 잠재력에 따라 유망분야를 선정하고 진출 전략을 수립할 필요가 있다.

우선 유력 진출분야는 양질의 저임금 노동력을 활용한 의류, 봉제, 가발, 전자제품 조립 등 노동집약적 제조업 등과 수산물 어획 및 단순 가공과 같은 원료조달형 사업 등이다. 봉제업은 이미 한국기업이 상권을 장악하고 있어 향후 추가적인 사업체를 구성하는데 별다른 어려움이 없어 보인다. 이 경우 전력문제와 투자 수익 회수가 가장 큰 장애요인으로 부각되지만, 미얀마정부에 따르면 전자는 2015년이면 완전히 해결될 수 있으며, 후자는 신정부 구성이후 제도적인 측면의 개선과 시행을 바랄 수밖에 없다. 현지 진출 이전 법령과 제도에 대한 면밀한 검토가 요구된다.

중장기적 측면에서 미얀마 중상류층 내수시장을 공략할 양질의 한국 공산품 수출 또는 현지공장 설립도 가능성이 보인다. 일례로 500만 양공시민 가운데 중상층은 30% 정도로 150만에 달하며 그 수는 점차 증가할 것으로 보인다. 현재 저가의 중국산 가전제품이 일반 가정, 일본산 제품은 상류층에게 소비되는데 한국산 가전제품의 우수성은 한국 드라마와 영화를 통해 입증 받았으며, 가격 면에 있어서도 일본산보다 다소 저렴해 경쟁력이 있다.

자동차시장은 군부의 자회사인 UMEHL산하 반둘라운송과 빠라미 택시에서 장악하고 있으나 2010년 차량 수입 허가 이후 수입이 증가 하고 있다. 미얀마 자동차시장은 국내 생산차 시장과 수입차 시장으 로 양분되는데, 전자는 중고 엔진을 포함한 중고 부품 중심의 조립 생 산 수준으로 연간 1만-1만5000대 정도를 생산한다.

수입차 시장에 관한 공식 통계는 보고되지 않지만 약 90% 이상이 일본제로 추정된다. 우측 핸들 장착 차량은 원칙적으로 수입이 금지 되어 있어 일본산 중고 자동차 수입은 불가능해 보이고, 미국의 제재 가 완화 또는 해제되지 않는 이상 합법적 경로로 미국산 자동차 수입 도 없을 것이다.

이에 비해 한국산 자동차는 독일 자동차보다 품질 대비 가격 경쟁 력이 우수하고, 중국과 인도산보다는 품질에 있어서 경쟁력이 확보되 어 있다. 다만 자동차의 종류에 따라 수입 관세가 1-40%로 다양한 측 면도 일종의 독소조항처럼 보인다. 또한 일본산 자동차의 시장 점유 율이 높은 편이어서 한국산 자동차의 수출이 가시화될 경우 부품을 조달할 시장까지 동반 진출해야 할 것이다.

건설업은 지속적으로 호황을 누릴 수 있는 산업이지만 이 분야는 주로 국내 대기업에게 사업권이 부여될 가능성이 크기 때문에 한국기 업으로서는 현지 기업과 합작투자 형태로의 진출이 바람직해 보인다. 또한 산업화가 중지되다시피 했기 때문에 각종 건설장비와 기계류는 노후화되었다는 점을 유의해야한다. 즉 신규사업에 투자할 경우 일반 적인 투자비용 이외에 건설장비에 투입되는 비용까지 고려해야하는 추가의 부담이 있다. 중견 및 대기업의 경우 플랜트, 도시계획 등 중

장기적 고비용 투자 산업에 관심을 가질 필요가 있다. 미얀마의 기업
들은 대부분 건설업을 주력 분야로 채택하고 있고, 정부 또한 국내 기
업에 사업 우선권을 부여하고 있으므로 외국 기업이 단독으로 투자하
기에는 쉽지 않다.

수도를 네삐도로 이전함에 따라 양공시내 구 청사와 공무원이 쓰던
관사들이 매물로 등장했는데, 부동산 입지로 매력적인 곳이 많다. 건
설업체와 동반으로 진출할 경우 고급 아파트, 콘도미니엄, 호텔로 신
축 또는 개축하면 다수의 이용자를 확보할 수 있을 것이다. 다만,
2010년 이후 정부는 부동산 세수 관련 법령을 완화함으로써 다수의
자본이 부동산으로 집중되어 최근 2-3년 간 부동산 가격은 최소 3-6배
가량 상승했다. 공장 부지를 매입하거나 신규 건설업 관련 투자가 증
가한 것으로 풀이된다.

미얀마는 전국이 불교사원이라고 할 정도로 불교유적지가 산재하
고, 삼면이 바다로 둘러싸여 아름다운 해변 경치를 자랑하며, 일부 지
역에서는 만년설을 비롯해 고산지대로 휴양을 즐기기에는 천혜의 관
광지로 손색이 없다. 교통 인프라가 열악하고, 아직까지 분쟁지역은
외국인의 출입을 엄격히 제한하고 있어 안전한 관광에는 주의가 따른
다. 그러나 오지 여행 또는 주변국과의 연계 관광과 같은 새로운 프로
그램을 개발한다면 관광국가로 성장할 수 있을 것이다.

미얀마로 입국한 관광객은 2011년까지 71만 명, 2012년에는 100만
명을 돌파할 전망이어서 미얀마정부의 관광객 유치정책이 본격화될
것이다. 그러나 증가하는 관광객에 비해 이들을 수용할 수 있는 항공
편, 숙박시설, 교통 등에 있어 한계를 보이고 있다. 관광분야에 신규
투자를 희망하는 기업들은 연계 인프라를 사전에 조사해야 할 필요가

있다.

장기적으로 원유, 천연가스, 광산, 수력발전 등 에너지 자원 개발에 참여하는 것이 이상적이며, 이는 각종 인프라의 구축과 동시에 이뤄져야할 것이다. 앞서 지적했듯이 인프라는 유무상 원조의 형식으로 진행하며, 일종의 인센티브로 자원개발권을 획득하는 협상 전략이 필요하다. 사기업이 진출하는 것도 하나의 방안이지만 가급적이면 정부대 정부 차원의 진출 또는 정부가 지원하는 환경을 보장하여 우리 기업들이 진출할 수 있는 안정적이고 장기적으로 투자 방안을 강구해야한다.

마지막으로 필자가 미얀마 관료들로부터 들은 일화를 하나 소개하고자 한다. 미얀마의 개혁개방 이후 신규투자를 희망하는 다양한 국가들의 투자자들과 면담을 했다는 한 관료는 한국사람처럼 믿기 힘든 투자가들은 없다고 한다.

대한무역투자진흥공사(KOTRA) 양공 사무실은 연일 100-150건 정도의 투자 상담을 하는데, 실제로 투자를 실행 단계에 옮기는 기업은 거의 없다고 한다. 마찬가지로 상담을 한 투자 희망자들은 미얀마 관료와 사업 전반에 관해 논의를 한 뒤 어떠한 행동도 취하지 않는다. 시장 개방을 지향하는 미얀마에 대한 호기심으로 인해 일단 투자 여건을 조사하기 위해 현지를 방문한 것으로 보이지만 이 보다 선행되어야 할 점은 정말 미얀마가 투자 가치가 있는 국가라는 점에 스스로 의문을 품어 보아야 한다.

언론을 통해 필자가 밝혔듯이 미얀마는 외국인이 쉽게 공략할 수 있는 시장이 절대 아니며, 우리가 알고 있는 '상식'이 쉽게 통하지 않는 나라이다. 국제사회에서 30년 가까이 자발적 고립을 택했고, 이로 인해 외국기업인들이 경제활동하기에는 장애물로 가득하다. 이권을 유지해 온 소수 엘리트들은 그들의 선조가 창달한 정신문화가 자본주의로 무장한 제국주의에 농락당했다는 역사적 사실을 치욕으로 받아들인다. 식민시기동안 겪은 자본주의의 발전은 자원공급국의 전략으로 곡해하며 시장 개방과 별도로 민족주의적 경제관을 쉽게 해소하지 않을 기세이다. 시장을 전면 개방하고 해외 기업들에 무제한으로 인센티브를 제공할 경우 국내 산업은 외국기업의 손아귀에 넘어갈 것이고, 이는 곧 주권의 상실이자 국가의 위기로 정의된다.

군부권위주의와 사회주의로 인해 위계화된 서열 구조는 보이지 않는 계급사회를 형성했고, 각 정부 부서간의 협력은 상상할 수 없다. 따라서 시시한 서류 한 장도 관계 부서 장의 재가가 있어서 시행될 수 있고, 그 과정에서 커피 값, 과자 값을 운운하는 관료사회의 도덕적 해이와 부정부패는 만연해 있다. 미얀마는 자신들의 현재 역량을 수용할 수 있을 정도만 업무를 계획하고 추진하여 우리에게 익숙한 저비용 고효율의 시장경제 논리와 상반된 관념에 젖어 있다.

미얀마는 추가의 개혁개방을 위해 국제사회에 공식적으로 도움을 요청했다. 그러나 그 기준도 명확히 민족주의로 무장한 군부와 엘리트의 기준에 의한 것으로 구걸하는 행태로 이뤄지지 않는다. 어떤 분야이든지 자본의 규모에 상관없이 투자만 하면 성공할 수 있다는 낙관적 기대감은 투자 실패로 이어 질 것이 명확해 보인다.

그러므로 미얀마에 진출하기 전 미얀마 시장과 국민적 특성, 법령과 제도 특징 등 거시적 투자환경을 종합적으로 검토해 볼 필요가 있다. 한국 언론은 연일 한국 기업의 현지 진출이 가시화된다고 소개하고 있으나 실제로 투자가 성사되는 사례는 극히 드물다. 확신에 차지 않는 미래에 대한 기대감은 미얀마 관료들의 한국에 대한 기대감을 그 이상으로 부풀리며, 이에 따라 미얀마의 한국 이미지는 투자에만 관심 있는 국가로만 그려질 것이다.

이런 연유에서 최근 미얀마 관료사회는 한국 기업들을 4L만 가득한 투자자로 비꼬기도 한다. 즉 듣고(Listen), 와서 보지만(Look), 별다른 투자가치가 없다고 판단하여 떠난 뒤(Leave), 제대로 시장조사를 하지 않아 기회를 날려 버렸다고 후회하는 교훈(Learn)을 얻는다는 것이다. 하나의 기업이 현지에 진출하기 위해서는 다년간에 축적된 정보와 경험을 바탕으로 해야 한다는 보편적 진리가 한국기업들에게는 없다는 일침이기도 하다.

물론 다양한 협력체를 출범시켜 한국기업의 현지 진출을 돕고 장려할 수 있는 방안을 연구하고, 시행하면서 기타 국가와 달리 안정적인 현지 진출을 보장해야 한다. 그러나 이에 앞서 시장조사를 마친 뒤 확실히 투자를 희망하는 기업들이 후발 주자들을 위해 교량을 놓아야 탄탄한 진출로를 확보할 수 있을 것이다. 일본기업이 최근 미얀마 시장에서 두각을 나타낸 이유를 상기할 때 한국기업은 아직까지 많은 교훈을 필요로 하며, 왜 지역 전문가가 필요한 지 역사적으로 강조되는 대목이기도 하다.

제6장

결론: 미얀마의 미래

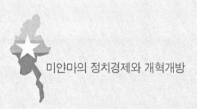
미얀마의 정치경제와 개혁개방

미얀마 신정부가 개혁개방을 실시할 당시 제기된 중장기적 미래는 다음과 같다. 첫째, 전례없는 개혁개방이 지속되어 정부는 소기의 성과를 달성하고, 군부는 국민과 국제사회의 광범위한 지지를 받는다. 둘째, 신정부의 정책에 불만을 품은 강경파들의 쿠데타가 발생 및 성공하여 군사평의회가 조직되는 등 과거로 돌아가는 정치구도가 재구현된다. 셋째, 정부 주도의 개혁이 부침을 거듭하며 성공하지 못하고 결국 사회주의시기처럼 국제사회에서 빗장을 잠그는 고립체제로 들어선다.

대통령을 비롯한 주요 엘리트들은 두 번째와 세 번째 가능성을 일축하며, 정부의 개혁개방은 지속적으로 이어질 것으로 강력한 의지를 확인시켰다. 필자도 이런 주장에 동의하는 입장에서 다음과 같은 세 가지 시나리오의 가능성을 예측해 보고자 한다.

첫 번째 시나리오: 안정적인 정치·경제발전

현재로서 가장 현실적이고 유력한 경로로서 떼잉쎄인 대통령 중심의 개혁개방이 소기의 성과를 거두며 2015년까지 지속되는 경우이다. 2013년 말로 예정된 동남아시안게임(SEAGame)과 2014년 아세안 의장국 역할을 성공적으로 마칠 경우 국내외적으로 현 정권에 대한 지지도는 높아질 것이다. 여기에 정치범의 완전한 석방, 개인의 자유와 의사를 표현하는 법령 도입과 언론의 자유 보장 등 민주화의 전진을 이루게 될 경우 미국의 경제제재는 해제 국면으로 접어들 가능성이 크다.

이 경우 미얀마는 중국에 편중되었던 외교 전략을 전면적으로 수정하면서 동시에 인도, 아세안, 미국 등 주요 이해 당사자국들을 적극 유인하여 정치, 경제적으로 국익을 극대화하는 방안 수립에 주력할 것이다. 즉 잠재적으로 미얀마는 21세기 강대국들의 각축장이 될 가능성은 크지만 어느 한쪽으로 외교관계가 치우치는 행태는 지양하면서 그들의 고유 외교노선인 비동맹중립노선을 강화할 것으로 보인다.

경제적으로 연 평균 7-10% 대의 GDP 성장을 기록할 것이며, 정부의 방침대로 농업을 중심으로 한 산업의 후진성 탈피, 산업구조의 다양화 등을 도모할 것이다. 미국의 경제제재가 현재로선 경제발전의 가장 큰 걸림돌이므로 제재 해제 방안을 위한 정부의 노력은 지속될 것이다.

사회간접시설 구축을 위한 해외의 공적자금은 확대될 전망이지만 이에 대한 집행을 두고 정부와 공여국 간 일정 수준 마찰이 일어날 가능성이 높다. 집행 분야와 방법 등 미얀마 관료사회의 업무 미숙이 그 원인으로 지적되겠지만 이들에 대한 교육 지원과 같은 공무원의 역량 사업이 성공리에 진행된다면 근무환경의 개선과 관료의 의식적 전환은 단기적으로 해결될 수 있을 것이다.

신흥 계층으로 부상할 수 있는 세력은 화교, 또는 이들과 연대한 세력들이다. 여기서 화교는 중국인 국적뿐만 아니라 싱가포르, 홍콩, 대만, 말레이시아 등 화교 출신이 압도적인 국가의 화인들로서 중국인 정체성(Chineseness)을 무기로 현지인과 통혼을 통해 중산층으로 성장할 가능성이 높다. 특히 양공과 만달레 등 주요 상업도시를 중심으로 1990년대부터 화교세력의 확장이 가시화되었고, 해외 자본의 유입으로 이들의 역할이 더욱 증대될 것이다.

2015년 국회의원 선거가 실시되기 전까지 헌법 개정과 같은 군부의 특권을 제한할 수 있는 환경이 조성되지 않는 이상 군부의 정치 및 경제적 참여와 그로 인한 배타적 이익의 점유는 현재와 같이 유지될 것이다. 해외 자본의 유입이 증대될수록 군부기업과 합작하려는 사업체들이 증가할 것이며, 이로 인한 군부기업의 이익은 증가하거나 최소한 보존될 것이다. 현재로선 군부를 대체할 수 있는 대안 세력이 부재하므로 당분간 정부 주도의 개혁개방은 군부와 관료 중심으로 추진되며, 그 과정에서 군부의 역할은 증대될 것이다.

나아가 군부는 2015년 총선에서 권력 분배의 주요 세력이 될 것이다. 즉 병영으로의 복귀, 아니면 일정 수준 권력층에 남아 있기를 희망하려는 양자택일의 가능성을 두고 저울질할 가능성이 높으며, 군부 중심의 기업은 여전히 배타적 이익을 추구하고자 할 것이다. 법과 제도의 근대화에도 불구하고 인물 중심의 권력구도는 유효할 것이며, 군 지도자들의 개인적 영향력은 현재와 동일할 것이다.

2015년 총선은 향후 10년 이후 미래를 전망하는 분수령이 될 것이다. 현재로서 국민민주주의연합(NLD)의 인기가 가장 높다고 할 수 있지만, 선거를 목전에 두고 정부 주도의 선거 방해, 관권 및 금권선거 가능성은 열려있고, 이로 인해 그 결과는 현재로선 확실치 않다.

5년간의 집권으로 군부가 병영으로 복귀할 수 없으며, 여전히 이들은 과오와 과거의 만행에 대한 책임소지로부터 자유롭지 못하므로 민간으로 정권을 이양하기에는 부담감을 느낄 것이다. 만약 군부 중심의 개혁개방이 완성되지 않았다고 판단할 경우 비민주적 방법을 내세워서라도 정권 연장을 꾀할 것으로 보인다. 떼잉쎄인 대통령이 입후보하지 않는다면 현재로선 쉐망 하원의장의 출마가 유력해 보이며, 민아웅흘라잉 현 군총사령관도 임무를 무사히 마칠 경우 미래권력으로 급부상할 수 있다.

　NLD가 집권할 가능성은 낮지만 집권할 경우 일시에 사회혁명을 추진하기에는 무리가 따른다. 정치권력을 장악했다고 하더라도 정치의 무게중심은 여전히 군부에게 있고, 이들에 대한 처우를 보장해 주지 않는 급진적 개혁은 군부의 집단적 반발을 유도할 것이다. NLD도 당내적으로 민주주의에 익숙하지 않고, 아웅산수찌와 당원들간 민주주의에 대한 이해도의 격차가 심한 편이다. 아웅산수찌는 도덕주의에서 현실주의로 변모하는 과정 중에 있으며, 당원들의 아웅산수찌에 대한 무조건적 추종은 건전한 민주주의를 약속할 수 없다. 즉, 2015년 총선에서 NLD가 집권한다고 하더라도 정권은 민간 권위주의형태가 될 가능성이 크다.

　또한 NLD가 국민들이 염원하는 경제발전과 민주화를 동시에 달성할 수 있을지는 아직까지 미지수이다. 아웅산수찌를 비롯한 당내 지도자급 인사들이 70세 이상의 고령이므로 현 지도부를 계승할 수 있는 차세대 지도자의 육성이 시급하다. 디아스포라들이 귀국하지 않는 현재로선 '88세대'가 NLD의 대안세력이 될 가능성이 크다.

　따라서 가장 안정적인 정치 및 경제적 발전을 도모할 수 있는 방안은 정권의 연성화를 통한 점진적인 군부의 병영 복귀와 정치와의 결별, 일정 수준 경제적 기득권을 유지해 주며 직능집단으로서 전문화되는 군부, NLD 등 야당과 여당, 시민사회를 중심으로 하는 민주교육의 확대와 질적 심화, 기존 체제를 비판할 수 있는 신흥계층으로서 대안세력의 등장 등이다. 이와 같은 과제는 2015년이 넘은 시기부터 가시화될 것이며, 최소한 2015년까지 국가 기능의 정상화는 완전히 마무리되어야 한다.

두 번째 시나리오: 군사평의회로의 회귀

신정부가 출범했다고 하더라도 딴쉐 전 의장을 중심으로 한 막후정치의 존재는 불확실한 미래를 주장하는데 좋은 증거가 된다. 또한 해외 체류 민주화운동가들은 신정부의 개혁개방은 경제제재를 해제하기 위한 일시적 책략으로 미얀마가 소기의 목적을 달성하면 다시 군사평의회와 같은 권위주의체제로 회귀할 것이라며 신정부의 진정성을 폄하하고 있다. 신정부 출범 초기 대통령의 개혁정책에 반기를 든 소수의 강경파가 딴쉐 전 의장과 면담을 실시한 뒤 정국이 안정될 경우 강경파의 절대적 이권을 보장할 환경을 구축해 주겠다는 약속을 받았다는 소문이 나돌기도 했다.

그러나 과거로 돌아가는 정치적 후퇴는 발생할 가능성이 매우 낮아 보인다. 첫째, 강경파로 분류되는 인물들의 사퇴 또는 축출 등 인사교체가 단행되었기 때문이다. 앞서 언급했듯이 띤아웅뮌우 부통령이 건강상의 이유로 사퇴했고, 대통령 전권으로 개혁에 앞장서며 대통령의 두터운 신임을 얻은 인물들을 대통령실 장관으로 임명하는 한편, 강경파로 분류되는 인사들을 사퇴 또는 한직으로 인사 발령했기 때문에 행정부 내 강경파의 입지는 대폭 축소된 것이 확실시 된다.

둘째, 딴쉐의 역할이 점차 축소되고 있기 때문이다. 딴쉐 전 의장은 2012년 79세로 고령이고, 각종 질병을 앓고 있는 것으로 알려져 자신의 신변만 보장되는 상황이라면 더 이상 현실정치에 개입하지 않을 가능성이 높아졌다.

셋째, 시간을 좀 더 지켜봐야 할 필요가 있지만 신정부의 개혁개방은 군부의 이권을 연장하기 위한 것이기도 하지만 약탈국가의 전형이 아닌 발전국가로서 국가의 발전을 도모하는 진정성이 엿보이며, 이러한 이유로 개혁 프로그램을 두고 NLD를 비롯한 국내 야당 및 시민사회 세력의 반대여론이 형성되지 않고 있다.

군사평의회로 회귀할 수 있는 조건은 현 정권의 개혁개방 프로그램 실패, 이로 인한 개혁파의 피로감 증대와 기대감 축소, 강경파들의 득세 등이다. 미국의 대 미얀마 제재는 미국이 중국과 경쟁하여 대등한 관계가 구축될 때 해제될 가능성이 높다. 반대로, 미얀마에서 중국의 영향력이 상쇄되지 않을 경우 미국은 2015년 이후에도 경제제재를 유지할 가능성이 높고, 이럴 경우 미얀마의 피로감은 증폭될 것이며, 개혁파들에 대한 국민적 여론도 악화될 것이다.

지금까지의 정치개혁은 경제발전을 위한 전단계이자 제재해제를 위한 분기점으로 미얀마정부가 각종 정치개혁을 실시한다고 하더라도 서방세계의 요구에 부합되지 않을 경우 개혁의 의미는 퇴색되고, 이에 따라 개혁의 기대감은 반감되고 종국에는 개혁이 지지부진해질 수 있다. 그렇게 된다면 경제발전을 통해 국민의 자발적 지지를 구한다는 정권의 목표는 실종되며, 이에 따라 정부는 새로운 집권 전략을 모색할 수도 있다. 권위주의정권의 회귀가 바로 그 대안으로 급부상할 수 있다.

더군다나 아직까지 행정부와 의회 내에서 개혁적 성향이라고 정의할 수 있는 인물이 다수를 차지하지 않는 현실은 불확실한 미래를 예측하는 증거가 되기도 한다. 즉 신정부의 개혁개방이 표류할 경우 결국 정부는 강경파로 충원되고, 개혁에 동참한 인물은 강경파로 변신할 가능성이 있다. 정부의 무능에서 오는 집권에 대한 자신감 결여는 집단적 결속력을 약화시키고 동시에 개인의 이권만을 옹호하려는 인사의 득세로 이어질 수 있다는 것이다.

미얀마 군부는 외형적으로 단일적 결사체로 보이지만 창군 이래 현재까지 파벌과 계파로 얼룩진 이익집단이다. 따라서 군부 고유의 역할보다 파벌과 계파 간 이익을 추구해 왔던 역사적 사실이 부활할 수 있으며, 이러한 과정은 과거보다 더 강도 높은 권위주의로 돌아갈 수 있음을 의미한다.

세 번째 시나리오: 국제적 고립과 친중화

세 번째 시나리오의 가정은 두 번째 시나리오를 바탕으로 한다. 즉 권위주의정권이 재수립되면 국제사회의 비난과 압력은 더욱 가중화될 것이며, 이를 방어하고 권위주의를 옹호할 외부세력이 절실해 질 것이다. 미국과 유럽연합은 제재의 수위를 높일 것이 확실하고, 제재를 해제한 서방국가들도 다시 제재를 선택할 것이다. 일본처럼 공적자금을 붓겠다는 약속을 한 국가들의 지원 철회는 줄을 이을 것이며, 더 이상의 외국인투자는 불가능해 보인다. 아세안을 비롯한 미얀마의 대외협력은 모두 재검토되고, 아세안은 미얀마의 제명도 고려할 수 있을 것이다.

이 경우 집권층의 최우선 과제는 정권 유지이며, 목적과 수단은 선택되지 않을 것이다. 바로 1990년부터 시작된 중국과의 밀월관계 복원이나, 필요에 따라 미국이 지정한 '불량국가'와의 연계도 고려할 것이다.

미국은 미얀마의 민주화 지연, 인권탄압, 강제노동 등을 문제 삼아 유엔안보리에 미얀마 문제를 상정할 것이고, 중국은 내정간섭이라는 명분으로 미얀마 문제의 결의안 통과를 무산시키고, 이에 대한 대가로 미얀마의 천연자원을 독점적으로 수급할 것이다. 이미 중국화되고 있는 국경도시와 만달레, 라쇼(Lashio), 띠보(Shibaw) 등 중부 및 동북부는 중국인의 도시가 될 것이 유력하고, 종국에는 미얀마가 중국의 독점적 소비시장으로 전락할 것이다.

중국기업과 결탁한 군부, 경제인, 정치인은 금전적 이득을 취하겠지만 거시적 차원에서 경제주권의 상실을 야기하여 미얀마는 중국의 경제적 식민지가 될 가능성이 높다. 군부는 경제주권을 회복할 경우 서방의 제재로 인해 경제적 탈출구를 찾지 못할 것이고 결국 집권 딜레마에 봉착한다. 정권유지라는 최대의 과제는 스스로 위기를 자초하는 상황에 다다른다. 냉전시기와 달리 국가 간 상호의존이 증가하는 국제환경에서 국제적 고립을 지향하는 미얀마의 선택이 성공할 가능성은 매우 적어 보인다.

항구적 과제: 디아스포라의 귀환과 국민통합

미얀마가 겪고 있으며 향후 해결해야 할 과제는 총체적이다. 인구의 절반 이하는 절대 빈곤선을 넘지 못하고 일자리를 찾는 젊은이들은 매일 넘쳐난다. 새로운 정부가 출범했다고 하더라도 여전히 민주교육은 먼 나라 얘기이며, 사회 저변에 확대된 군부에 대한 두려움을 불식시키기 위해서는 일정 수준의 시간을 필요로 한다. 과도한 벌목과 무분별한 자원 개발로 인해 환경 위기는 진행 중이고, 군부를 제외한 민간경제는 위기 속에 있으며 광활한 지대추구와 부정부패는 만연해 있다.

미얀마가 직면한 위기는 신정부, 여당, 야당, 시민사회 등 모든 사회 구성원이 해결해야할 과제이며, 특히 대통령을 중심으로 한 신정부의 개혁 의지 속에 이러한 절체절명의 위기들은 새로운 기회를 위한 도전으로 변하게 될 것이다. 주지할 점은 미얀마는 그들의 경험에 의거 변화와 도전을 선택했고, 역시 그들의 방식대로 변화를 추동할 것이라는 점이다. 따라서 서구 편향의 개념적 모형들과 제한적 비교연구를 미얀마의 사례에 선험적으로 대입하는 것은 무리가 따르며, 일정 수준 관찰자의 인내심을 필요로 한다.

경험은 일천하지만 필자가 지난 시간동안 미얀마를 보고 겪은 경험의 일부분으로서 미얀마가 헤쳐 나가야 할 항구적인 과제는 해외로 이주한 디아스포라들의 귀환, 공식적으로 135개 종족을 하나로 규합하는 국민통합의 달성이다. 두 과제는 과정은 매우 험난하지만 그래도 미래의 언젠가는 해결해야만 하는 숙명적인 것이다.

1962년 이전까지 미얀마는 아시아에서 인재 유출이 가장 적은 국가 중의 하나였다. 낮은 임금이지만 문화적으로 평온한 환경을 선호하는 미얀마인들은 일자리를 제공해 주고자 하는 서구 교육기관에서 박사학위를 받은 이후에도 모국으로 돌아 왔다(Steinberg 2010, 245). 그러나 1988년 신군부가 집권한 뒤 상황은 반전되었는데, 현재 기준에서 볼 때 해외 체류 미얀마인은 민주화운동가와 노동자 등으로 양분될 수 있다.

전자는 지극히 정치적 목적으로 태국, 인도 등 주변국과 미국, 유럽, 호주 등 자유주의권 서방세계로 망명한 자들로서 1988년 민주화운동에 가담했고, 1990년 총선 이후 군부의 체포령을 피해 국외로 퇴장하여 해외 민주화운동을 탄생시켰다(Taylor 2009, 425). 이들은 군부의 퇴진을 목적으로 군부에 의해 자행되는 인권탄압 보고서를 작성 및 배포하고, 정기적으로 군부를 규탄하는 행위를 벌이는 등 국제사회에서 군부정권을 고립시키는 역할을 수행해 왔다(Taylor 2009, 429).

후자에 속하는 디아스포라들은 태국을 중심으로 아시아국가에 국한되어 이주한 자들로서 고용이 힘든 미얀마를 등지고 현지인이 꺼려하는 분야에 노동력을 제공하고 있다. 필자가 방문한 태국 메솟(Mae Sot)에만 약 10만 명 이상의 노동자들이 있는데, 이들은 태국 노동자들의 1/6 수준의 임금을 받는다.

2006년 기준 전 세계 약 1억5천만 명의 이주 노동자들이 있으며 이들의 임금은 약 3천억 달러에 달했다. 예를 들어 필리핀 출신 노동자들은 매년 약 150억 달러에 달하는 해외 임금을 본국으로 송금하면서 국가 수입 증대에 기여해 왔다. 필리핀 수준에는 못미치겠지만 해외 체류 미얀마인들은 연간 1억5천만 달러(2008)를 송금한 것으로 알려지고 있으나(CARAM Asia 2010, 51), 송금시 10%의 세금을 정부에 지급해야 하므로 비합법적 방법을 활용하고 있을 가능성이 크다. 일부는 연간 송금액이 30-40억 달러라고 주장하니(Steinberg 2010, 234), 정확한 수치를 가늠하기 힘들어 보인다. 태국 주재 노동자 1인당 송금액이 2008년 1만5천 바트(440 달러)에서 2010년 3만 바트(881 달러)로 증가한 사실만 보더라도(CARAM Asia 2010, 55), 미얀마 국내로 유입되는 금액은 분명 증가 추세에 있다.

이외 군부의 학정을 피해 태국 국경지역으로 삶의 터전을 옮긴 까렌족, 꺼야족, 몽족 등 약 15만 명의 소수종족 출신 난민들이 있다.

미국은 2008년부터 까렌족을 난민으로 공식 인정하고 미국으로의 망명을 허락했다. 따라서 미국을 비롯한 서방세계로 이주를 희망하는 자들은 스스로 난민의 지위를 인정받고자 하는 시도가 확대될 것이다.

문제는 일반 노동자나 난민보다 민주화운동가들이 모국으로 돌아오는 것을 꺼린다는 사실이다. 떼잉쎄인 대통령은 국민통합을 위해 2011년 8월 해외 체류 디아스포라들의 조건 없는 입국 허락을 선언했고, 1년 뒤에는 김대중 전 대통령을 비롯하여 올브라이트(Madeleine Albright) 전 미 국무장관, 미얀마 전문가 버틸 린트너(Bertil Lintner), 아웅산수찌의 두 아들 등을 포함하여 총 2,082명의 외국인 블랙리스트 명단을 전격 해제하고 이 중 1147명의 명단을 공개했다. 첫 번째 조치 이후 한양훼(Harn Yanhwe) 유로-버마 회장, 아웅저(Aung Zaw) 이라와디(Irrawaddy) 편집장, 아웅나잉우(Aung Naing Oo) 독립활동가, 두 번째 조치로 모띠중(Moe Thee Zun) 전 전버마학생민주연합전선(ABSDF) 의장 등 반체제 인사들이 미얀마를 방문했으나 아직까지 본국으로 완전히 돌아오겠다고 선언하지는 않았다.

민주화운동가들은 대학교육 이상을 받았고, 일부는 해외 체류기간 동안 서방국가 및 비정부기구의 지원으로 박사학위를 취득했다. 즉 이들이 해외 체류를 고집함에 따라 중장기적 측면에서 인력의 해외유출을 가중화시켜 국가발전을 견인할 고급 인적자원의 결핍을 초래할 것이다. 국내적으로도 높은 임금을 받고자 하는 고등교육자들은 싱가포르, 홍콩, 한국, 일본 등 아시아권으로 취업을 희망하고 있으며, 일부는 영어권 대학 진학을 목표하고 있다.

대사면에 가까운 정부의 발표에도 불구하고 이들은 본인들이 귀국할 경우 정부가 그간의 행적에 대한 책임 소지를 물어 투옥시킬 것이 분명하기 때문에 군부를 위시한 현 정권이 완전히 퇴진할 때까지 귀국을 하지 않을 것이라고 한다. 그러나 실제 이유는 이와 다른 것 같다.

민주화운동가들은 경제활동보다 서방국가 및 비정부기구의 지원으로 생계를 유지해 왔고, 일부는 가정을 꾸려 현 지역사회에 완전히 정착했다. 즉 모국으로 돌아갈 경우 다시 불안정한 사회적 지위 속에서 새로운 삶을 개척해야 하는 중압감을 받게 된다.

또한 국외에서 민주화운동을 했다고 하더라도 가시적인 성과가 목도되지 않는 상황에서 이들이 정계에 입문한다고 하더라도 국내 야당 및 재야세력들로부터 무임승차자로 비난받을 가능성이 높다. 상대적으로 안락한 생활을 포기하고 미래가 없을 것 같은 암울한 현실로 복귀하지 않겠다는 현실적 생계 문제가 이들의 귀환을 가로막고 있다.

해외 체류 민주화운동단체로 지명도가 가장 높은 버마연방국민연합정부(NCGUB)가 모국 귀국을 위한 선도적 역할을 해야 하며, 특히 임시정부 수장인 쎄잉윈 박사의 결단이 필요한 시점이다. 국민민주주의연합(NLD) 중앙당에서도 이 기구를 자신들과 별개의 집단이라고 못 박고 있으나 여전히 NCGUB는 자신들이 정통성 있는 실질적인 정부라고 주장해 왔다.

그러나 2010년 총선과 작금의 개혁에 이들이 어떠한 역할도 하지 못했고, 이들의 자세는 이미 타성에 젖은 지 오래된 것처럼 보인다. 결국 이들의 역할에 대한 국제사회의 기대치는 하락할 것이고, 이는 곧 이들에 대한 재정지원이 축소될 수밖에 없음을 시사한다. 결국 2012년 9월 14일, 쎄잉윈 박사는 성명서를 통해 더 이상 망명정부로

서 역할이 필요치 않아 NGCUB의 공식 해체를 선언했다.[1]

쎄잉윈 박사와 NGCUB의 결단이 향후 본 기구의 활동 방향을 결정하겠지만 필자의 견해에 따르면 이들이 귀환하여 정치발전에 기여할 수 있는 가능성은 매우 낮아 보인다. 미국이라는 민주주의 수호 국가에서 민주주의를 제대로 경험한 이들의 학습효과는 미얀마 저변에 민주주의를 이식하는데 더할 나위없는 소중한 자원이다. 그러나 기득권과 생계의 안락함을 버리고 미얀마에서 정치생활, 또는 평범한 삶을 일구어 갈 용기를 이들이 가지고 있는지는 의문이다. 최소한 이들에 대한 외부의 지원금이 고갈되어 갈 때 민주화운동가들은 본국 귀환, 또는 현지에서 새로운 생계 수단을 모색할 것으로 보이는데, 현재로선 후자로의 전향 가능성이 높은 것 같다.

지난 20년 이상 해외 체류 민주화운동가들이 갈구하며 전개했던 것처럼 진정 모국의 민주화, 지속적인 발전, 국민통합을 바란다면 지금까지의 행적을 버리고 본국으로 귀환해야 한다. 그들은 스스로 삶을 포기하며 '악마'와 같은 군부와 싸운 '천사'로 스스로를 포장해 왔다. 그렇다면, 왜 이들은 본국에서 그 역할을 이어나가지 못하겠는가? 민주화운동가들은 신흥계층으로 성장하여 정치사회를 견제하고 시민사회를 발전시킬 역량이 충분한 자들이다. 모국으로 돌아가지 않을 이유가 없다는 것이다. 현실에 만족하면서 일상을 영위하는 해외에서의

---

[1] 자세한 내용은 NCGUB 공식 사이트를 참조하라.
http://democracyforburma.wordpress.com/2012/09/14/ncgub-dissolution-sta tement-_14-9-2012_no-more-ncgub-ncgub-%E1%80%96%E1%80%BA%E1%80%80%E1%80%B9%E1%80%9E%E1%80%AD%E1%80%99%E1%80%B9%E1%80%B8%E1%80%B1%E1%81%BE%E1%80%80%E1%80%AC%E1%80%84%E1%80%B9/

생활은 민주화운동가들 스스로의 공적을 갉아먹는 행태일 뿐이다.

디아스포라 문제는 정권이 연성화되고, 민주정권이 수립될수록 해결될 수 있다고 보지만 공식적으로 135개 종족으로 구성된 미얀마의 국민통합은 장래 정권의 유형과 관계없이 매우 달성하기 힘든 과제로 보인다. 군부를 창설하고 독립을 달성했기 때문에 아웅산 장군이 국민으로부터 국부(國父)로 추앙을 받는다고 평가할 수 있지만 식민시기동안 고착화된 분절적 미얀마사회를 통합했다는 측면에서 그는 홀륭한 국민적 지도자로 각인된다.

그러나 1962년 군부정권이 수립된 이후 소수종족은 강탈과 억압의 대상이 되었다. 정확히 말해 소수종족의 연방으로의 자발적 동화가 아닌 불교도 버마족 중심의 강압적 병합이 정부의 정책이었다. 50년간의 군부 통치는 정부와 소수종족 간 불신의 골을 깊게 팠고, 더 이상 관계 회복은 불가능할 것처럼 만들어 놓았다. 일부 소수종족은 벌목권, 광산 개발권과 같은 경제적 이권을 보장받으면서 정부와 구두로 협정을 체결하였으나 이마저도 2008년 헌법의 일부 독소조항으로 인해 와해의 수순을 밟고 있다.

정전협상은 현 정부에서 완전히 마무리될 수 있을 것이지만 이를 두고 국민통합이 완성되었다고 규정할 수 없다. 어떤 수준에서든 정부와 해당 소수종족 간에는 명문화된 합의문이 작성될 것이지만, 양측이 합의문을 적극적으로 이행할 수 있을지는 미지수이다.

정부의 입장과 달리 각 소수종족들은 독립적 자치권 보장, 재정권 부여와 같은 기초적 수준부터 연방탈퇴에 이은 분리 독립까지 매우 급진적 요구를 하는 등 정전협상의 요구 조건이 상이하다. 또한 협상장에 나온 소수종족 대표단이 정작 해당 종족을 대표한다고 규정할

수 없으며, 각 종족 내부적으로도 입장은 다양하다. 종족 간 상이한
협상 조건은 중앙정부 내, 그리고 종족 간 갈등을 조장할 수 있고, 이
로 인해 재협상을 요구할 가능성도 배제할 수 없다.

과연 정부는 통합된 연방으로써 소수종족의 권리와 고유의 문화를
보존할 수 있는가? 미얀마어로 단일한 교과과정을 만들어야 하는지,
아니면 소수종족의 언어도 보장할 수 있는지, 그렇다면 샨족처럼 상
대적으로 많은 숫자의 언어는 제 2국어로 제정할 수 있는가? 산재한
문제들은 정부뿐만 아니라 해당 소수종족, 그리고 국민통합을 달성하
여 정치적, 사회적으로 잠재적 위험요소를 제거하고자 하는 모든 구
성원이 해결해야 할 몫이다.

명확한 사실은 왕조시대의 통치법이나 이전 정권에서 추구했던 국
민통합 방식은 절적한 대안이 아니라는 것이다. 왕조시대에는 왕실에
서 멀어질수록 자유방임적 통치구조에 가까웠고, 불교가 주요 통치수
단이자 왕실의 이념이었으며, 무엇보다도 종족정체성이 형성되지 않
았다.

왕조시대와 유사한 통치방식을 채택했던 우 누 정권기에 소수종족
의 분리주의운동이 활발했던 사실은 종족정체성이 집단행동에 미치
는 영향력이 지대했음을 직접적으로 증명했다. 1958년 과도정부로 출
범한 군부정권이 군사작전으로 소수종족을 소탕한 것은 중장기적 해
결책이 아닌 임시방편에 불과했다. 노선을 바꾸지 않은 군부정권은
1974년 자의적 결정에 따라 중앙집권적 연방제를 구현함으로써 소수
종족의 중앙정부에 대한 불신과 반감은 불편한 역사와 비례하여 축적
되었다.

구(區) 수준의 지역 및 제한적 자치정부 6개 소수종족지역이 2008

년 헌법에 보장되었으나 신정부 역시 중앙집권적 대통령제를 통해 종족 간 다양성은 인정하지 않을 기세이다. 연방의 분열을 방지하는 "국민의 3대 대의"는 집권 정부의 도구이자 목적이고, 정부의 정전협정이 불순한 동기를 가지고 있다면 그것은 경제제재 해제를 미끼로 내세운 서방세계의 압력에 의한 굴복일 수도 있다.

필자는 아웅산수찌가 아버지의 능력을 전수받아 정부를 대신하여 국민통합을 이룰 수 있는 유일한 인물이라고 믿지 않는다. 의회에 입성 후 그녀는 소수종족 권리 보장에 관한 활동을 해 오고 있으나 그녀뿐만 아니라 당 차원에서 국민통합을 위한 방안이나 정책은 제시되지 않았다.

일부 까렌족은 연방 탈퇴라는 약속을 이행해 주지 않은 아웅산 장군을 배신자로 규정하고, 그의 여식인 아웅산수찌도 같은 부류로 보고 있다는 사실이 놀라울 따름이다. 일부이긴 하지만 소수종족의 눈에 비친 아웅산수찌와 NLD는 그저 버마족을 위해 존재하는 인물이자 정당이다.

제도적 측면에서 영구적 평화를 지향하는 국가구성원의 합의는 진정성을 바탕으로 도출될 수 있는 과제이지만 역사적, 종교적 반감은 쉽게 불식되지 않는다. 80만 명에 이르는 로힝자족을 본토에서 완전히 제거하려는 취지의 대통령 발언은 연방 구성원에 대한 진정한 평등의식이 결여된 것처럼 보인다.

가장 현실적인 대안은 소수종족 출신 대통령의 배출이지만 버마족이 다수이고 버마족 일색의 군부가 존재하는 한 불가능해 보인다. 그렇다면 버마족 중심으로 이뤄진 정치, 경제, 사회, 교육, 문화제도 등 일련의 사회요소를 다양성의 차원에서 개방해야 하고, 소수종족은 연방의 탈퇴와 같은 극단적인 선택을 하지 않아야 할 것이다. 예를 들어 까렌족이 분리 독립한다고 가정할 경우 태국, 미얀마 등 강대국으로 둘러싸인 지역 구도에서 국가는 생존을 보장받지 못할 것이며, 행정 경험이 있는 까렌족 지도자가 등장할 가능성은 매우 낮아 보인다.

소수종족에게 위해가 되는 헌법조항을 개정 또는 삭제할 필요가 있으며, 재정권과 같은 부분에 있어서 일정 수준 자치권을 부여해야 한다. 무엇보다도 종족 간 쌓아온 앙금을 풀기 위해서 진정성을 가지고 상대주의적 입장에 따른 종족 간 대우가 중요하다. 그 과정에서 상호 신뢰의 정신이 배양될 것이며, 역대 지도자들이 달성하지 못한 국민 통합을 위한 분위기는 완벽하게 조성될 것이다.

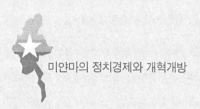
미얀마의 정치경제와 개혁개방

참고문헌

1. 한글문헌

아시아아프리카라틴아메리카 연구원. 1989. 『버마현대사』. 서울: 한길사.

양길현. 2009. 『버마 그리고 미얀마: 네윈과 아웅산수지』. 서울: 오름.

양승윤 외. 2005. 『미얀마』. 서울: 한국외대 출판부.

이상국. 2010. "백인 구원자와 카렌족: 현실이 된 카렌족 신화."『한국문화인류학』, 제 43권 1호.

장준영. 2012a. "미얀마의 개혁개방: 원인과 전망."『JPI정책포럼』. 제 2012-01호. 제주: 제주평화연구원.

_____. 2012b. 『버마/미얀마 보궐선거와 향후 정국』. 코리아연구원 현안진단 제213호. 서울: 코리아연구원.

정문태. 2010. "버마, '후회는 늘 뒤늦게 찾아온다'."『아시아저널』. 제 2호.

정재완·박나리. 2012. "미얀마의 관리변동환율제도 도입 의미와 시사점."『지역경제포커스』. Vol.6, No.16(4월 27일).

2. 영어 및 미얀마어 문헌

ADB(Asian Development Bank). 2012a. *Myanmar in Transition: Opportunities and Challenges*. Manila: ADB(August).

ALTSEAN(Alternative Asean Network on Burma). 2012. *Burma Bulletin*. Issue 65. Bangkok: ALTSEAN(May).

Ardeth Maung Thawnghmung. 2001. "Paddy Farmers and the State: Agricultural Politics and Legitimacy in Rural Myanmar." Ph.D. dissertation. University of Wisconsin-Madison.

Aung Moe San. 2003. "Three Key Elements that must be Realized without Fail for Emergence of a Democratic State." Ministry of

Information. ed. *Daw Suu Kyi, NLD Party and Our Ray of Hope and Selected Articles.* Yangon: News and Periodicals Enterprise.

Aung Naing Oo. 2012. "Investment Environment of Myanmar: An Emerging Frontier."(PPT). Myanmar Roundtable 2012.

Ba Swe. 1952. *The Burmese Revolution.* Rangoon: Information Department.

Ba Than. 1962. *The Roots of the Revolution.* Rangoon: Defence Service Historical Research Institute.

Bert, Wayne. 2004. "Burma, China and the U.S.A." *Pacific Affairs.* Vol.77, No.2.

Bigelow, Lee S. 1960. "The 1960 Election in Burma." *Far Eastern Survey* (May).

BSPP(Burma Socialist Programme Party). 1963. *The System of Correlation of Man and His Environment.* Rangoon: Sarpay Beikman Press.

BSPPCCH(Burma Socialist Programme Party Central Committee Headquarter). 1973. *The First Party Congress 1971.* Rangoon: Sarpay Beikman Press.

Butwell, Richard. 1962. "The Four Failures of U Nu's Second Premiership." *Asian Survey*, Vol.2, No.1(March).

_____. 1963. *U Nu of Burma.* Stanford: Stanford University Press.

Cady, John F. 1958. *A History of Modern Burma.* Ithaca: Cornell University Press.

Callahan, Mary P. 2003. *Making Enemies: War and State Building in Burma.* Ithaca and London: Cornell University Press.

Charney, Michael W. 2009. *A History of Modern Burma.* Cambridge: Cambridge University Press.

Liang, Chi-shad. 1990. *Burma's Foreign Relations: Neutralism in Theory and Practice.* New York, Connecticut and London: Praeger.

CSO(Central Statistical Organization). 2010. *Selected Monthly Economic Indicators, April 2010.* Nay Pyi Taw: Ministry of National Planning and Economic Development.

_____. 2011. *Statistical Yearbook 2009.* Nay Pyi Taw: Ministry of National

Planning and Economic Development.

___. 2012. *Statistical Yearbook 2010*. Nay Pyi Taw: Ministry of National Planning and Economic Development.

Depice, David. 2012. *Electricity in Myanmar: The Missing Prerequisite for Development*. Harvard Kennedy School.

EIU(Economist Intelligence Unit). *EIU Country Profile*. 각 호.

___. 2012a. *EIU Country Report*. London: EIU(April).

___. 2012b. *EIU Country Report*. London: EIU(September).

Guyot, James F. 1991. "Myanmar in 1990: The Unconsummated Election." *Asian Survey*. Vol.31, No.2(February).

Haacke, Jürgen. 2006. *Myanmar's Foreign Policy*: Domestic Influences and International Implications. New York: Routledge.

Hall, D.G.E. 1958. *A History of South-East Asia*. London : Macmillan & Co.

Hla Min. 1998. *Political Situation of the Myanmar and its Role in the Region*, Yangon: Ministry of Defence.

Houtman, Gustaaf. 1999. *Mental Culture in Burmese Crisis Politics: Aung San Suu Kyi and the National League for Democracy*. Tokyo: Institute for the Study of Languages and Cultures of Asia and Africa, Tokyo University of Foreign Studies.

ICG(International Crisis Group). 2003. *Myanmar Backgrounder: Ethnic Minority Politics*. ICG Report No.52. Bangkok/Brussels: ICG(May).

___. 2011. *Myanmar: Major Reform Underway*. ICG Briefing No.27. Jakarta/Brussels: ICG(September).

___. 2012. *Reform in Myanmar: One Year On*. ICG Asia Briefing No. 136. Jakarta/Brussels: ICG(11 April).

Ko Ko(Set-Hmu-Takaatoe)[산업대학교]. 2011. *Daw-Aung-San-Suu-Kyi-Hnin-Twe-Sone-Jin*[아웅산수찌여사와 회담]. Yangon: e-Empire Publication.

Kyaw Yin Haling. 2007. "Aung San Suu Kyi of Myanmar: A Review of the Lady's Biographies." *Contemporary Southeast Asia*. Vol.29, No.2.

Kyaw Zaw Win. 2008. "A History of the Burma Socialist Party(1930-1964)." Ph.D. dissertation of School of History and Politics, Faculty of Arts, University of Wollongong.

Lerner, Daniel. 1958. *The Passing of Traditional Society*. Glencoe: Free Press.

Li, Chenyang. 2010. "The Policies of China and India toward Myanmar." Lex Rieffel. ed. *Myanmar/Burma: Inside Challenges, Outside Interests*. Washington D.C.: Brookings Institution Press.

Matthews Bruce. 1999. "The Legacy of Tradition and Authority: Buddhism and the Nation in Myanmar." Ian Harris. ed. *Buddhism and Politics in Twentieth-Century Asia*. London and New York: Pinter.

Maung Maung. 1959. *Burma's Constitution*. Hague: Martinus Nijhoff.

_____. 1963. *Law and Custom in Burma and the Burmese Family*. Hague: Martinus Nijhoff.

_____. 1969. *Burma and General Ne Win*. Bombay et. al.: Asia Publishing House.

_____. 1999. The 1988 *Uprising in Burma*. New Heaven: Yale University Press.

Michael Aung-Thwin. 2008. "Mranma Pran: When Context Encounters Notion." *Journal of Southeast Asian Studies*. Vol.39, No.2.

Ministry of Energy. 2008. "Developments in Myanmar Energy Sector." Paper presented at Second Meeting of the Subregional Energy Forum. Ho Chi Minh City, Vietnam(22, November).

Mi Mi Khaing. 1984. *The World of Burmese Women*. London: Zed Books.

MNPED(Ministry of National Planning and Economic Development), Swedish International Development Cooperation Agency (Sida), United Nations International Children's Emergency Fund (UNICEF), and United Nations Development Program(UNDP). 2011. *Integrated Household Living 2011*. Yangon: MNPED, Sida, UNICEF and UNDP.

Mya Maung. 1970. "The Burmese Way to Socialism beyond the Welfare

State." *Asian Survey*, Vol.10, No.6.

_____. 1971. *Burma and Pakistan: A Comparative Study of Development*. New York, Washington and London: Praeger Publisher.

_____. 1991. *The Burma Road to Poverty*. New York and London: Praeger.

Nemoto, Kei. 2007. "Between Democracy and Economic Development: Japan's Policy towards Burma/Myanmar Then and Now." N. Ganesan and Kyaw Yin Hlaing. eds. *Myanmar: State, Society and Ethnicity*. Singapore: ISEAS.

Nash, Manning. 1965. *The Golden Road to Modernity: Village Life in Contemporary Burma*. Chicago and London: The University of Chicago Press.

Niksch, Larry A and Martin A. Weiss. 2008. *Burma: Economic Sanction*. Washington D.C.: CRS Report for Congress(January 30).

Nu, U. 1959. *The Pyidaungsu Policy: The Role of the Party, the Opposition, the Civil Service*. Rangoon: Sarpay Bekiman Press.

Nyi Nyi (2011). "Naingan-Luooye-hnin-louttha-inar-hkanhmanhmu."[인구 및 노동력 추정]. Paper present at National Workshop on Reform for Economic Development of Myanmar, Naypyitaw(19-21, August).

Nyunt Han. 1996. "The Cultural Sector Contributing to National Consolidation." Paper presented at Symposium on Socio-Economic Factors Contributing to National Consolidation. Yangon: Office of Strategic Studies.

Poon Kim Shee. 2002. "The Political Economy of China-Myanmar Relations: Strategic and Economic Dimensions." *Ritsumeikan Annual Review of International Studies*. Vol.1.

Pyankyayewungyihtana[정보부]. 1990. *Htaungkoyashiseshihkuni, Settinbala, Sehniyetnedwin-Yahanshinlu-pyithuapainghnin-tatmadawmyado-kagweyeoosichouk-bogoukgyi-sawmaung-tinpyachet*[1988년 9월

12일, 국민과 군에게 보내는 국방부 장관 쏘마웅의 제안. Yangon: Kyemon-hnin-Gadian[양공: 쩨몽신문사 & 가디엔].

Quintana, Tomas Ojea. 2012. *Progress report of the Special Rapporteur on the situation of human rights in Myanmar*, HRC, 19th session, UN Doc A/HRC/19/67(7 March).

Rogers, Benedict. 2010. T*han Shwe: Unmasking Burma's Tyrant*. Chiang Mai: Silkworm Books.

Rigg, Jonathan. 1997. *Southeast Asia: The Human Landscape of Modernization and Development*. London and New York: Routledge.

Sandar Oo. 2010. "The Role of State and Private Sector in Myanmar Economic Development Process." Paper presented at the 2010 Myanmar-Korea Economic Forum. Nay Pyi Taw(28 September).

Sarkisyanz, E. 1961. "On the Place of U Nu's Buddhist Socialsim in Burma's History of Ideas." *Studies on Asia*, Vol.2.

_____. 1965. *Buddhist Backgrounds of the Burmese Revolution*. The Hague: Martinus Nijhoff.

Schumacher, Ernst F. 1986. *Small is Beautiful: A Study of Economics as if People Mattered*. 김진욱 옮김. 1998. 『작은 것이 아름답다』. 서울: 범우사.

Seekins Donald M. 2000. "Japan's "Burma Lovers" and the Military Regime." *Asian Perspective*. Vol.24, No.4.

_____. 2007. *Burma and Japan Since 1940: From 'Co-prosperity' to 'Quiet Dialogue'*. Copenhagen: NIAS.

Silverstein, Josef. 1966. "Burma: Ne Win's Revolution Considered." *Asian Survey*, Vol.2, No.2.

Smith, Donald E. 1965. *Religion and Politics in Burma*. Princeton: Princeton University Press.

SPDC(State Peace and Development Council). 2010a. *The Pyithu Hluttaw Election Law*. Nay Pyi Taw: SPDC(March 8).

_____. 2010b. *The Amyotha Hluttaw Election Law*. Nay Pyi Taw: SPDC (March 8).

_____. 2010c. *The Region Hluttaw or the State Hluttaw Election Law*. Nay Pyi Taw: SPDC(March 8).

Steinberg, David I. 1982. *Burma: A Socialist Nation of Southeast Asia*. Colorado: Westview Press.

_____. 2007. "The United States and Its Allies: The Problem of Burma/Myanmar Policy." *Contemporary Southeast Asia*. Vol.29, No.2(August).

_____. 2010. *Burma/Myanmar: What Everyone Needs to Know*. Oxford: Oxford University Press. 장준영 역. 2011. 『버마/미얀마: 모두가 알아야할 사실들』. 서울: 높이깊이.

Taylor, Robert H. 1987. *The State of Burma*. Honolulu: University of Hawaii Press.

_____. 2009. *The State in Myanmar*. Hawaii: University of Hawaii Press.

Thant Myint U. 2011. *Where China Meets India: Burma and the New Crossroads of Asia*. New York: Farrar, Straus and Giroux.

TNI(Transnational Institute). 2009. *Neither War nor Peace: The Future of the Ceasefire Agreement in Burma*. Amsterdam: Transnational Institute.

Trager, Frank N. 1958. *Building a Welfare State in Burma*. New York: Institute of Pacific Relations.

_____. 1966. *Burma: From Kingdom to Republic*. New York, Washington and London: Praeger Publisher.

_____ and William L. Scully. 1978. "Burma in 1977: Cautious Changes and a Careful Watch." *Asian Survey*, Vol.18, No.2(February).

UMEHL(Union of Myanmar Economic Holdings Limited). 2008. *Union of Myanmar Economic Holdings Limited)*(PPT). unpublished paper.

U Myint. 2010. *Myanmar Economy: A Comparative View*. Stockholm: Institute for Security and Development Policy.

U.S. Department of Treasury. 2007. "U.S. Treasury Notice of Sanctions on Burma's Regime."(October 19).

_____. 2008. "Burma: An Overview of the Burmese Sanctions Regulations."(May 12).

Zaw Oo and Win Min. 2007. *Assessing Burma's Ceasefire Accords*. Washington: East-West Center.

3. 인터넷 자료 및 신문

『문화일보』 2010.11.10.

『연합뉴스』 2010.11.8; 2010.11.9.

"미얀마의 봄' 숨은 주역 세인."『중앙일보』 2012.4.7.

미얀마 국가계획 및 경제발전부 홈페이지 〈http://www.modins.net〉

미얀마 상무부 홈페이지 〈http://www.commerce.gov.mm〉

정재완. 2010. "미얀마의 신정부 수립에 따른 경제환경 변화 전망." KIEP 내부 자료(PPT).

〈http://www.kiep.go.kr/include/filedown.jsp?fpath=POOL0206&NO=185452&FNO=799〉

한국무역협회(KOTIS) 〈http://www.kita.net/〉

ADB. 2012a. *Key Indicators for Asia and the Pacific 2012*.

〈http://www.adb.org/Documents/Books/Key_Indicators/2012/pdf/MYA.pdf〉

AFP. "Myanmar Cancels Voting in more Minority areas." 2010.11.2.

Aye Thidar Kyaw and Juliet Shwe Gaung. "Amended Foreign Investment Law Set for July 4 Parliament Session." *Myanmar Times* 2012.6.25.-7.1.

Aye Thidar Kyaw. "New Foreign Investment Hits $133 Million: MIC." *Myanmar Times* 2012.7.9.-15.

Ba Kaung. "Chinese and Burmese Army Chiefs Sign Defense Agreement." *The Irrawaddy* 2011.11.30.

Barta, Patrick. "Myanmar Might Open Bank Sector Next Year." *The*

Wall Street Journal 2012.8.23.

BBC. "Burma Law to Allow Labour Unions and Strikes." 2011.10.14.

Beijing Time. "Myanmar Announces Privatization of 268 More State-Owned Properties." 2011.02.15.

BP. 2012. *Statistical Review of World Energy June 2012.* London: BP.
⟨http://www.bp.com/assets/bp_internet/globalbp/globalbp_uk_englis
h/reports_and_publications/statistical_energy_review_2011/STA
GING/local_assets/pdf/statistical_review_of_world_energy_full_r
eport_2012.pdf⟩

Burma Campaign UK. 2010. "The European&Burma." *Burma Briefing*
No. 4 (September).

CARAM(Coordination of Action Research on AIDS and Mobility) ASIA.
2010. *Remittances: Impact on Migrant Workers Quality of Life.*
K.L.: CARAM ASIA.
⟨http://www.caramasia.org/reports/Remittances%20Report%20Booklet.
pdf⟩

Clinton, Hillary. 2011. "America's Pacific Century." Foreign Policy.
⟨http://www.foreignpolicy.com/articles/2011/10/11/americas_pacific_
century?page=0,0⟩

Council of the European Union. "Council conclusions on Burma/
Myanmar." 2011.4.12.
⟨http://www.consilium.europa.eu/uedocs/cms_data/docs/pressdata/E
N/foraff/121501.pdf⟩.

Forbes, Thea. "Un Envoy Calls for Release of All Political Prisoners in
Burma." *Mizzima* 2011.10.13.

Freedom House. 2012. *Freedom in the World 2012: The Arab
Uprisings and Their Global Repercussions.*
⟨http://www.freedomhouse.org/sites/default/files/FIW%202012%20Bo
oklet_0.pdf⟩

IHS. *Global Insight.* 29, July 2010.

IMF(International Monetary Fund). 1999. *Myanmar, Recent Economic*

Development. Washington D.C.: IMF.

____. 2012a. "Statement at the Conclusion of the 2011 Article IV Mission to Myanmar." IMF Press Release No.12/25(January 25).

⟨http://www.imf.org/external/np/sec/pr/2012/pr1225.htm⟩

____. 2012b. *Myanmar: 2011 Article IV Consultation.* IMF Country Report No.12/104.

⟨http://www.imf.org/external/pubs/ft/scr/2012/cr12104.pdf⟩

Htet Aung. "The Nov.7 Election in Numbers." *The Irrawaddy* 2010.11.1.

Jagan, Larry. "Precarious balance for Myanmar reform." *Asia Times.* 2012.2.16.

Juliet Shwe Gaung. "Privitised LPG Not Market Rate: Traders." *Myanmar Times* 2011.10.10-16..

Kyaw Kha. "Authorities of Dawei deep seaport threaten land owners to sell at low price." *Mizzima* 2011.10.7.

Kyemon 2010.8.12-4.

Kyodo. "Myanmar President Has Decided to Release All Political Prisoner: Adviser." 2011.11.20.

Lalit K. Jha. "India Says Burma Election Offers Hope." *The Irrawaddy* 2010.10.1.

_____. "Obama Accuses India of 'Shying Away' Over Burma." *The Irrawaddy* 2010.11.9.

Lawi Weng. "Six Parties Form Pro-democracy Alliance." *The Irrawaddy* 2010.10.5.

_____ and The Irrawaddy. "FDI Law Passed with $5m Restriction Dropped." *The Irrawaddy* 2010.9.7.

Lin Thant. "88 Generation Considers Forming Political Party." *The Irrawaddy* 2012.9.25.

Lintner, Bertil. "India-Myanmar: A Half-Built Gateway." *Asia Times* 2011.11.30.

Mizzima. "UWSA's proposal on transformation of itself into Border Guard Force." 2010.1.7.

_____. "Thein Sein Mya Step Aside in 2015: Adviser." 2012.5.8.

_____. "Burma Reports Foreign Trade Earnings." 2012.7.24.

_____. "Burma must abolish censorship department: journalism group." 2012.8.20.

_____. "Thailand, Burma Outline Dawei Cooperation Plan." 2012. 8.29.

_____. "Some Burmese Ministries to be Closed: Reports." 2012.9.3.

Myanma Alin 2011.12.31.

Myanmar Times. "Govt Dominates Foreign Trade as Gas Sales Pump Up Exports." 2007.6.4-10.

_____. "Private Banks to Open August 1." 2010.7.5-11.

Myo Thein. "Suu Kyi and Minister Aung Kyi Meet for Fourth Time." *Mizzima* 2011.10.31.

New Light of Myanmar 2008.5.27; 2010.11.3; 2011.5.29; 2011.10.13; 2012.7.7; 2011.11.26; 2011.1.28; 2012.6.20; 2011.2.15; 2011.8.13; 2012.7.3; 2011.11.13; 2012.8.10; 2012.8.28-29; 2012.08.31; 2012.09.01; 2010.11.08; 2010.11.10-18.

NLD(National League for Democracy). "Sanctions on Burma." 2011. 2.8.

⟨http://www.nldburma.org/media-press-release/press-release/213-a-re view-on-sanctions-imposed-on-burma.html⟩

Phanida. "Junta Poised to Hold Power until Parliaments Convened." *Mizzima News* 2010.10.29.

Phanida. "KIO, junta figthing breaks out; first since 1997." *Mizzima* 2011.2.7.

_____. "Burmese Gov't Peace Team Meets with Four Ethnic Armed Groups." *Mizzima* 2011.11.21.

_____. "Burma removes prior censorship." *Mizzima News* 2012.8.20.

Poling, Gregory. "Listen to the Lady: United States Needs to Suspend More Myanmar Sanctions." Washington D.C.: CSIS(Center for Strategic & International Studies) 2012.7.19.

Robinson, Gwen. "Myanmar: Planned Foreign Investment Law Delayed by Local Business Opposition." *Financial Times* 2012.8.28.

Rogin, Josh. "Mitchell: Burma's Political Prisoner Release not Enough." *Foreign Policy* 2011.10.17.

Sai Wansai. "Burma's Election: From Autocracy to Competitive Authoritarian Regime or Civil Revolution?" *Asian Tribune* 2010.10.27.

Saw Yan Naing. "KNU and SSA-South Informally Agree Ceasefire with Govt." *The Irrawaddy* 2011.11.21.

SLORC 선언 제 88/3호 1988.9.18.

SLORC 법 제 88/10호 1988.11.30.

SLORC 법 제 90/22호 1990.11.26.

Soe Than Lynn. "Amended FDI Bill to be Approved This Month." *Myanmar Times* 2012.8.13-19.

SPDC 고시 제 2008/1호 2008.2.9.

SPDC 고시 제 2008/2호 2008.2.9.

Staff Writers. "Govt Property Auction Nets K800b." *Myanmar Times* 2011.4.4-10.

Thar Gyi. "Illegal USDP Campaign Tactics." *The Irrawaddy* 2010.10.8.

The Asahi Simbun. "Myanmar Parliament Passes Law Allowing Protests." 2011.11.25.

The Financial Express. "Myanmar Privatising more State-Owned Enterprises." 2007.12.23.

Thein Linn. "Dawei Deep-Sea Port, SEZ Gets Green Light." *Myanmar Times* 2010.11.15-21.

Thein Tun. 2002. "Experiences of Myanmar Privatization Programme." A paper presented at the Seminar on the Non-Aligned Movement Reform: Privatization and Public-Private Partnership. Bandar Seri Begawan, Brunei Darussalam. 16-18 December.
⟨http://www.csstc.org/reports/egm/P4/Presentation_myanmar.htm⟩

The Fund for Peace. 2012. *Failed States Index 2012.* Washington, D.C.: The Fund for Peace.

〈http://www.fundforpeace.org/global/library/cfsir1210-failedstatesind
ex2012-06p.pdf〉

The Irrawaddy. "NLD Election Boycott Official." 2010.8.20.

_____. "NUP Concedes Defeat." 2010.11.11.

_____. "Than Shwe Makes Rare Public Appearance." 2011.
11.21.

The Irrawaddy and Associated Press. "New Amnesty Includes at Least
80 Political Prisoners" 2012.9.18.

The New York Times. "Myanmar's Ruling Junta is Selling State's Assets."
2010.3.7.

Thomas Maung Shwe. "KIO warns China: Myitsone Dam could spark
'civil war'." Mizzima 2011.5.20.

United Nations Office of the Spokesperson for the Secretary-General.
"Statement attributable to the Spokesperson for the Secretary-
General on Myanmar." 2010.3.10.

US State Department. 2012. Country Reports on Human Rights Practices
for 2011. Washington D.C.: US State Department(24 May).

Wai Moe. "Advance Vote Push Reflects Junta's Fears." The Irrawaddy
2010.11.6.

Xinhua. "Roundup: Myanmar on Road to Establishing Special Economic
Zones." 2007.3.13.

_____. "Myanmar Announces Privatization of 110 More State Economic
Enterprises." 2010.1.22.

_____. "Myanmar to Privatize Yangon City Circular Train Business."
2011.7.22.

_____. "9 State-Owned Factories Privatized in Myanmar." 2011.9.18.

_____. "China, Myanmar to Enhance Military Ties." 2011.11.28.

_____. "PLA Senior Officer Meets Myanmar's Commander of Armed
Forces." 2011.11.29.

_____. "Myanmar's gas export up over 3 bln USD in fiscal year
2011-12." 2012.4.24.

_____. "Myanmar's natural gas export earns nearly 800 mln USD in 3 months." 2012.7.23.

_____. "Myanmar Plans Privatization of Telecom Industry." 2012.9.11.

_____. "Myanmar to Privatize 26 More State-Owned Enterprises." 2012.9.18.

Zaw Htay. "Myanmar and Washington's new strategic choice in Southeast Asia." *Washington Post* 2011.11.16.

Zin Linn. "Burma Reforms Press Council." *Asian Correspondent.* 2012. 9.18.

4. 인터뷰 명단

David I. Steinberg 인터뷰 2011.8.3.; 이메일 인터뷰 2010.9.3.

Daw Hla Myint 인터뷰 2011.8.19.

Dr. Kan Zaw 인터뷰 2010.8.13.

Lyn Lyn Tin Htun 인터뷰 2010.8.13.

Ma Ma 인터뷰 2012.7.30.

Myo Htet 인터뷰 2010.8.16.

Phone Win 인터뷰 2010.8.13.

U Aung Tun Thet 인터뷰 2011.8.24.

U Khin Maung Nyo 인터뷰 2011.8.25.

U Khin Maung Win 인터뷰 2012.7.22.

U Maung Aung 인터뷰 2011.10.21.

U Maw Than 인터뷰 2011.10.19.

한인봉제업체 6곳 2010.8.12-13.

기타 익명 면접자(공무원, 현직 및 퇴역 군인, 학생, 시민 등).

정치

1. 민주화 7단계 로드맵 (2003.8.30. 당시 킨늉 총리에 의해 발표)

- 제 1단계: 1996년 이래 중단된 국민회의 재소집
- 제 2단계: 민주주의를 위한 필요조치 강구
- 제 3단계: 국민회의의 기본원칙에 따라 헌법초안 마련(2008.2)
- 제 4단계: 헌법초안 승인을 위한 국민투표 실시(2008.5)
- 제 5단계: 신헌법에 따라 총선실시(2010.11.7)
- 제 6단계: 의회구성(2011.1.31)
- 제 7단계: 발전적이고 평화로운 민주국가 건설(2012.3.30)

2. 2010 총선 발표 관련 법령

미얀마연방 연방선거위원회

네삐도

고시 제 2010/89호

(2010년 8월 13일)

각 의회의 다당제민주총선 선거일 공포

연방선거위원회 법 제 8조에 따라 의무와 권한을 행사 중인 연방선거위원회는 각 의회 선거법 제 34조(c)와 각 의회 선거규정 제 16조(a)에 의거 1372년 더자웅몽 상순 1일(2010년 11월 7일), 일요일에 각 의회의 다당제 민주총선 실시를 공포한다.

명령에 따라

Sd/Thein Soe

의장

선거위원회

3. 신헌법 주요 내용

제 1장 기본 원칙: 신헌법 초안 작성 6대 원칙

제 2장 국가구조: 중앙집권적 대통령제

제 3장 국가원수: 대통령(선거인단에 의한 간접선거제)

제 4장 입법부: 상원 및 하원으로 구성, 중앙에 중앙의회가 양원을 통제. 군부는 무투표 25% 의석(상원 56/224, 하원 110/440, 지방 224/665) 할당.

제 5장 행정부: 행정부의 수장은 대통령. 총리와 부총리는 각각 대통령과 총리를 보좌.

제 6장 사법부: 대통령이 중앙정부 후견인으로 사법부에 대한 영향력 행사 가능.

제 7장 땃마도(군대): 헌법 수호의 핵심 조직. 국방장관이 전군을 통솔함. 각군 사령관은 부통령 직위에 준함.

제 8장 시민권: 국내에 거주하는 모든 국민은 동등한 권리를 향유함.

제 9장 선거: 선거권은 18세에 부여되며, 종교인과 수감자는 원칙적으로 피선거권자가 될 수 없음.

제 10장 정당: 조직은 자유로우나 국가의 3대 대의와 규율민주주의의 원칙을 고수해야 함.

제 11장 국가비상사태: 대통령이 국가비상사태로 판단되는 상황에서 국방안전평의회를 소집함. 국방안전평의회는 대통령, 국방장관, 총사령관, 각 군 총사령관 및 부사령관, 내무장관이 소집되고, 정권은 군총사령관에게 자동으로 이양됨.

제 12장 헌법개정: 헌법 개정안은 연방의회 의원 20% 이상의 찬성에
     의해서만 제출될 수 있음.
제 13장 국기, 문장, 국가, 수도.
제 14장 임시조항: 헌법은 국민 과반수이상 찬성으로 가결됨. 현재 모
     든 국가권력은 SPDC에 의해 집행됨.
제 15장 일반조항

4. 선거위원회 법

선거위원회법

(국가평화발전평의회 법 제 2010호)

2010. 3. 8

전문

미얀마연방공화국의 헌법 443조에 따라 국가평화발전평의회는 정당과 투표권을 행사하는 시민을 감독하는 선거위원회를 조직하기 위해 다음과 같이 법령을 제정한다.

제 1장 명칭과 정의

1. 이 법령은 '연방선거위원회 법'이라고 지칭한다.
2. 이 법령의 아래 용어들은 다음과 같은 의미를 가진다.
    a. 의회(Hluttaw)의 의미
        1. 국민의회(하원)
        2. 민족의회(상원)
    b. 행정주(Region)의회 또는 자치주의회(자치주와 자치행정지역 내 의회들)
3. 의회대표자들(국회의원)은 의회에 선출된 대표자들과 국방부 군총사령관이 임명한 군부 인사 대표자를 의미한다.
    a. 선거는 국민의회선거, 민족의회선거와 행정주의회 또는 자치주의회 선거를 의미한다.

b. 선거구는 법령에 따라 선거위원회가 규정하고 정한 국민의회선
거구, 민족의회선거구, 행정주의회 또는 자치주의회 선거구를
의미한다.

c. 유권자 명부는 유권자 자격이 있는 자들의 명단이고 각 선거구
에서 준비한다.

d. 위원회는 선거 및 정당을 감독하는 본 법령으로 조직된 연방선
거위원회를 의미한다.

e. 위원회 수준은 다음과 같다:

1. 네삐도 지방위원회

2. 행정주 또는 자치주 지방위원회

3. 자치구 또는 자치행정지역 지방위원회

4. 지방단위(district) 지방위원회

5. 구단위(township) 지방위원회

6. 마을단위(ward) 지방위원회

f. 정당은 정당등록법에 따라 창당된 정치기구를 의미한다.

g. 선거법원은 이 법령에 따라 조직된 것으로 선거와 자치행정지
역의 주요 단체를 임명하고 선거분쟁을 심리한다.

제 2장 조직

4. 국가평화발전평의회는 최초의 의회선거 실시와 정당을 감독하기
위해 '연방선거위원회'를 조직해야한다.

5. 선거위원회 의장과 위원은 다음과 같다.

a. 50세 이상인 자

b. 국민들 사이에서 명망이 있는 자로 국가평화발전평의회가 간주

하는 자

   c. 품위와 진실성이 있으며 경험이 풍부한 자

   d. 국가와 국민에게 충성심을 가진 자

   e. 정당에 가입하지 않은 자

   f. 급여, 수당, 특전이 주어지지 않으며 어떠한 개인 직위도 없는 자

6. 만약 위원회 의장이나 위원이 자발적으로 보직에서 사임하기를 원한다면 국가평화발전평의회에 사직서를 제출한 후 그 보직에서 사임할 수 있다.

7. 만약 위원회 의장이나 위원의 자발적인 사임으로 인해 공석이 생기거나 다른 이유로 위원회 위원이 위원직을 그만둔다면 국가평화발전평의회는 공석에 새 위원을 임명할 수 있다. 선거위원회에서 규정한 신임 선거위원회 의장이나 위원의 임기는 선거위원회에서 정한 잔여임기이다.

8. 선거위원회 임기는 미얀마연방공화국 대통령이 '미얀마연방공화국 헌법'에 기초하여 위원회를 조직한 날에 종료된다.

제 3장 의무와 권한

9. 위원회의 의무와 권한은 다음과 같다:

   a. 의회선거 실시

   b. 상기 언급된 선거의 감독과 감독에 대한 명령

   c. 각 분과 위원회 감독과 감독을 위한 명령 갱신

   d. 선거구의 규정과 재확정

   e. 유권자 등록 기입, 유권자 등록 기입을 위한 명령, 유권자 등록 준비, 유권자등록 준비를 위한 명령

f. 상기 선거구 내 자연재해 혹은 자유롭고 공정한 선거를 실시하는데 방해될 수 있는 치안적인 문제로 인한 선거구 내 선거 연기와 취소

g. 선출된 의회의원(선출된 개인)을 인준하기 위한 인준안 발행

h. 선거와 관련된 분쟁을 심리하기 위해 법과 관련된 선거법원 조직

i. (미얀마연방)헌법 276조 h항에 근거하여 자치구 또는 자치행정 지역의 주요 단체에서 특정 인물을 영입하는 것에 대한 이의제기를 심리하기 위해 선거법원을 조직.

j. 각 지역별 위원회에게 배당되는 재정의 분배와 재정 사용에 관한 감독권

k. 법령에 따라 정당의 행동에 대한 지침 제시와 관리감독

l. 기타 법령에 따라 양도된 기타 기능 수행

10. 다음과 같은 경우에 위원회에 의한 과정과 결정은 최종단계이다.

a. 선거와 관련된 업무

b. 선거법원이 결정한 명령과 어떠한 결정에 대해서 개정이나 항고하는 사례

c. 정당등록법에 의해 명기된 업무 수행

제 4장 일반조항

11. 위원회와 분과위원회의 모든 재정과 선거 실시비용은 연방기금(국가예산)에서 부담한다.

12. 선거의 성공적인 개최를 위해 위원회는 관계부처, 단체와 저명인사로부터 필요한 도움을 요구할 수 있다.

13. 이 법안에 따라 형성된 위원회와 분과위원회는 다당제민주총선위

원회에서 진행 중이거나 계류 중인 모든 절차와 업무를 인계해야
한다.

14. 위원회는 필수적인 규칙, 절차, 공지, 명령과 이 법 조항 이행 의
무를 수행하기 위한 안을 제정할 수 있다.

15. 다당제민주총선위원회법(국가법절서회복평의회 법 제88/1호)은
이 법에 의해 폐지되고 기각된다.

5. 정당등록법

정당등록법

(국가평화발전평의회 법 제 2010/2호)

2010년 3월 8일

전문

미얀마연방공화국 헌법 제 443조에 의거 국가평화발전평의회는 연방의 비분열, 국가결속, 주권영속의 목적을 추구하며 진정하고 규율이 잡힌 다당제민주체계의 시행과 연방의 통합원칙을 준수할 정당 조직 법령을 제정한다.

제 1장 명칭과 정의

1. 이 법령은 '정당등록법'이라 칭한다.

2. 이 법령에 명기된 표현은 다음과 같은 의미를 갖는다:

   1. 연방은 미얀마연방공화국을 의미한다.

   2. 행정주 또는 자치주는 현존 행정주들과 자치주들을 의미한다.

   3. 위원회는 연방선거위원회를 의미한다.

   4. 정당은 이 법령에 제시된 것처럼 위원회에 의해 설립 허가를 필하고, 진정한 규율 잡힌 다당제 민주체계를 수용하고 신뢰해야 하며, 정치적 이념에 기초한 정당체계를 수행할 수 있는 기구를 의미한다.

   5. 정당은 전국이나 각 지역 중 하나에서 운동을 하는 정당을 의미한다. 이 표현과 용어는 모든 정당의 지역당도 포함한다.

6. 선거는 국민의회선거, 민족의회선거, 그리고 행정주 또는 자치주 선거를 의미한다.

7. 총선은 의회의 정기 임기를 위해 위원회에 의해 정기적으로 시행되는 선거를 의미한다.

8. 위원회에 의한 보궐선거는 의회의 임기 내 선거연기로 인한 선거구 공석이 발생하거나 현행 법령에 의거 의회 대표 자격에서 사망, 사임 또는 소환되었을 때 실시하는 선거를 의미한다.

9. 선거구는 의회 대표를 선출하는 현행 법령에 따라 위원회가 미리 정한 국민의회선거구, 민족의회선거구, 행정주 또는 자치주 선거구를 의미한다.

10. 정당 자산은 정당 기금, 정당의 유동적 또는 부동적 자산을 의미한다.

11. 종교인은 다음을 의미한다:

    1. 불교신자의 경우 승려, 수도승, 복사, 비구니를 의미한다. 부연설명: '종교인'이라는 표현은 승려 또는 일시적으로 종교계에 몸담고 있는 사람과 동등하다.

    2. 기독교인의 경우, 사제로 서임된 것으로 인정되어 교회활동과 관계된 자와 목사이거나 종교적 임무를 수행하기 위해 교회에서 임명된 자 혹은 대주교의 감독을 자발적으로 수용하는 개인과 종교적 규칙이나 결정을 준수하는 단체나 조직에 활동하는 개인을 의미한다.

    3. 힌두교의 경우, Sannyasi(힌두교의 고행자), Mahant(수도원장) 혹은 힌두교 사제이다.

12. 재소자는 법원으로부터 유죄판결을 받거나 복역 중인 자를 의

미한다. 이 표현에는 복역 중에 하급 법원에서 항소하거나 개정된 자도 포함한다.

제 2장 정당 설립과 등록

3. (a) 연방 전체, 행정주 또는 자치주 내에서 기구 활동을 의도하는 정당을 설립하고자 하는 최소한 15인 이상의 집단이면 정당 명칭을 기입하고 정당원으로서 정당에서 활동할 자들의 명단을 법령에 의거 그들의 활동을 허락해 줄 것을 요구하는 신청서를 위원회에 제시해야한다. 이 지원서에는 본 법령 제 6조를 준수해야한다는 서명이 반드시 들어가야 되고, 본 법령 제 4조를 만족시켜야한다.

(b) 위원회 측에서 지원서를 신청 받을 때 지원서 내용을 면밀히 검토하고 본 법령 제 4항을 만족시켰을 때 정당 설립을 허용한다. 만약 본 조항을 만족시키지 못할 경우 위원회는 신청서를 기각한다.

(c) 정당 설립을 희망하는 단체는 위원회의 허락을 받으면 당대표와 부대표를 당원들 가운데 선출해야 한다.

4. 정당을 설립하길 원하는 자들은 다음의 사항을 만족해야 한다.

(a) 시민권자, 영주권자, 귀화자, 임시 체류자

(b) 25세 이상인 자

(c) 종교인이 아닌 자

(d) 공무원이 아닌 자

(e) 연방을 대상으로 봉기를 일으킨 단체의 구성원이 아닌 자 또는 연방이 테러집단이라고 선언한 단체의 구성원이 아닌 자 또는 현행 법령에 의거 불법적인 단체에 소속되지 않은 자 또는 불법적인 단체와 직접 또는 간접적으로 접촉하지 않은 자와 이들

단체의 사주를 받지 않은 자

(f) 향정신성 마약법의 금지조항을 위반하지 않은 자

(g) 외국인이 아니거나 외국 국적으로 귀화하지 않은 자

5. 정당을 조직하기를 원하는 대표와 부대표는 기술된 정당등록비를 납부한 후 정당으로서 정당등록을 하기 위해 다음의 언급된 사항을 형식에 맞게 기술하여 위원회에 제출해야 한다.

1. 희망하는 명칭, 정당 기, 정당 인장

2. 정당이념과 정강

3. 정당 규칙과 내규

4. 성명, 부친 성명, 직업, 주소, 생년월일, 주민증번호, 영주권번호, 귀화 시민권 번호 혹은 임시 주민증번호.

5. 본 법령 제6항에 대한 인지 서명

6. 전 연방에서 단체행동을 할 정당의 경우 등록이 허가된 날로부터 90일 이내에 최소한 1,000명 이상의 당원으로부터 날인을 받아야 하며, 행정주나 자치주에서 단체행동을 할 정당의 경우 등록일 기준 90일 이내 500명의 당원들로부터 날인을 받아야 한다.

6. 다음의 사항을 준수한다는 날인이 본 법령의 제5항에 진술된 지원서에 명기되어야 한다.

1. 연방의 비분열, 국가결속, 주권영속을 유지하고 수호함

2. 현존 법령과 평화를 유지하고 수호함

3. 미얀마연방공화국의 헌법을 수호함

4. 소요를 일으킬 위험이 있거나 개인의 위신과 도덕성에 영향을 미치거나 개별적 종족, 종교적 정서에 영향을 미칠 수 있는 선

동, 단체행동, 연설, 글은 불허함

5. 정치적 목적으로 종교를 남용할 수 없음

6. 정부, 종교단체 혹은 국외 단체, 상기 조직의 영향에 있는 조직
이나 외국으로부터 직접적 혹은 간접적으로 재정지원, 토지, 건
물, 차량, 자산을 받거나 사용한 당원이 없어야 함

7. 다음의 단체는 정당으로 등록될 권리를 기각한다.

1. 현행 법령에 따라 불법단체로 지정된 어떠한 단체

2. 연방을 대상으로 봉기한 반란단체와 테러리스트로 지정된 인물
혹은 직접적으로나 간접적으로 불법단체나 회원에게 접촉한 단체

3. 직접적으로나 간접적으로 연방정부가 소유한 자금, 건물, 차량,
자산을 사용하거나 획득한 단체

4. 정부, 종교단체 혹은 국외의 단체, 상기 조직에 영향 아래 있는
조직이나 외국으로부터 직접적 혹은 간접적으로 재정지원, 토
지, 건물, 차량, 자산을 사용하거나 획득한 단체

5. 정치적 목적으로 종교를 남용한 단체

8. (a) 본 법령 제 5항(a)에 따라 정당 명칭, 정당 기, 정당 인장 제출
종교 혹은 신앙과 관련되는 명칭이나 상징 또는 연방의 비분열, 국
가결속, 주권영속이라는 원칙에 영향을 미칠 수 있는 내용은 피해
야 한다.

(b) 정당등록 신청서 제출시 동일하거나 유사한 점이 발견된다면
위원회는 본 법령 제 6항에 따라 위원회가 인정한 다른 정당의 명
칭, 정당 기, 인장과 별도로 정당 명칭, 정당 기와 인장을 만들어야
한다고 정당에게 지시해야 한다.

9. 정당 설립을 원하는 정당 대표나 부대표가 정당으로서 등록 신청서

를 제출할 시 위원회는 기존의 방법으로 검토해야만 하고 이후 규정에 따르는 조건을 충족하면 등록을 허가하거나 등록 신청을 거절할 수 있다.

10. 당원 조직시 다음의 자격을 갖춘 자들로만 구성될 수 있다.

   a. 시민권자, 영주권자, 귀화자, 임시 체류자

   b. 18세 이상인 자

   c. 종교인이 아닌 자

   d. 공무원이 아닌 자

   e. 복역 중이지 않은 자

   f. 직접적 혹은 간접적으로 연방에 위해를 가한 단체를 사주하거나 접촉한 회원이 아닌 자와 연방에서 테러리스트라고 정한 자가 아닌 자 혹은 현행 법령에서 불법단체라고 지정한 단체와 관련되지 않은 자

   g. 향정신성법령 금지조항을 위반하지 않은 자

   h. 외국인 혹은 외국국적으로 귀화하지 않은 자

   i. 본 법령 제 6항의 조건을 준수하도록 날인 한 자

11. 정당은 본 법령 제 9항에 따라 등록을 허가 받은 날로부터 정당 활동이 시작된다.

   a. 기술된 조건에 순응하는 당원에게 당원증를 발행할 수 있으며 당원 가입비와 월 활동비를 징수할 수 있으며 당 규정에 따라 단체 활동을 행할 수 있다.

   b. 이미 당원 자격을 취득한 당원들을 정리하여 당원 명단을 위원회에 제출해야 한다.

제 3장 정당의 금지사항

12. (a) 만약 다음의 사항을 정당이 위반하면 정당으로서의 자격은 상
    실된다.

    1. 국민의회와 민족의회 선거구, 지방의회 선거 등 총선에서 3개
       이상의 선거구에 출마하지 않은 정당
    2. 현행 법령에서 불법단체로 지정된 정당
    3. 연방을 상대로 무장투쟁을 감행한 소수집단과 사주 또는 직간
       접적으로 접촉하거나 연방이 테러리스트 행위라고 지정한 행위
       를 한 자와 단체 또는 불법단체로 규정된 단체
    4. 본 법령 제 6항을 인지하고 준수하지 않는 경우
    5. 국가재정, 토지, 주택, 건물, 차량을 직접적 혹은 간접적으로 이
       용하거나 취득한 단체
       • 단서: 1. '국가재정'이라는 표현은 연금, 공제액, 급여, 연방의
            이익을 추구하기 위해 공적으로 사용된 자본을 포함하
            지 않음.
            2. '국가 소유의 토지, 주택, 건물, 차량, 자산'은 현행
            법령에서 허가하거나 임무를 위해 쓰이거나 연방기금
            으로 임대한 국가 소유의 토지, 주택, 건물, 아파트 혹
            은 다른 공공주택, 국가 소유의 비행기, 기차, 차량 혹
            은 자산 모두를 포함하지는 않는다.
    6. 본 법령 제 10항에 따라 당원을 제명시킨 사실을 의도적으로
       은폐할 경우
    7. 본 법령 제 5항(f)에 명기된 당원 수에 조직하지 못했을 경우
    (b) 본 법령 (a)에 위배되는 정당은 위원회가 등록을 취소하고 해

당 정당은 해산되어야한다.

13. 본 법령 제 5항(f)에 따라 정당은 정당 구성에 필요한 최소의 정당원을 구성해야 한다. 이 방식으로 신청을 한 후 정당원이 필요 수 이하일 경우 90일 이내 최소 정당원 수를 채워야 하거나 아니면 위원회는 해당 정당을 등록하지 않고 정당은 해산되어야 한다.

제 4장 기금, 자산의 축적과 유지, 지출, 회계와 해산

14. 다음의 자격을 갖춘 자가 정당 소유의 자산 유지와 기술된 재무회계를 유지하는 업무를 수행할 수 있다.

    a. 당중앙집행위원회 위원장 혹은 서기

    b. 각 지방 당중앙집행위원회 위원장 혹은 마을 단위 지방당과 관련한 지부장

15. (a) 정당은 다음과 같이 재정을 유지하고 획득된다:

    1. 정당 가입비와 월 활동비는 본 법령 제 11항에 따라 징수된다.

    2. 국내 개인 시민, 기구, 개인 기업이나 그룹에 의해 합법적으로 취득한 자금과 자산은 정당에 귀속된다.

    3. 정당이 소유한 사업체로부터 합법적으로 취득한 자금과 소득

    (b) 본 조항(a)의 (1), (2)에 따라 취득된 자금과 자산에 대한 세금은 부과된다.

16. 의회 회기 내 정당은

    (a) 정당 활동에 의한 정당 내규에 따라 지출이 시행될 수 있다.

    (b) 총선이나 보궐선거에 출마하는 각 의회 후보자를 위해 지출이 시행될 수 있다.

17. 정당은 명기된 정당 규칙에 따라 승인을 받고, 정당에 소속된 자

산의 명단을 만들어서 매년 회계연도마다 최종 재정상태를 산출해야 한다.

18. 필요할 경우 위원회는 정당 재정상태를 감사할 수 있다. 또한 지방선거위원회 감사가 가능하다. 재정에 대한 감사 중 연방선거위원회 또는 지방선거위원회는 정부부처와 기관에게 지원을 요청할 수 있다.

19. (a) 만약 상기 정당이 스스로 해산하거나 본 법령에 따라 등록이 철회된다면 정당은 연방정부의 결정에 따라 정당 소유의 자산을 포기해야한다. (b) 연방정부와 기구들은 본 조항 (a)에 따라 몰수된 자산과 관련하여 연방정부의 지시를 준수해야한다.

제 5장 일반조항

20. 본 법령의 이행과 관련하여:

  (a) 위원회의 결정은 최종적이고 결론적이어야 한다.

  (b) 어떤 법원에서도 기소할 권리가 없어야 한다.

21. 개인은 한 번에 한 정당에만 가입할 수 있다.

22. 정당 지부는 행정적 기준에서만 조직 가능하다.

23. 현행 법령, 규칙, 절차, 공지, 명령과 지시에 따라 정당 활동의 이행에 대한 위원회의 감독이 있을 수 있다. 위원회는 지방선거위원회의 업무를 감독하는 대표자를 파견할 수 있다.

  (a) 만약 정당이 현행 법령이나 본 법령의 조항, 규칙, 절차, 공지, 명령과 지시사항을 따르지 않는다면 위원회는 적절한 시기 내에 정당에게 필요한 업무를 직접 지시할 수 있다.

  (b) 만약 정당 내 문제로 위원회에 안건이 상정되면, 불만사항을

조사한 후 연방을 위해 필요하다면 위원회는 해당 정당에게 적합한 업무를 지시할 수 있다.

(c) 만약 정당에서 본 조항 (a)와 (b)를 준수하지 않는다면 위원회는 향후 3년간 해당 정당을 정당으로 등록시키지 않을 수도 있다.

(d) 만약 정당이 본 조항 (c)에 따라 정당등록이 보류되면 정당은 보류기간 동안 위원회가 지시한 활동을 제외한 모든 정당 활동이 보류되어야 한다.

(e) 만약 정당이 본 조항 (c)에 따라 보류기간이 만료될 때까지 지시사항을 이행하지 않으면 위원회는 정당 등록을 취소하거나 이 해산해야 한다.

24. 정당등록법(국가법질서회복평의회 법 제 88/4호)하 현존하는 정당들이 정당으로 지속하기를 희망한다면 본 법령이 공포된 날로부터 60일 이내에 위원회에 신청을 해야 한다. 전술한대로 지원하지 않으면 이 정당은 자동적으로 해산되고 정당등록이 무효화된 것으로 간주된다.

25. 본 법령의 시행과 관련하여 위원회는 필수적인 규칙, 절차, 명령, 공지와 지시사항을 공포하고 출판할 수 있다.

26. 정당등록법(국가법질서회복평의회 법 제 88/4호)은 이 법령에 의해 폐지되었다.

서명 딴쉐
의장
국가평화발전평의회

6. 총선(2010) 참가 정당명부

	전국정당		소수종족정당
재등록	• National Unity Party	샨	• Kokang Democracy and Unity Party
			• Lahu National Progressive Party
		여카잉	• Mro or Khami National Solidarity Organization
군부	• Union Solidarity and Development Party		-
신당	• 88 Generation Student Youths (Union of Myanmar) • Democracy and Peace Party • Peace and Diversity Party • National Democratic Force • National Democratic Party for Development • National Development and Peace Party • New Era People Party • National Political Alliance Party • Democratic Party(Myanmar) • Union Democracy Party • United Democracy Party • Union of Myanmar Federation of National Politics • Wuntharnu NLD (Union of Myanmar)	몽	• All Mon Region Democratic Party
		까친	• Unity and Democracy Party of Kachin State
		친	• Chin National Party • Chin Progressive Party • Ethnic National Development Party
		까렌(꺼잉)	• Kaman National Progressive Party • Karen/Kayin People's Party • Kayin State Democracy and Development Party • Kayan National Party • Phalone-Sawgaw Democratic Party
		여카잉	• Khami National Development Party • Rakhine State National Force (Myanmar) • Rakhine Nationals Development Party
		샨	• Inn National Progressive Party • Pa-O National Organization • Palaung(Talaung) National Party • Shan Nationalities Democratic Party • Wa Democratic Party • Wa National Unity Party
계	15개		22개

7. 주요 정당 소개

가. 전국정당

▶ **연방단결발전당**(USDP: Union Solidarity and Development Party)
대중단체 연방단결발전연합(USDA: Union Solidarity and Development Association)에서 발전적 해체를 통해 조직된 여당으로 떼잉쎄인 대통령, 쉐망 하원의장 등 현역에서 퇴임한 중앙부처 장관 및 군 수뇌부들이 주를 이룬다. 2010년 총선에서 76.5%의 압도적인 승리를 차지했다.

▶ **국민통합당**(NUP: National Unity Party)
버마사회주의계획당(BSPP)을 계승한 정당으로 당 대표는 과거 군부 사령관 출신인 뚠이(Tun Yi). NUP는 1990년대에도 존속하는 정당으로 현재 군부가 독자적으로 정당을 창당함에 따라 현 군부와 관련은 없지만 여전히 군부를 대변하는 정당으로 인식된다. 1990년 총선 당시 지지율은 21%로 NLD에 이어 2위를 차지했지만 의석수는 10석에만 그쳤다. 신정부와 차별화 전략을 내세우지만 여전히 구 군부 인사와 연계되어 있다.

▶ **국민민주주의의 연합**(NLD: National League for Democracy)
명실공히 미얀마 야당과 민주화를 대표하는 정당으로 1989년 창당된 이래 1990년 총선에서 485석 가운데 392석을 획득하여 압승했으나 집권 군부의 선거 무효화 조치로 탄압의 대상이 되었다. 창당 당시 군부체제를 반대하는 세력들이 통합된 형태였기 때문에 정당 결속도는 매우 낮은 편이었다. 2010년 총선에 불참했으나 2012년 4월 보궐선거에 참가하여 45석 가운데 43석을 차지했다. 2015년 총선에서 여당 또는 제 1야당으로 약진할 수 있는 가장 유력한 정당이다.

▶ 국민민주주의의 힘(NDF: National Democratic Force)
NLD가 총선 불출마를 결정하자 이에 반대하는 당원들이 신당 창당에 착수했는데, 대표적인 인물이 땅녜잉(Than Nyein)과 킨마웅스웨(Khin Maung Swe)였다. 킨늉 전 총리의 매제인 땅녜잉 박사는 1989년 NLD의 공동 창당자이며 중앙집행위원회(CEC) 위원으로 1998년부터 11년간 투옥되었다. 같은 CEC 위원인 킨마웅스웨도 1990년부터 16년간 투옥되었으나 2008년에 석방되었다. 땅녜잉 박사는 건강상의 이유로 킨마웅스웨는 이전 NLD 활동이 대역죄라고 판결된 사실에 근거하여 2010년 총선에는 출마하지 않았다. 2010년 총선에서 164명의 후보자 가운데 16명이 당선되었다. 자치 문제와 관련하여 소수종족 정당과 분쟁을 일으키지 않기 위해 자치구 내 입후보는 포기했다.

▶ 민주당(DPM: Democratic Party Myanmar)
정당대표인 뚜웨(Thu Wai)는 동명 정당명으로 1990년 총선에 출마했지만 단 1석을 획득하는데 그친 후 해산되었다. 뚜웨 대표를 제외하고 주요 창당인사로 민간정권기(1948-62) 총리와 부총리의 여식들인 딴딴누(Than Than Nu: 우 누의 여식), 초조쪼네잉(Cho Cho Kyaw Nyein: 쪼네잉의 여식), 네이바쉐(Nay Yee Ba Swe: 바쉐의 여식) 등이다. 2010년 총선에서 3석을 획득하는데 그쳤다.

나. 소수종족정당

▶ 샨민족민주당(SNDP: Shan Nationalities Democratic Party)
 : 샨주

정당기에 백호가 그려져 있어 백호당(白虎黨)이라고도 불리는 이 정당은 종족성과 상관없이 샨주의 모든 지역민들을 대표하면서도 중앙 당사는 양공에 소재한다. 샨족민주주의연합(SNLD)의 전사무총장인 아이빠오(Ai Pao)가 대표직을 맡고 있는데, 그는 소금무역으로 엄청난 부를 소유한 것으로 알려져 있다. 싸웅시(Saung Si) 또는 넬슨(Nelson)이라고 알려진 부의장은 1990년 총선에서 당선된 인물이다.

▶ 여카잉민족발전당(RNDP: Rakhine Nationalities Development Party)
 : 여카잉주

무슬림 지역을 제외한 여카잉주와 여카잉족들이 집중적으로 거주하는 양공 일부지역을 중심으로 44개의 선거구에 입후보자를 냈다. 원래 당명은 여카잉민족번영당으로 현재 의장은 에마웅(Aye Maung)으로 여카잉과 양공을 왕래하는 사업가들이 정당을 운영하고 있다. 에마웅은 2012년 대통령 선거에 입후보했을 정도로 지명도가 높은 인물이다.

▶ 친진보당(CPP: Chin Progressive Party): 친주

친족을 대표하는 정당으로 친주와 친족이 거주하는 저가잉주에서 41명의 출마자를 냈고, 이 중 12명이 당선되었다. 정당은 전 공무원으로 지난 8월 노땅깝(No Than Kap) 대표, 리안체(Lian Ce) 부대표체제로

전환했다. 이들은 모두 전직 공무원이다.

▶ 까렌국민당(KPP: Kayin People's Party): 까렌(꺼잉)주

까렌족을 대표하는 정당이지만 까렌주에는 4개 선거구에만 출마자를 냈고, 까렌족이 거주하는 에야워디주, 버고주, 떠닝다이주, 양공주, 몽주 등 주로 남부 지역에 41명의 출마자를 냈고, 이 중 6명이 당선되었다. 당대표인 뚠아웅뮌(Tun Aung Myint)은 퇴역 해군장교로서 독실한 기독교 신자로 지역사회의 유명인사이다. 정치적으로 중앙정부와 독립적인 성

▶ 전몽주민주주의당(AMRDP: All Mon Region Democracy Party)
   : 몽주

몽주와 까렌주 33개 선거구와 떠닝다이주 1개 선거구 등 총 34명의 출마자를 냈고, 몽족의 통합을 목적으로 창당되었다. 몽주에서만 16석을 얻는 대표적인 지역 정당이며, 대표인 응웨떼잉(Ngwe Thein)은 작사가이자 전 교육공무원으로 높은 지도력을 인정받는 인물이다.

8. 총선 참가를 위해 퇴역한 군부 명단

가. 1차 퇴역(2010.4.26 퇴역)

장관급 인사(27명)	차관급 인사(19명)
Thein Sein 총리(대장)	Khin Maung Kyaw 제2공업부(중령)
Nyan Win 외무부(소장)	Kyaw Swar Khine 제2공업부
Htay Oo 농업관개부(소장)	Thuyein Zaw 국가계획부(대령)
Soe Thein 제2공업부(중장)	Nyan Htun Aung 교통부(대령)
Thein Swe 교통부(소장)	Tin Htun Aung 노동부(준장)
Lun Thi 에너지부(준장)	Aung Myo Min 교육부(준장)
Aung Min 철도수송부(소장)	Than Htay 에너지부(준장)
Tin Naing Thein 상무부(준장)	Aung Htun 상무부(준장)
Soe Naing 호텔관광부(소장)	Aye Myint Kyu 호텔관광부(준장)
Hla Htun 재정조세부(소장)	Hla Thein Swe 재정조세부(대령)
Thein Zaw 통신체신부(준장)	Thein Htun 통신체신부(소장)
Thura Myint Maung 종교부(준장)	Thura Aung Ko 종교부(준장)
Khin Aung Myint 문화부(소장)	Myint Thein 건설부(준장)
Tin Htut 협력부(소장)	Win Sein 이주부(준장)
Thein Nyunt 국경지역발전부(대령)	Tin Ngwe 국경지역발전부(대령)
Zaw Min 제1전력부(대령)	Win Myint 제2전력부(준장)
Khin Maung Myint 건설및제2전력부(소장)	Bhone Swe 내무부(준장)
Thura Aye Myint 체육부(준장)	Kyaw Myint 사회복지부(준장)
Kyaw San 정보부(준장)	Maung Par 양공부시장(대령)
Thein Aung 삼림부(준장)	
Maung Oo 내무및이주부(소장)	
Ohn Myint 광산부(준장)	
Maung Maung Swe 사회복지부(소장)	
Maung Maung Thein 어업부(준장)	
Lun Maung 감사원장(소장)	
Aung Thein Lin 양공시장(준장)	
Phone Zaw Han 만달레시장(준장)	

※ 자료: Nayee Lin Let(2010/05/06).
〈http://www.irrawaddymedia.com/multimedia.php?art_id=18401&page=1〉

나. 2차 퇴역(2010.8.27 퇴역 10인)

직책	계급	성명
국방부 장관 및 군총사령관	원수	Than Shwe
군부사령관	대장	Maung Aye
국방부 합동참모장	대장	Thura Shwe Mann
국방부 부관참모	대장	Tin AUng Myint Oo
국방부 특별작전국(BSO)	중장	Thar Aye
국방부 특별작전국(BSO)	중장	Ohn Myint
국방부 특별작전국(BSO)	중장	Myint Swe
국방부 병참참모	중장	Tin Aye
국방부 감사감	중장	Maung Shein
공군참모총장	중장	Myint Hlaing

※ 자료: 〈http://www.irrawaddy.org/article.php?art_id=19323〉;
〈http://www.mizzima.com/news/inside-burma/4298〉에서 취합 작성.

9. 주요 인사 프로필

가. 떼잉쎄인(Thein Sein): 대통령

□ 생년월일: 1945년 4월 20일

□ 경선 당시 직위: 총리, USDP 당의장

□ 가족관계: 부인 도킨윈(Daw Khin Win) 여사와 슬하 3자녀

□ 경력

　- 군 경력

　• Pyinoolwin 지역 국방대학(DSA: Defence Services Academy) 9기

　• 1988년 쿠데타 이후 육군이사회(Directorate of the Army) 대령
　　(참모)과 군사 작전 사령관을 역임

- 1997년 삼각지대(Triangle Region) 최고사령관으로 임명
- 1998년에 육군 소장으로 2002년에 부관참모, 2003년에 중장으로 진급하고 국가평화개발위원회(SPDC) 2등 서기관 역임
- 2004년에 SPDC 1등 서기관으로 진급
- 2005년에 장군 진급
- 정치 경력
- 2007년 10월 12일 당시 총리 쏘윈(Soe Win)이 사망한 후 2007년 10월24일 총리로 취임
- 2011년 4월 예편
- 2008년 미얀마정부인사 최초로 사이클론 나르기스 피해자 방문
- 사이클론 나르기스 이후 설립된 국가재해관리위원회 (현)의장
- 민간단체에서 정당으로 전환한 USDP 정당의 대표로 2010년 총선에 네삐도 자부띠리(Zabuthiri) 선거구에서 하원 의원으로 당선
□ 국제관계
  - 총리 임기 동안에 중국, 라오스, 캄보디아, 스리랑카, 태국 등 이웃국가 방문

나. 띤아웅뮌우(Thihathura Thin Aung Myint Oo): 전 부통령
□ 생년월일: 1950년 5월 29일
□ 경선 당시 직위: SPDC 1등 서기관, USDP 지도부(Central Panel of Patrons) 위원
□ 가족관계: 부인 킨소흐닌(Khin Saw Hnin), 첫째 아들(Naing Lin Oo, Tayzar Saw Oo로 더 잘 알려짐)은 전역한 대위이며 에힌따(Aye Hintha) 회사의 소유주

▫ 경력

　- 군부 경력

● 국방대학(DSA) 12기 졸업생

● 1980년 버마공산당(CPB)과의 전투에서 공을 세워 'Thihathura' 무공작위 수여

● 1990년 저가잉주 보병 제111대대 사령관을 역임, 제33경보병사단 제1참모장교 역임

● 같은 해 북부 사령부 전략사령부 사령관으로 임명됨

● 준장 임명 이후 북동 사령부 산하 Kyaukme 군부작전사령부에 임명

● Lashio를 기반으로 한 동북부사령부 지역 사령관으로 승진

● 병참감(2002), 중장 진급(2003)

● 2007년에 SPDC 1등 서기 발탁

● 2009년 3월 대장으로 승진

　- 정치 경력

● 2010년 예편

● SPDC 1서기직 유지하며 USDP 지도부 합류(5인 기구)

● 2010년 총선에서 네삐도 뽀빠띠리(Pubbathiri) 하원 선거구에 USDP후보로 선거 출마

● 2012년 5월, 건강상의 이유로 부통령 사퇴, 정치 은퇴

다. 싸잉 마욱칸(Dr. Sai Mauk Kham): 부통령

▫ 출생지: 1950년 중국 국경도시 무세(Muse) 출생

▫ 직업: 샨주 라쇼(Lashio)에서 병원 운영

□ 경력
- 교육경력: 만달레 의대 졸업
- 직업경력: 샨문화위원회(라쇼), 샨 중부지역 문화위원회 의장 역임
- 정치경력: 샨주 제3선거구에 USDP당 상원 의원 후보로 출마 및 당선

라. 아웅산수찌(Aung San Suu Kyi): NLD 대표

□ 출생지: 1945년 양공 출생.
□ 가족관계: 아버지 아웅산장군(1947 사망), 어머니 킨지(1988 사망), 2남 1녀 중 막내. 남편 마이클 아리스(1999 사망), 슬하 2남.
□ 경력
- 교육경력: 옥스퍼드대 정치학과 졸업, 명예박사 수여(2012)
- 직업경력: 1988년 귀국후 1989년 NLD 창당에 적극 가담 및 사무총장, NLD 대표(2011-현재)
- 정치경력
• 내란음모죄로 1989년 7월 20일 이래 1989-1995, 2000-2002, 2003-2011 등 총 세 차례 15년 간 가택연금에 처함
• 2012 보궐선거에서 양공주 꺼흐무(Kaw Hmu) 하원에 출마 및 당선
- 수상 경력
• 노벨평화상(1991)
• International Simón Bolívar Prize, 네루상(1992)
• Wallenberg Medal(2007)
• 미의회금메달(2012) 등

10. 중앙정부 장관 명단

(1) Maj-Gen Hla Min	국방부(→사임)
※ Wai Lwin 중장	국방부
(2) Lt-Gen Ko Ko	내무부
(3) Maj-Gen Thein Htay	국경부 및 산업발전부
※ 산업발전부는 폐지	
(4) U Wunna Maung Lwin	외교부
(5) U Kyaw Hsan	정보부 및 문화부(→협력부)
※ Aye Myint Kyu	문화부
(6) U Myint Hlaing	농업관개부
(7) U Win Tun	임업부
(8) U Hla Tun	재정조세부(→대통령실)
※ U Win Shein	재정조세부
(9) U Khin Maung Myint	건설부(→사임)
※ U Kyaw Lwin	건설부
(10) U Tin Naing Thein	국가계획 및 경제개발부 및 축수산부(→대통령실)
※ Dr. Kan Zaw	국가계획 및 경제발전부
(11) U Win Myint	상업부
(12) U Thein Tun	통신 및 체신부
(13) U Aung Kyi	노동부 및 사회복지부(→정보부)
※ U Maung Myint	노동부
※ Dr. Myat Myat Ohn Khin(여)	사회복지부

(14) U Thein Htaik	광업부(→감사원장)
※ Dr. Myint Aung	광업부
(15) U Ohn Myint	협력부(→축수산부)
(16) U Nyan Tun Aung	수송부
(17) U Tint Hsan	호텔 및 관광부, 체육부(→체육부)
※ U Htay Aung	호텔 및 관광부
(18) U Kyaw Swa Kaing	공업1부
(19) U Soe Thein	공업2부(→대통령실)
※ U Aye Myint	공업부
(20) U Aung Min	철도부(→대통령실)
※ U Zeyar Aung	철도부
(21) U Than Htay	에너지부
(22) U Zaw Min	전력1부(→사임, 전력부는 통합)
(23) U Khin Maung Soe	전력2부(통합 전력부 장관)
(24) Dr. Mya Aye	교육부
(25) Dr. Pe Thet Khin	보건부
(26) Thura U Myint Maung	종교부
(27) U Aye Myint	과학기술부 (→공업부, 공업부는 통합)
※ Dr. Ko Ko Oo	과학기술부
(28) U Khin Yi	이주 및 인구부
(29) U Thein Nyunt	대통령실
(30) U Soe Maung	대통령실
(31) Kyaw Swa Khaing	대통령실

11. 미얀마와 주요국 분야별 관계

		정권압력	정권지지	경제제재	경제협력	원유·가스	원조	외교채널	군사협력	무기거래
아세안	라오스		✔		✔			✔	✔	
	말련		✔		✔			✔		
	베트남		✔		✔			✔	✔	
	브루나이		✔		✔			✔		
	싱가포르		✔		✔	✔		✔		
	인니		✔		✔			✔		
	캄보디아		✔		✔			✔		
	태국		✔		✔	✔		✔		
	필리핀		✔		✔			✔		
서방국	뉴질랜드	✔								
	미국	✔		✔				✔	✔	
	유럽연합	✔		✔				✔		
	캐나다	✔						✔		
	호주	✔						✔	✔	
주변국	러시아		✔		✔	✔		✔	✔	✔
	방글라데시		✔		✔	✔		✔	✔	
	스리랑카		✔		✔			✔	✔	
	인도		✔		✔			✔	✔	✔
	일본	✔			✔		✔	✔		
	중국		✔		✔	✔	✔	✔	✔	✔
	파키스탄		✔		✔			✔		
기타	북한		✔		✔			✔	✔	✔
	사우디				✔			✔		
	이란		✔		✔			✔		
	이스라엘		✔		✔			✔		✔
	이집트		✔		✔			✔		
	짐바브웨		✔					✔		
	쿠웨이트				✔			✔		
	한국				✔	✔	✔	✔		

※ 필자 작성.
※ 유럽연합은 경제제재 1년 유예. 미국은 부분적 완화단계임.

부록2 경제

1. 군부가족과 연관된 대표 기업

기업명	소유(또는 지분)	군부 관계
J&J	Tun Naing Shwe	딴쉐의 장남, 지분 소유
Myan New Technology	Nan Dar Aye	마웅에의 딸, 지분 소유 (대표는 잉윙뚜)
Aye Shwe War	Aung Htet Mann	쉐망 하원의장의 장남
Zay Gabar	Khin Shwe	쉐망과 사돈관계 (킨쉐의 딸인 제진랏이 쉐망의 차남인 또낭잉망의 배우자)
Yetagun Const. Group	Aung Zaw Ye Myint	예뮁 중장(국방부)의 아들
Sunday Mart	Aye Mya Tha	아웅밍 장관의 딸, 예더궁 건설 대표의 전처(妻)
Rose Hill Hospital	Aung Kyi	우 따웅(전 과기부장관)의 아들
Aung Yee Phyoe Co. Ltd.	Nay Aung	우 아웅따웅(전 제1공업장관)의 아들

MICT	Aung Soe Tha	우 쏘따(전 국가계획/경제발전장관)의 아들, 지분 소유
Pacific High Tech	Min Htet Oo	웅뮌 준장(전 광업장관)의 아들
Taw Win Electric	Zin Myint Maung	뮌마웅 소장(전 종교장관)의 딸, 원뭉 전 전 SPDC 제 3서기의 아들의 전처
Sun Tac	Sit Taing Aung	우 아웅퐁(전 삼림장관)의 아들
Phyu Diamond	Phyu Phyu Oo	띤우(전 SPDC 제 2서기)의 차녀
Heritage Golf Club	Win Hte Hlaing	윈흘라잉(퇴역, UMEHL 산하 먀워디 은행장)의 아들

2. 100대 민간기업(2011 기준)

순위	기업명	순위	기업명
1	Htoo Group of Companies	55	Thar Moe Hmye Chan Thar Commercial Co., Ltd.
2	Ayer Shwe War Co., Ltd.	56	UKD World Class Int'l Co., Ltd.
3	Max Myanmar Groups of Companies	57	LAMINTAYAR MINING CO., LTD.
4	Yuzana Construction Group Co., Ltd	58	Eden Group Co., Ltd.
5	UNOG Pte., Ltd.	59	International Beverages Trading Co., Ltd.
6	Forever Group of Co., Ltd.	60	Dagon International Limited.
7	Fisca Security & Communication Co., Ltd.	61	K.M.D. Co., Ltd.
8	Myanmar Economic Corporation	62	Green Light Treasure Co., Ltd.
9	Union of Myanmar Economic Holding Ltd, (UMEHL)	63	Creation(Myanmar) Co., Ltd.
10	Bandoola Transport Co., Ltd.	64	TMW ENTERPRISE LTD.

11	Myawaddy Trading Limited.	65	Min Zar Ni Co.,Ltd
12	Zaykabar Engineering & Construction Co., Ltd.	66	Good Brothers Co., Ltd.
13	National Development Company Group Ltd.	67	AHK Products Co., Ltd. (The Sea)
14	Royal Mingalardon Golf and Country Club	68	Smile World Co., Ltd.
15	Asia World Industries Ltd.	69	Anawar Hlwam Co.Ltd.
16	Kan Baw Za Bank	70	Myanmar Thiha Co., Ltd.
17	Myanmar Brewery Ltd.	71	Winner Computer Group
18	Marlar Myaing Enterprise Ltd.	72	Sein Diamond Industrial & Commercial Co., Ltd
19	Min Min Soe Group of Companies	73	Pahtama Group Co., Ltd.
20	J&J Co., Ltd	74	Concordia Int'l Ltd
21	Shwe Nagar Minn Groups of Companies.	75	Asia Royal Service Co., Ltd.
22	Shwe Tha Zin Syndicated Ltd. Co., Ltd.	76	EVA Co., Ltd.
23	Fortune International Co, ltd	77	Strong Co., Ltd.
24	Woodland Group of Companies	78	Myanmar Pipes & Accessories Co., Ltd.
25	Chemical Engineering Co-operative Society Ltd.	79	Golden Flower Int'l Co., Ltd.
26	Aung Aung Group of Companies	80	Ni Lay Naing Co., Ltd.
27	A&A Medical Products Ltd. (Agent of Korea Pharma)	81	United Paints Group Co, Ltd
28	Chindwin Banner Textile Co-op., Ltd.	82	Yathar Cho Industry Co, Ltd
29	Loi Hein Co,Ltd	83	Yangon Transformer and Electrical Co, Ltd
30	Ruby Dragon Group of Companies	84	Gamonepwint Co.,Ltd
31	Myanmar Ahla Construction Group.	85	Myanmar Awba Group Cp., Ltd.
32	Myanmar Brewery Ltd.	86	Premier Machinery Trading Co., Ltd.
33	Benhur Trading Co., Ltd.	87	Malikha Power Engineering Limited.
34	Diamond Star Co., Ltd	88	Myanmar Lighting Manufacturing Co., Ltd.

35	Shwe Than Lwin Co., Ltd.	89	Annawar Fisheries Holding Ltd.
36	Myanmar Information and Communication Technology (MICT)	90	MK Group of Companies
37	Suntac Technologies	91	MGS Beverages Co., Ltd.
38	Pun Hlaing Golf Estate	92	Khin Maung Nyunt Trading
39	Serge Pun& Associates(Myanmar) Ltd.	93	Myanmar CP Livestock Co., ltd
40	Super One Int'l (Myanmar) Co., Ltd.	94	May&Mark Gems Co.,Ltd.,
41	Peace Myanmar Group Co., Ltd.	95	Phyuu Diamond Shop
42	City Mart Holding Co., Ltd.	96	Shwe Pyi Nann Co., Ltd.
43	Myanmar Petroleum Resources Ltd	97	Super Power Co., Ltd
44	Fame Pharmaceutical Co, Ltd	98	Kyaw Nyunt and Brothers Co., Ltd.
45	Communication Service Limited, (CSL)	99	Golden Lion High Tech Agriculture Resources Co., Ltd.
46	Dagon Win Win Co., Ltd.	100	Shangrila-Leap Int'l Co., Ltd.
47	Pacific Asia Hi Tech Construction Co.,Ltd.	101	Myanamr Pipes and Accessories Co., Ltd. (TOKYO Pipes)
48	Pyi Phyo Tun Int'l Co., Ltd. (PPT)	102	Sweety Home Industry Co., Ltd.
49	MK Group of Companies	103	Smart Technical Services Co., Ltd.
50	Supreme Group of Companies	104	Aung Gabar Co., Ltd.
51	United Engineering Co., Ltd.	105	RoseHill ENT & General Specialist Center
52	Gunkul Engineering Supply Co, Ltd	106	El Dorado
53	ACE Data Systems	107	New Strength Co., Ltd.
54	Aung Thaung Co., Ltd.	108	Temperamce Trading Co., Ltd.

3. 경제특구법(국가평화발전평의회 법 제 2011/8호, 2011.1.27)

국가평화발전위원회는 다음 법을 시행한다.

제1장 명칭 및 정의
1. 이 법을 미얀마 경제특구법이라 칭한다.
2. 이 법에서 사용하는 용어의 뜻은 다음과 같다.
  (a) 경제특구(Special Economic Zone)란 국가 경제 추진력을 강화시키기 위해 이 법에 의거하여 적합한 지역에 토지구역 및 경계를 정하여 정부가 경제특구로 지정, 고시한 지역을 말한다.
  (b) 수출가공구역(Export Processing Zone)이란 경제특구 내에서 규정에 따라 수출 물품과 관련된 기계, 원료 및 특정 서비스를 수입함으로써 국내외 수출 가공을 안전하게 수행할 수 있는 구역을 말한다. 이 구역은 관세청이 경계를 정하여 감독한다.
  (c) 부대무역구역(Sub-trading Zone)이란 항구, 철도역, 공항에 인접하고 환적, 저장, 재포장을 위한 적재 및 하역을 수행하기 위해 특별히 지정된 지역으로 관세청이 감독한다.
  (d) 개발사업시행자(Developer)란 경제특구의 기간시설의 전체 또는 일부분을 개발하고 경제특구 내 편의시설을 제공하기 위해 건물 건축, 모델 설계, 자금 동원, 홍보, 제공의 책임이 주어진 개인 또는 조직을 말한다.
  (e) 투자자(Investor)란 경제특구 내 중앙조직이 정한 화폐의 종류로 투자하여 사업 운영 허가를 받은 국내외 개인 또는 단체를 말한다.

(f) '시민, 거주 외국인, 비거주 외국인, 자본 이득'이란 표현은 소득세법에서 정의된 의미와 동일하다.

(g) '서비스'란 임금, 수수료 또는 보수를 지급받기 위해 제공된 서비스를 말한다. 이 표현은 무역업, 엔터테인먼트, 호텔, 민박 및 요식업, 관광업과 정부에 의해 서비스로 정한 사업을 포함한다.

(h) 정부란 미얀마정부를 말한다.

(i) 중앙조직(Central body)이란 이 법에 따라 정부가 구성한 미얀마 경제특구와 관련된 중앙조직을 말한다.

(j) 관할부처(Responsible Ministry)란 이 법에 따라 필요한 기능과 의무를 이행할 책임을 지기 위해 정부로부터 지정된 연방부처(Union Ministry)를 말한다.

(k) 중앙사무조직(Central working Body)이란 경제특구에 관련한 업무를 이행하고 업무별로 중앙조직을 지원하기 위해 이 법에 따라 중앙조직에 의해 구성된 업무 조직을 말한다.

(l) 관리위원회(Management Committee)란 경제특구와 관련하여 행정 및 감독 업무를 수행하기 위해 이 법에 따라 중앙조직에 의해 구성된 경제특구 관리위원회를 말한다.

제 2 장 목적

3. 이 법의 목적은 다음과 같다.

(a) 외국인 투자사업 운영 허가와 관련된 국가 자치권의 보호, 유지를 위한 틀을 마련하고자 함.

(b) 경제특구의 설립과 운영으로 국가경제력을 발전시키고자 함.

(c) 국가의 산업과 첨단 기술을 발전시키고자 함.

(d) 상품의 가공, 무역 및 서비스업을 향상시키고자 함.

(e) 국민에게 첨단 기술을 훈련, 교육, 전수시키고자 함.

(f) 국민을 위해 보다 나은 고용기회를 창출하고자 함.

186 . 미얀마의 사회경제개발과 한국의 개발협력 구상

(g) 국가의 시회기반시설을 개발하고자 함.

제 3장 경제특구

4. 국가 경제 추진력을 강화하기 위해 정부는 적합한 지역에 토지구역 및 경계를 정하여 공시로 경제특구를 설립할 수 있다.

5. 경제특구는 첨단기술산업구역(high tech industrial zones), 정보통신기술구역(information and telecommunications technology zones), 수출가공구역(export processing zones), 항구구역(port area zones), 물류수송구역(logistics and transportation zones), 과학기술연구개발구역(scientific and technological research and development zones), 서비스사업구역(service business zones), 부대무역구역(sub-tranding zones) 및 정부가 비정기적으로 정하는 구역을 포함한다.

6. 경제특구 내 투자가 가능한 사업과 장소는 다음과 같다.

(a) 제품가공처리업, 첨단기술산업, 제조업, 농업, 축산 및 수산업, 광업, 임업과 같이 생산을 기반으로 한 사업.

(b) 무역, 물류 및 운송, 저장, 호텔 및 관광업, 교육 및 의료, 주거 시설, 인프라 공급 및 지원센터, 자연 환경을 보존 및 보호하는

녹지, 휴양, 리조트센터와 같은 서비스 사업.

(c) 도로, 교량, 공항, 항구, 전력, 통신, 급수, 환경 보전 및 보호, 폐기물 관리와 같은 사회 인프라시설 건설업.

(d) 정부와 중앙조직으로부터 승인을 받은 기타 사업.

7. 제4장에 의해 설립된 경제특구는

(a) 국가가 채택한 경제정책에 따라 이 법하에서 실행되는 구역이어야 한다.

(b) 이 법에 따라 경제특구의 업무 성격에 따라 관리되는 구역이어야 한다.

(c) 정부의 승인과 중앙조직이 정한 통화로 투자되고 사용되는 구역이어야 한다.

(d) 제3장에 나열된 목표를 이행하기 위해 제품 가공 및 수출에 관련한 국제 상업시장에 맞는 구역이어야 한다.

(e) 경제특구와 관련한 사무업무를 신속히 처리할 수 있는 원스톱 서비스체계를 시행하는 구역이어야 한다.

8. 국가는 경제특구 내에서 다음 사업을 운영하는 투자자를 우선적으로 장려한다.

(a) 첨단기술산업

(b) 국가 경제발전 증진 사업

(c) 무역 및 서비스 증진 사업

(d) 인프라 구축 증진 사업

(e) 국민 일자리 고용 창출 사업

(f) 외국인 투자 사업에 대한 내국민 투자 사업

(g) 자연 환경 보전 및 보호를 위한 사업

(h) 중앙조직이 규정한 기타 우선순위 사업

제 4장 미얀마 경제특구와 관련된 중앙조직,
　　중앙사무조직 및 관리위원회의 구성, 기능 및 의무

9. 정부는

(a) 경제특구의 설립 및 운영을 위해 이 법에 포함된 기능 및 의무를 이행할 수 있도록 의장 적임자와 관련 부처, 정부 부처 및 조직의 적임자를 구성원으로 포함하는 미얀마 경제특구와 관련한 중앙조직을 구성해야 한다.

(b) 중앙조직 구성 시 임원 중에서 부의장, 비서관, 합동비서관의 의무를 정하고 부여해야 한다.

10. 중앙조직의 기능과 의무는 다음과 같다.

(a) 이 법률상의 규정을 준수하기 위한 이행, 감독 및 창출.

(b) 관련 정부 부처 및 조직의 의견을 수렴하고 검토한 후 경제특구 설립을 위해 정부에 적정장소, 필요 지역, 영토와 경계의 범위를 설정하기 위한 제안서 제출.

(c) 경제특구와 연관된 업무 이행을 위해 정부가 승인한 중앙사무조직과 관리위원회 구성.

(d) 경제특구의 개발과 관리에 관한 프로젝트 및 계획 채택.

(e) 관리위원회에 의해 제출된 경제특구 개발계획 검토 및 승인.

(f) 제6조에 포함된 업무의 이행을 위해 관리위원회의 책임 부여, 관리위원회 기능 감독, 점검 및 관련 정부 부처 및 조직과 조율.

(g) 개발사업시행자 또는 투자가가 제출한 사업제안서 검토, 승인,

거부 또는 수정 및 운영.

(h) 경제특구에 따라 운영할 수 있는 투자사업 범위 결정 및 개발 사업시행업자나 투자자에게 정부의 승인하에 운영 허가.

(i) 정부의 승인하에 사업의 범위 및 초기 투자금액에 근거하여 대 · 중 · 소 투자사업 결정.

(j) 정부의 승인하에 경제특구 내에서 사용할 통화의 종류 결정.

(k) 정부의 승인하에 이 법에 의해 부과된 세금 및 세입, 임대 및 토지 사용료의 결정 및 면제, 구제 제공.

(l) 경제특구 내에서 신속한 원스톱 서비스가 이루어질 수 있도록 사무업무 수행 준비.

(m) 정부의 승인하에 경제특구 행정, 보안, 관리 및 개발 문제를 수행하기 위한 부서 및 조직 구성, 그에 대한 기능과 의무 결정, 그 조직을 직접 감독하기 위한 관리위원회 구성, 관리위원회의 지시에 따라 기능과 의무를 따르고 수행할 조직 구성.

(n) 정부에 경제특구와 관련한 이행 상황에 대한 보고서 제출.

(o) 경제특구와 관련하여 정부가 배정한 기타 기능과 의무 수행.

11. 중앙조직은 정부의 승인에 따라

(a) 경제특구와 관련된 업무 이행에 필요한 지원을 제공하기 위해 관련 정부 부처 및 조직의 구성원으로 중앙사무조직을 구성해 야 한다.

(b) 제13장에 포함된 기능과 의무를 수행하기 위해 규정된 정부 부처와 조직원으로 각각의 경제특구에 적합한 관리위원회를 구 성하여야 한다.

(c) (a) 및 (b)항의 구성에 있어 의장, 부의장, 비서관 및 통합비서

관의 책임을 결정하고 배정하여야 한다.

(d) (a) 및 (b)항에서 구성된 중앙사무조직 및 관리위원회의 회원을 대체하여 임명할 수 있고 필요에 따라 재구성할 수 있다.

(e) 기타 적합한 사무기관에 의무를 부여하고 임명할 수 있다.

12. 중앙사무조직의 기능 및 임무는 다음과 같다.

(a) 관리위원회, 개발사업시행자 또는 투자자가 제출한 경제특구 건설 제안서 및 투자사업 제안서를 검토하여 중앙조직에 제출.

(b) 경제특구 이행을 위해 관리위원회에 제출된 경제특구 계획을 검토하고 중앙조직에 제출.

(c) 경제특구의 범위를 결정할 수 있도록 업무의 우선순위, 구역별 수행업무 범위, 대·중·소 투자 사업 범위를 검토하여 중앙조직에 제출.

(d) 국제 경제특구 관련 사항에 관한 연구 및 제출, 미얀마에서 수행되어지는 기타 경제특구 및 지역에 관하여 중앙조직에 자문 및 제시.

(e) 중앙조직의 승인에 따라 경제특구 내 투자사업이 수행될 수 있도록 관련 부처 및 조직과 조율.

(f) 경제특구 내 행정, 관리 및 기타 법적 문제에 관한 검토 및 자문 제시.

(g) 중앙조직에 의해 배정된 기타 기능 및 의무 수행.

13. 관리위원회의 기능 및 의무는 다음과 같다.

(a) 중앙조직 및 중앙사무조직에 경제특구 개발계획 제출, 경제특구의 성공적인 이행 및 운영을 위해 승인을 취득.

(b) 중앙조직의 승인에 따라 경제특구 내에서 수행되는 투자사업

을 운영할 수 있도록 준비.

(c) 투자 및 설립 계획, 토지이용, 환경 보존, 용수 통제, 보건, 교육, 재정 및 과세, 개발, 운송, 통신, 보안, 전력, 에너지 및 용수 공급 등에 대한 문제의 감독 및 점검, 관련 정부 부처 및 조직과 조율.

(d) 자산, 이윤, 기타 기존의 법률에 부합하는 투자가의 권리를 보호할 수 있도록 필요할 경우 관련 정부 부처 및 조직과 조율.

(e) 외국인 투자자 및 경제특구에서 일하는 외국인 투자자의 고용인, 기술자 및 직원의 거주 및 입국 사증을 얻을 수 있도록 필요할 경우 관련 정부 부처 및 조직과 조율.

(f) 재정 관리 이행, 경제특구 내 투자자를 위한 외화 환전 및 금융업 감독, 필요할 경우 미얀마에서 외국 은행 업무를 할 수 있도록 허가된 은행과 의사소통 및 수행함에 있어 미얀마 중앙은행과 순조롭게 진행하도록 조율.

(g) 경제특구 내 사회기반시설을 건설할 책임이 있는 개발사업시행자, 투자자 및 기업과 협조 및 규정에 따른 권한 부여 및 활동 감독.

(h) 기존 법에 따라 관리위원회에 의해 허용된 업무와 관련된 원스톱 서비스 수행.

(i) 경제특구의 주요 계획에 따른 건설 작업 및 디자인 검토 및 승인.

(j) 기존 법에 따른 경제특구 내 자연환경 보존과 보호에 대한 감독, 산업쓰레기 처리시스템 검토, 규정과 부합하지 않을 경우 개발사업 시행자나 투자자에 대한 조치 시행.

(k) 정부와 중앙조직에 의해 특별하게 정해진 기능과 의무 수행.

14. 관리위원회는 특별한 전문지식이 요구되는 업무를 제외하고 개발 사업시 행자나 투자자가 경제특구 내에 투자한 사업의 작업을 수 행하기 위해 계약 기간 동안 내국 사업가, 회사 또는 조직을 고용 하게 하여야 한다. 투자자가 조언을 요청한 경우 관리위원회는 그 작업을 위해 적절한 현지 사업가, 회사 또는 조직을 얻을 수 있도 록 조정하여야 한다.

제5장 투자자의 특권

15. 투자자는 규정에 따라 다음의 사업을 이행할 권리가 있다.

   (a) 원료로부터 완제품 제조, 창고, 운송, 서비스 제공.

   (b) 국내 또는 해외로부터 경제특구로 투자사업에 사용되는 원료, 포장재, 기계 및 장비, 연료유 운송 및 수입.

   (c) 교역, 수입과 수출.

   (d) 기타 의약품 및 식품을 제외하고 관리위원회의 규정에 따라 투자사업에 의해 표준 이하이나 소비가능한 상품의 내수시장 판매.

   (e) 관리위원회의 허가에 따라 경제특구 내 투자사업과 해외 서비 스 업무를 위한 사무실 설립과 운영.

   (f) 관리위원회의 허가에 따라 기존 법률하에 금지되지 않은 기타 사업의 수행.

16. 투자자는

   (a) 경제특구에서 생산된 상품을 국제시장에 판매하여야 한다.

(b) 수입된 원료는 오직 자사 제품생산을 위해서만 사용하여여야 하며, 내수시장에 원료를 판매하는 것은 금지한다.

(c) 만일 (a) 및 (b)항에 포함된 상품의 판매를 원할 경우 일시적으로 관리위원회의 허가를 얻어야 하며, 기존 법률 절차에 따라 규정된 세금과 수수료를 지불하여여야 한다.

17. 경제특구 내 사업을 투자하고 운영하는 투자자는

(a) 생산 또는 서비스 개시일로부터 첫 5년간 해외판매 수입에 대한 소득세 면제를 신청할 수 있다.

(b) 해외판매 수입에 두 번째 5년 동안 기존의 법률에서 규정된 소득세의 50% 감면을 신청할 수 있다.

(c) 세 번째 5년 동안 해외판매로부터 얻어진 이익을 재투자할 경우 재투자한 이익에서 기존의 법률에서 규정된 수입세율의 50% 감면을 신청할 수 있다.

(d) (a) 및 (b)항에 포함된 면제와 감면 기간이 만료된 후 이 법에서 면제 및 감면이 재허가되지 않을 경우 기존의 법률에서 규정한 소득세를 납부하여여야 한다.

18. 경제특구 내 투자되어 운영되고 있는 상품제조사업에 대한 세금 면제와 감면기간이 만료된 후에라도 수출제품의 총 생산가치가 대규모 투자사업의 경우 50%를 초과하거나, 중규모 투자사업의 경우 60%를 초과하며 소규모의 투자사업의 경우 70%를 초과할 경우 신청에 의해 당해 연도에 대한 소득세 감면 신청을 할 수 있다.

19. 경제특구 내 투자자는

(a) 자산을 판매, 교환 또는 장기 투자목적으로 양도할 경우 사업종류, 투자 및 매출금액에 따라 수익의 50%를 넘지 않는 범위

에서 중앙조직에서 규정한 금액을 국가에 납부하여야 한다.

(b) (a)항하에서 납부한 후 이익이 남을 경우 기존의 법률에 따라 세금을 납부한다.

- 단서: 석유와 천연가스 분야와 석유화학 사업의 경우 소득세는 소득세법에서 규정된 세금을 납부하여야 한다.

(c) 소득이 자산 임대로부터 얻어진 경우 소득세는 기존의 법률에서 규정한 소득에 대한 비율만큼 납부하여야 한다.

(d) 일시적으로 발생한 이익에 의해서 각각의 주주에게 분배된 배당 및 이미 납부된 세금에 대해 소득세 면제를 신청할 수 있다.

20. 비거주 외국인이 미얀마에 법인 조직을 설립하지 않았어도 경제특구에 관한 어떠한 형태의 재산이나 지식재산권 운영권을 획득하는 경우

(a) 지불을 하는 자는 로열티, 이자 및 기업 활동 및 구매에 대해 소득세법에서 정한 세율에 따라 원천징수세를 공제하여 관련자에게 지불해야 한다.

(b) 지불을 하는 자는 임차료 및 기타 유사한 수입금에 대해서는 기존의 법률에서 정한 소득세율에 따라 원천징수세를 공제하여 관련자에게 지불해야 한다.

21. 관련 투자자는 기존의 법률에서 규정한 소득세율에 따라 중앙조직이 정한 화폐로 경제특구 내에 고용한 국내 및 해외 직원, 노동자의 임금과 수입에 대한 소득세를 징수하고 납부하여야 한다.

22. 경제특구 내 서비스 기업

(a) 운영 개시 연도부터 정해진 기간까지 상업세의 감면 혜택을 받을 수 있다.

(b) (a)항에 포함된 감면기간의 만기 시 상업세법에 따라 상업세를 납부하여야 한다.

23. 경제특구 내 생산된 수출품의 경우 상업세 및 부가가치세 면제를 신청할 수 있다.

24. 투자자에게는 다음 사항을 허용할 수 있다.

   (a) 수출가공구역에 설립된 수출목적의 가공기업을 위하여 수입되는 원료, 기계류 및 장비에 대해 관세 및 기타 세금을 면제하여 외국으로부터 수입할 수 있다.

   (b) 관련 규정에 따라 투자 기업에서 사용하는 기계류 및 자동차를 운영개시 연도 5년 동안은 관세 및 다른 세입으로부터 면세, 다음 5년 동안 관세 및 다른 세입의 50%를 감면받고 외국으로 수입할 수 있다.

   (c) 수출가공구역 이외의 경제특구 내 다른 구역은 기존의 법률에 따라 국내 및 외국으로부터 투자 사업과 관련된 재료의 수입 시 면세, 세금 감면의 권리를 가질 수 있다.

25. 중앙조직은 국토 개발의 목적으로 경제적으로 낙후되고 통신이 어려운 지역에 위치한 경제특구 내의 투자자를 위해 정부의 승인 하에 이 장에서 규정한 것들 이상의 세금 면제와 감면 기간의 연장을 결정할 수 있다.

제 6장 개발사업시행자와 투자자의 특별 의무

26. 경제특구 내에 거주하는 개발사업시행자 또는 투자자, 그 고용인, 기술자, 직원과 그 가족 구성원은 이 법에 더하여 미얀마의 다른

기존 법을 지켜야 한다.

27. 개발사업시행자나 투자자에 대한 사업상의 대차대조표는 흑자가 되어야 한다.

28. 수출가공구역 내 생산기업에 관련하여 투자자는

    (a) 오직 이 구역 안에서 필요한 관리 조직, 사무실 및 부서, 기업 및 창고를 설립하여야 한다.

    (b) 사용하지 않는 원자재, 포장재 및 기계의 예비 부품은 오직 관세청이 인정한 창고나 저장소에만 보관하여야 한다.

29. 기타 구역 생산기업에 관련되어 수출가공구역 이외의 투자자는 사용되는 원료 수입 시에 미리 세금을 납부하여야 하고, 수출품목을 해외로 보낼 경우 제24조에서 면제되는 세금의 환불을 신청할 수 있다.

30. 이 법에서 부과한 세금과 관세를 지불할 책임이 있는 투자자는

    (a) 정해진 기간 내에 세금과 관세를 납부해야 한다. 기간 만료 후 연장할 경우 지불해야 할 세금의 0.5%를 연장된 기간의 각각의 날마다 매일 과태료로 지불하여야 한다.

    (b) 세금 및 관세 지불회피, 연장된 기간 후 세금과 관세의 납부 실패 또는 납부를 거절 할 경우 관련 정부 부처 및 조직에 의해 규정된 세금의 5배를 넘지 않는 금액을 벌금으로 납부하여야 한다.

    (c) 관련 정부 부처와 조직에 준비되고 제출된 통계가 고의적으로 위조한 충분한 증거가 발견된 경우 투자자는 형사소송 절차에 따라 법적 조치 를 받아야 한다.

    (d) 세금 문제에 관해 논쟁이 발생할 경우 투자자는 세금을 납부

한 후 관련 부처에 위 문제에 대한 재검토를 신청할 수 있다.

31. 투자자는

    (a) 규정에 따라 경제특구에서 운영되는 기업, 회사, 조직을 등록
하여야 한다.

    (b) 규정에 따라 투자사업의 이행 상황에 대해 관리위원회에 보고
해야 한다.

    (c) 규정에 따라 사업 통계와 적절한 계정의 준비와 보유, 회계, 관
련 부처의 감사 제출 및 보고를 수행해야 한다.

    (d) 관리위원회의 승인하에 투자된 기업 중 제약 및 식품 기업은
사용 불가능하며 부패되거나 기준 이하의 약품과 식품은 폐기
하여야 한다.

32. 투자자는

    (a) 사업, 회사 또는 조직을 종료 및 청산을 원할 경우 규정에 따라
관리위원회의 사전 허가에 의해 종료 또는 청산을 수행하여야
한다.

    (b) 투자 기업과 관련하여 발생하는 모든 분쟁은 관련 합의상의
분쟁 해결과정에 따라 해결하여야 한다.

    (c) 관리위원회의 승인에 의거하여 사업, 회사 또는 조직 지분의
일부 또는 전체를 양도하거나 판매하여야 한다.

    (d) 기업에서 더 이상 사용되지 않거나 기업 종료시점이 도래하였
을 때 제 24조의 (b)항에서 수입된 기계류와 자동차를 기존 법
률 및 규정에 따라 관리위원회의 승인에 의거하여 양도하거나
판매하여야 한다.

33. 투자기업 중에서 특정 전문가가 필요한 기업을 제외하고 개발사

업시행자 또는 투자자는 국내 기업가, 회사 또는 조직에 업무를
위임하여야 한다.

34. 개발사업시행자 또는 투자가는 그의 기업에 관련하여 환경오염과
   대기오염이 발생하지 않도록 책임을 져야한다.

제 7장 토지 이용

35. 중앙조직은

   (a) 정부의 승인에 따라 수수료 지불 후 최소 30년간 개발사업시
      행자 또는 투자가의 토지 임대나 토지사용을 허가할 수 있다.

   (b) (a)항에서 허가된 조건의 만료 후 운영을 지속하길 원하는 경
      우, 대규모 투자 기업을 위해 연속해서 30년간 연장할 수 있으
      며 이 기간 만료후 추가로 15년 연장할 수 있다.

   (c) (a)항에서 허가된 조건의 만료 후 운영을 지속하길 원하는 경
      우, 중규모 투자 기업을 위해 연속해서 15년간 연장할 수 있으
      며 이 기간 만료후 추가로 15년 연장할 수 있다.

   (d) (a)항에서 허가된 조건의 만료 후 지속적인 운영을 원할 경우,
      소규모 투자 기업을 위해 연속적으로 5년간 2회 연장할 수 있
      다.

   (e) 투자 사업의 유형과 투자액에 따라 개발사업시행자 또는 투자
      자의 토지임대나 토지 이용에 실제로 필요한 기간을 검토하고
      허가할 수 있다.

36. 개발사업시행자 또는 투자자는 중앙조직의 승인에 따라 필요할
   경우 주택, 빌딩, 농장 및 정원, 과수원, 경작지의 수용 및 보상을

부담하여야 한다. 또한 개발사업시행자 또는 투자자는 본래의 기준보다 낮지 않도록 피수용인의 기본적인 요청을 충족하기 위해 노력해야 한다. 관련 관리위원회는 필요할 경우 업무 편의를 위해 조정할 수 있다.

37. 개발사업시행자 또는 투자자는

   (a) 사전에 정해진 사용약관에 따라 임대 또는 사용 자격이 부여된 토지를 사용하여야 한다.

   (b) 기존 법률에 따라 승인기간 내에서 투자 사업을 영위하기 위해 토지 및 빌딩을 제3자에게 임차, 저당 또는 매매할 수 있다. 개발사업시행자또는 투자가가 매매할 경우 제19조의 (a)항 규정을 준수하여야 한다.

   (c) 임대나 토지 사용이 가능하도록 획득한 토지의 지형이나 외형을 허가 없이 수정 또는 변경할 수 없다.

   (d) 임대 또는 사용 권리가 부여된 토지의 지상 또는 지하에서 해당기업과 관련되지 않고 당초 계약에 포함되어 있지 않은 천연 광물자원 또는 골동품을 발견하는 경우 관리위원회에 즉시 보고하여야 한다. 관리위원회가 허가할 경우 개발사업시행자 또는 투자자는 허가된 토지를 계속 운영할 수 있으며 그렇지 않은 경우 대체지역으로 이전하여야 한다.

   (e) 임대 또는 사용 토지에 승인된 사업을 효과적으로 운영해야 한다. 당초 계약에 정한 기간이나 운영을 허가한 날로부터 2년 내에 사업을 종료하여야 한다. 종료하지 않은 경우 허가는 취소되고 허가된 토지는 반환하여야 하며, 토지 위의 건물은 철거해야 한다.

제 8장 은행, 재정 관리 및 보험 사업

38. 경제특구에서 외화로 운영되는 사업은 어떠한 은행과도 해외 계정을 개설할 수 있으며 규정에 따라 외화로 영수 및 지불을 할 수 있다.

39. 투자자에게는 다음 권리가 부여된다.

    (a) 상품의 생산과 사업의 운영 기간 내에는 중앙조직에 의해 결정된 통화에 따라 평가하고 지불할 수 있다.

    (b) 투자자 자신의 외화로 경제특구 내 또는 해외로 환전 및 송금할 수 있다.

40. 외국 보험회사 및 합작보험회사는 규정에 따라 경제특구 내에 대리점 사무실 및 보험 사업을 운영할 수 있다.

제 9장 관세청에 의한 상품의 관리 및 검사

41. 경제구역 내 업무의 성격이 다른 수출가공구역 및 부대무역구역은

    (a) 관세청과 관계된 기업은 관련 청의 감독하에 운영되어야 한다.

    (b) 경제특구로 반입 및 반출되는 화물, 운송차량, 기계류 및 개인물품에 관하여 이 법과 기존의 관세법 및 규칙을 준수하여야 한다.

    (c) 관리위원회의 승인과 관세청 책임자가 검사 및 승인한 경우 사업 운영을 개시할 자격을 부여받는다.

42. 수출가공구역과 부대무역구역 내 투자기업에 관련하여 관세청은

    (a) 규정에 따라 투자자가 원료, 원자재 및 생산품을 수입하거나 국내 및 해외로 수출하는 것을 허용할 수 있다.

    (b) 수출가공구역 내 제품 생산기업과 관련이 없는 제품을 소매,

    도매, 전시하는 것을 허용하지 않는다.

43. 관세청은 다음 사항을 수행하기 위해 이 법과 기존 관세법 및 규칙을 준수하도록 수출가공구역 및 부대무역구역 내 사업을 운영하는 투자가를 감독하여야 한다.

    (a) 외국 국가와 경제특구 간 상품 운송

    (b) 경제특구와 다른 경제특구 간 상품 운송

    (c) 경제특구 내 상품 운송

    (d) 운송 차량, 이사 및 개인용품의 경제특구 반입 및 반출

44. 규정에 따른 수출가공구역 및 부대무역구역 내 투자가는

    (a) 수출 물품을 생산하기 위한 필수 원료, 보충 재료, 부품, 공구, 포장자재와 반가공품은 현지에서 직접 구매할 수 있다.

    (b) (a)항은 관세청의 허가를 얻어 그리고 관세청의 검사를 거쳐 직접 구매해야 한다.

45. 투자자가 국내 시장에서 직접 상품을 구매하는 경우 수출품목 조항 및 절차에 따라 생산한 판매자로부터 구매해야 한다.

46. 수출품목 생산을 위해 수출가공구역과 부대무역구역으로 원료 및 장비를 수입하거나 최종적으로 해외로 수출품목을 수출할 때 투자가들이 관련 조항을 준수한 경우 관세청은 원스톱 신고, 서류검사, 상품검사를 수행한다.

제 10장 검역 검사 및 전염병의 확산방지를 위한 격리

47. 검역 예방 부서 책임자는

    (a) 경제특구로 직접 반입되거나 항구, 공항, 철도와 다른 경제특

구로 반출되는 물품, 차량, 컨테이너에 있는 동식물에서 전염병
이 확산되지 않도록 검역 검사와 격리를 할 수 있다.

(b) 필요하다면 경제특구 내 수출입 품목이나 투자사업과 관련되
어 전염성있는 질병이 확산되지 않도록 검역 검사와 격리를 할
수 있다.

제 11장 노동 관련 사항

48. 경제특구 내 관리위원회는

(a) 관련 규정에 따라 고용합의의 결과를 감독한다.

(b) 고용주와 피고용인의 권리와 의무, 그리고 고용계약서상의 조
건들이 최소 임금, 상여금, 휴직, 휴무, 초과 근무수당, 해임에
대한 보상, 보조금, 퇴직보상금과 관련한 기존의 노동법과 규정
에 포함된 권리와 의무보다 작지 않도록 조정해야 한다.

(c) 고용주와 피고용인, 기술자 또는 직원 사이에 발생하는 논쟁에
대하여 협상하고 중재해야 한다.

(d) 피고용인, 기술자, 직원의 권리가 침해받지 않도록 시찰하고
감독해야한다.

(e) 피고용인과 직원의 최소임금을 결정할 수 있다.

49. 관리위원회가 협상과 중재를 했음에도 불구하고 경제특구 내 고
용주와 피고용인, 기술자 또는 직원 사이에 발생하는 논쟁을 해결
할 수 없을 경우 미얀마 교역분쟁법(Trade Dispute Act)에 따른
결정을 수용해야 한다.

50. 경제특구에서 근무하는 외국인은 미얀마에서 발행된 노동허가서

를 소지해야 한다.

51. 투자자는

    (a) 숙련공, 기술자, 직원을 현지인에서 채용하는 경우 사업 개시
연도부터 최초 5년 만료 시점까지 적어도 25%, 두 번째 5년 만
료 시점까지 50%, 세 번째 5년 만료 시점까지 75%의 내국인을
채용해야 한다.

    (b) (a)항에서 채용한 피고용인과 직원의 기술 향상을 위해 필요
한 훈련을 준비하고 제공해야 한다.

    (c) 전문적 기술이 요구되지 않는 작업에는 내국인을 고용해야 한다.

    (d) 직원 고용 시에는 고용 및 채용센터(Work and Labour Recruitment
Office), 지역 고용 중개업자를 이용하거나 직접 채용할 수 있다.

    (e) 내국인을 숙련공, 기술자, 직원으로 채용하는 경우 기존의 노
동법과 규정에 일치하는 고용자와 고용인간 고용계약서를 체결
하고 채용해야 한다.

제 12장 기타

52. 경제특구 내 투자사업은 허가된 기간 내에 국유화하지 않음을 보
증한다.

53. 정부는 개발사업시행자나 투자가가 BOT(건설, 운영 및 양도) 체
계나 다른 체계에 따라 경제특구의 건설과 관련된 도로, 철도, 항
구, 교량과 같은 기반시설의 건설을 추진하고자 제안서를 제출할
경우 검토하고 허가할 수 있다.

54. 관련 연방부처와 지방 부처는 이 법에서 규정한 작업을 이행해야
한다.

55. 관련 연방부처와 지방 부처에 지정된 자는 기존 세금 및 세입법에 따라 이 법하에 채납자로부터 회수 가능한 세금, 관세, 벌금을 징수해야 한다.

56. 미얀마 연방 공화국 헌법에 따라 이 법의 조항과 관련된 문제들은 기존 법과 상관없이 오직 이 법에 따라 추진해야 한다.

57. (a) 담당 부처는 중앙조직의 행정업무를 추진하기 위한 책무를 개시하고 비용을 부담한다.

    (b) 정부는 관리위원회의 행정업무를 추진하기 위해 담당 부처 또는 기타 부처의 책임을 규정하고 비용을 부담한다.

58. 필요할 경우 정부는 공지를 통해 특정 경제특구상의 중앙조직과 관리위원회의 기능과 의무를 수행하기 위한 적임자를 지정하고 관리, 감독 업무를 수행할 수 있는 특별위원회를 구성할 수 있으며 이 법에 포함된 기능과 의무를 결정할 수 있다.

59. 이 법률에 포함된 조항을 이행하기 위하여

    (a) 담당부처는 정부의 승인에 의해 필요한 규칙을 제정할 수 있다.

    (b) 담당부처, 관련 부처, 중앙조직과 관리위원회는 필요한 절차 공지, 명령, 지시를 제정할 수 있다.

국가평화발전평의회 의장

Sd/ Than Shwe

4. 외국인직접투자 흐름도

투자허가단계

외국업체

↓

미얀마 투자위원회(MIC)　　　투자 신청　　　신청서류 제출

↓

투자위원회 심의　　　투자의 경제성 및 영향 검토

↓

투자 허가

↓

회사설립단계

기획경제개발부 산하 DICA, CRO*　　　무역 허가 신청　　　신청서류 제출

↓

심　의

↓

무역 허가 승인

↓

회사 등록

↓

상업부 산하 무역업등록국　　　무역업 등록 신청　　　신청서류, 회사등록증 제출

↓

심　의

↓

무역업 허가

5. 원유 및 가스 매장지역

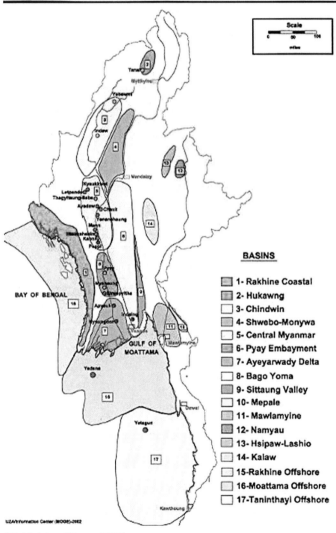

OIL AND GAS BEARING AREAS OF MYANMAR

BASINS

☐ 1- Rakhine Coastal
☐ 2- Hukawng
☐ 3- Chindwin
☐ 4- Shwebo-Monywa
☐ 5- Central Myanmar
☐ 6- Pyay Embayment
☐ 7- Ayeyarwady Delta
☐ 8- Bago Yoma
☐ 9- Sittaung Valley
☐ 10- Mepale
☐ 11- Mawlamyine
☐ 12- Namyau
☐ 13- Hsipaw-Lashio
☐ 14- Kalaw
☐ 15- Rakhine Offshore
☐ 16- Moattama Offshore
☐ 17- Taninthayi Offshore

※ 자료: Ministry of Energy(2008).

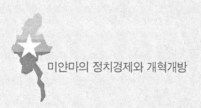
미얀마의 정치경제와 개혁개방

찾아보기

저자 ᅵ **장준영**張准榮

경북 구미 출생. 미얀마 군부 연구로 한국외대에서 국제관계박사학위 취득(2009).
미얀마의 정치 및 사회변동, 동남아 국제관계에 관심 있음.
현재 한국외대 동남아연구소 책임연구원으로 재직 중.

• 주요 논문으로는
  "Buddhist Nationalism and Its Limitations in Colonial Myanmar
    : The Crossing of Tradition and Modernity."(2010)
  "미얀마 민주화운동의 연대와 분열: 정치문화적 해석."(2012)
  "황금에서 다이아몬드로: 미얀마의 발전국가 전략과 가능성."(2012)

• 주요 저서로는
  『미얀마』(개정판, 2005 공저)
  『버마/미얀마: 모두가 알아야할 사실들』(번역, 2011) 외 다수.

미얀마의 정치경제와 개혁개방—성과와 과제

Political Economy of Myanmar in the Reform Era—Achievement and Challenges

초판 인쇄 | 2013년 2월 18일
초판 발행 | 2013년 2월 28일

저   자 장준영

책임편집 윤예미

발 행 처 도서출판 지식과교양
등록번호 제 2010-19호
주   소 서울시 도봉구 창5동 262-3번지 3층
전   화 (02) 900-4520 (대표)/ 편집부 (02) 900-4521
팩   스 (02) 900-1541
전자우편 kncbook@hanmail.net

ISBN 978-89-6764-011-8 93340   정가 20,000원

이 도서의 국립중앙도서관 출판도서목록(CIP)은 e-CIP홈페이지(http://www.nl.go.kr/ecip)에서
이용하실 수 있습니다. (CIP제어번호: CIP2013000720)